万物互联和智能化趋势下的企业变革、产业变革及制度供给

马骏　张永伟　袁东明　等著

中国发展出版社

图书在版编目（CIP）数据

万物互联和智能化趋势下的企业变革、产业变革及制度供给/马骏等著．—北京：中国发展出版社，2018．10

（国务院发展研究中心研究丛书．2018／李伟主编）

ISBN 978－7－5177－0915－2

Ⅰ．①万…　Ⅱ．①马…　Ⅲ．①国有企业—企业改革—研究—中国
Ⅳ．①F279．241

中国版本图书馆CIP数据核字（2018）第217882号

书　　　名：万物互联和智能化趋势下的企业变革、产业变革及制度供给
著作责任者：马　骏　张永伟　袁东明　等
出 版 发 行：中国发展出版社
（北京市西城区百万庄大街16号8层　100037）
标 准 书 号：ISBN 978－7－5177－0915－2
经　销　者：各地新华书店
印　刷　者：河北鑫兆源印刷有限公司
开　　　本：710mm×1000mm　1/16
印　　　张：18．5
字　　　数：246千字
版　　　次：2018年12月第1版
印　　　次：2018年12月第1次印刷
定　　　价：60．00元

联 系 电 话：（010）68990642　68990692
购 书 热 线：（010）68990682　68990686
网 络 订 购：http：//zgfzcbs．tmall．com
网 购 电 话：（010）68990639　88333349
本 社 网 址：http：//www．develpress．com．cn
电 子 邮 件：fazhanreader@163．com

DRC

2018

国务院发展研究中心研究丛书

编　委　会

“万物互联和智能化趋势下的企业变革、产业变革及制度供给”课题组

课题负责人

马　骏　张永伟　袁东明

课题协调人

马　源　周健奇

课题组成员

马　骏　国务院发展研究中心企业所所长、研究员
张永伟　国务院发展研究中心企业所副所长、研究员
袁东明　国务院发展研究中心企业所副所长、研究员
项安波　国务院发展研究中心企业所国有企业研究室主任、研究员
马淑萍　国务院发展研究中心企业所办公室副主任、研究员
周健奇　国务院发展研究中心企业所企业评价研究室主任、副研究员
马　源　国务院发展研究中心企业所国有企业研究室副主任、副研究员
马晓白　国务院发展研究中心企业所副研究员
王晓明　国务院发展研究中心产业研究部第一研究室主任、研究员
朱鸿鸣　国务院发展研究中心金融研究所综合研究室副主任、副研究员
朱　敏　国务院发展研究中心新经济导刊执行总编、智石经济研究院执行院长
路　风　北京大学政府管理学院教授、博导
吴剑峰　对外经济贸易大学国际商学院教授、博导

董筱曼　北京大学国际关系学院博士研究生
王超贤　中国信息通信研究院政策与经济研究所博士
江　阳　腾讯集团副总裁、中国互联网金融协会副会长
孙　霄　腾讯金融政策办公室主任
杜晓宇　腾讯研究院金融中心副主任
吴永强　腾讯金融科技研究总监
巴洁如　腾讯研究院金融研究中心副秘书长
杨　扬　腾讯公共战略高级研究员
崔立成　小米新经济研究中心秘书长
陈录城　青岛海尔工业智能研究院院长
张维杰　青岛海尔工业智能研究院执行院长
王　强　青岛海尔工业智能研究院项目经理
崔向雨　青岛海尔工业智能研究院项目经理
甘　翔　青岛海尔工业智能研究院项目经理
贺东东　树根互联技术有限公司总裁
黄路川　树根互联技术有限公司副总裁
叶　菲　树根互联技术有限公司副总裁
何铭川　树根互联技术有限公司政府事务总监
李明达　树根互联技术有限公司政府事务总监

总　序

充分发挥高端智库作用，努力推动经济高质量发展

李伟

进入2018年以来，我国经济运行总体保持平稳发展态势，同时，国际国内形势出现了一些明显变化。从国际看，美国单方面挑起的贸易摩擦呈升级之势，经济问题政治化倾向加重，各国经济复苏步伐分化，外部环境不确定性明显增加。从国内看，短期总需求面临一定的下行压力，部分地区正在经历转型阵痛，经济处在转向高质量发展的关键时期。

面对错综复杂、稳中有变的形势，必须看到我国经济基本面总体平稳、稳中向好的大局，必须认识到只要各地区各部门坚持以习近平新时代中国特色社会主义思想为指导，坚持稳中求进工作总基调，贯彻新发展理念，落实高质量发展要求，以供给侧结构性改革为主线，坚决贯彻落实党中央去杠杆、控债务、严监管、控房价、强环保等战略政策，充分发挥好我们自身的优势，灵活高效运用宏观经济政策，做好政策协调，我国就完全有能力有条件妥善应对各种风险挑战，继续保持良好发展势头，稳步推进高质量发展。

变化是当前时期经济发展的突出特征。中国经济能否适应变化、

驾驭变化，使其朝着有利的方向发展，以此为契机加快推动经济由高速增长向高质量发展转变，是我们必须高度关注的问题。总体看，我国经济结构正在加快重塑，存量问题和风险隐患正在逐步化解，新一轮改革开放举措正在加快落地，国际经济秩序正在加快调适，发展方式转变和新旧动能转换已经进入承上启下、不进则退的关键时期。2018 年前三季度的情况显示，我国经济发展保持平稳，供需关系更趋平衡，质量和效益明显提升，去杠杆取得积极成效，创新驱动作用持续增强，补短板也有重大进展。综合判断，我国经济在结构深度调整的过程中，延续了过去几年稳中向好、稳中有进的局面，为转向高质量发展创造了稳定的宏观环境。

从长期看，世界经济大变革大分化大调整的趋势还将持续相当长一段时间，这是我国推动高质量发展的世界背景与时代背景。国际上，保护主义明显抬头，政治经济环境更加复杂多变，可能对我国转向高质量发展的进程造成干扰；在国内，结构转型、动能转换过程中经济也可能面临下行压力，存量问题集中处置的阵痛难以避免。但更要看到，变化带来风险，同时也孕育着机遇。经过 40 年改革开放，中国的综合实力大大增强，在国际事务中的代表性和发言权大大增加，经济发展的基础更加牢固，内需空间广阔，政策回旋有余地，抵御冲击的韧性明显提高，完全有能力有条件长期保持高质量发展的良好态势。

具体而言，我国经济增长内生动力增强。一是需求拉动强劲。当前我国拥有约 4 亿中等收入人群，是全球最大的商品消费市场之一。随着消费结构不断升级，高品质产品的需求，医疗、教育、文化、保健、养老、旅游等服务消费需求，都将释放巨大潜力。二是产业升级持续发力。新技术新产业层出不穷，新业态、新模式不断涌现，新零售、共享经济、体验经济等方兴未艾。三是深化改革拓展新空间。全面深化改革破除旧的体制机制约束，清除不适应经济社会发展的制约因素，改善营商环境，提高资源配置效率，激发市场主体活力，将极大增强我国经济增长内生动力。

我国宏观政策回旋空间较大。近年来，面对经济下行压力，我们保持战略定力，坚持不搞“大水漫灌”式强刺激，而是创新宏观调控思路和方式，有针对性地进行预调微调，实现了经济社会持续稳步发展，也为今后一段时期宏观政策预留了空间。2017 年，政府负债率为 36.2%，较上一年下降了 0.5 个百分点，政府债务规模相对 GDP 而言增速较低，财政政策空间潜力较大。2018 年，我国主动将赤字率调低到 2.6%，财政预算安排地方专项债券 1.35 万亿元。在去杠杆、控债务、严监管的背景下，资金流动性客观上会出现结构性偏紧，我国广义货币增速一定程度偏低，货币政策也有调整的空间。

我国具有孕育新一轮产业革命的土壤。目前正在孕育的新一轮产业革命，主要以信息技术为基础，信息技术与智能制造、新能源、新材料等领域创新融合发展，提高产品质量和生产效率，提供多样化、智能化、个性化产品，从而满足消费升级需求，甚至创造新需求。催生新一轮产业革命有两个重要条件，一个是强大的市场需求，另一个是信息技术的高度普及。我国是全球最大的商品消费市场之一，2017 年我国社会消费品零售总额已与美国大体相当。同时，我国互联网普及程度高，信息技术应用广泛。2017 年底，中国网民规模达 7.72 亿人，互联网普及率达到 55.8%，超过全球平均水平 4.1 个百分点。这都为我国孕育新一轮产业革命培育了肥沃土壤，提供了广阔空间。新旧动力的接续和融合，正在释放出源源不断的动能。

我国具有应对重大挑战的制度优势。几十年来，依靠社会主义集中力量办大事的制度优势，我国取得了经济社会建设的巨大成就。新中国成立初期，我们集中有限的物力、财力和技术力量，集中开展重大项目建设，奠定了社会主义工业化的初步基础。改革开放以来，我们又集中力量完成一大批举世瞩目的项目建设，有效应对了1997年亚洲金融危机和2008年国际金融危机的冲击。当前，我们仍然需要也更有能力发挥集中力量办大事的优势。一是加强宏观政策协调，努力克服部门和地方政策分散、冲突、空白等问题，形成互补有效的政策体系，有效应对内外部冲击。二是集中优势兵力打好防范化解重大风险、精准脱贫、污染防治攻坚战。三是集中资源突破核心技术，打破经济发展的技术瓶颈，增强经济发展的自主性。

高质量发展是一场耐力赛，需要一步一个台阶的推进。面对各类风险挑战，我们既要坚持底线思维，做最坏的打算，做最充分的准备，牢牢守住不发生系统性风险的底线，有序排除风险隐患，有效应对外部不确定性冲击，为高质量发展创造有利条件；也要坚定信心，任何困难都阻止不了中国人民对美好生活的向往，任何外部阻力和遏制都不能削弱中华民族实现伟大复兴的决心。

国务院发展研究中心作为直接服务党中央、国务院的政策咨询研究机构，2015年底被确定为首批国家高端智库建设试点单位后，全面启动实施质量提升、人才优化、国际交流合作、成果传播、支撑保障和党的建设六大工程，积极探索中国特色新型智库的组织形式和管理方式，加快建设国际一流高端智库。去年以来，我们牢牢把握为中央决策服务的根本方向，紧紧围绕党的十九大作出的一系列重大决策部署，深入扎实地开展调查研究，形成了一批政策价值较高、社会影响较大的研究成果。现将其中部分适于公开发表的成果，结集成“国务院发展研究中心研究丛书2018”正式出版。这是该丛书自2010年面世至今连续第九年出版。

今年的丛书共包括13部著作，其中，《百年大变局——国际经济格局新变化》《“一带一路”经济走廊：畅通与繁荣》两部著作是国务院发展研究中心重大研究课题报告，《国际比较视角下的中国发展经验与理论研究》《新工业革命的中国战略》《面向未来的创新型人才发展：制度与政策》等11部著作是各研究部（所）的重点研究课题报告。

在此，我们真诚感谢中央和地方各级领导同志以及各界读者多年来给予我们的肯定和鼓励，同时也热切希望继续得到领导、专家、读者们的关心、支持和帮助，尤其是期待听到对于这套丛书的批评与建议。

推进高质量发展，是实现“两个一百年”奋斗目标的必然选择。紧密团结在以习近平同志为核心的党中央周围，依靠广大人民群众，坚定不移地走高质量发展道路，为实现中华民族伟大复兴的中国梦而不懈奋斗，是时代赋予我们这代人的光荣使命。我们愿与社会各界一道，脚踏实地、努力开拓，共同投身于这一伟大的历史进程。

2018年11月

（作者为国务院发展研究中心主任、研究员）

内容摘要

当前，以物联网、云计算、大数据、人工智能为代表的新一轮科技革命蓬勃兴起，正在开启以万物互联、高速传输、先进计算、智能分析等为特征的智能互联新时代。智能互联技术加速了传统产业和企业的数字化、网络化、智能化进程，也对相关制度提出新的需求。一年来，课题组开展了大范围调研和全面深入研究。结论如下。

从产业变革趋势看，主线是从线性产业链到智能生态群，群内各主体间形成双向互动的网络关系。特点有三个：一是基于平台的集群化。智能互联扩大了交易地域和供需匹配范围，海量主体聚集在少数平台上，形成“赢者通吃”格局。二是基于数据的智能化。万物互联产生了大数据，叠加人工智能技术，让隐性经验固化为显性知识，为效率提升和业务创新打开了新空间。三是基于产业融合的服务化。未来产品都将嵌入智能模块，企业可远程提供服务，用户从购买向租赁转变、从消费者向产销者转变，制造与服务呈现深度融合趋势。

从企业变革趋势看，总体上向智能企业演进，有五大特征：一是生产方式高度智能化，对生产全流程进行智能化改造，形成以互联为支撑、以数据为驱动的柔性生产和个性化定制体系。二是客户关系长期服务化，智能企业与客户的关系将从过去单一的产品买卖关系，演进成为屏对屏、长期的、多维度的服务关系。三是企业边界柔性模糊化，不再受自有资产、产业属性、产能条件、人力资源等硬性约束，可通过网络灵活整合资源和产出。四是组织结构平台网络化，适应贴近用户、柔性生产、内外协同等需求，打破科层组织架构，依托平台连接企业内外部各个单元。五是企业创新开放系统化，从内部人员创新到内外协调创新并进、从布局全球研发中心到以网络平台载体转变。

万物互联和智能化技术对产业和企业带来革命性变化，国际社会对此高度重视，我国也加强了战略安排，但以产业支持为主，总体上对监管制度改革考虑不足，对产业和企业变革估计不足，对于新旧业态发展统筹不足。为此，提出六方面建议：一是重构行业监管制度。适应融合创新趋势，避免以旧思维管新业态，围绕监管必要性、职责、机制、手段等强化创新。二是协调竞争政策与产业政策。技术创新变幻不定，要减少选择性支持，加强对共性技术研发、标准认证、公共采购等支持，关注“赢者通吃”问题，维护市场秩序。三是激励创业创新政策，包括夯实基础设施，推进政务数据开放，完善财税金融支持。四是强化网络信息安全，进一步增强安全防护能力，加大隐私和个人数据保护力度。五是高度重视人才与就业政策，多种方式培育和引进高端人才，积极应对失业冲击和技能培训。六是完善企业制度，加强对企业变革规律的研究和推广，加快国企改革步伐，为企业创新发展留出更大的空间。

目录

总报告

万物互联和智能化趋势下的企业变革、产业变革及制度供给

技术发展趋势篇

第一章

万物互联和智能化趋势及促进政策建议

第十章

移动支付产业变革及政策供给建议

第十一章

大数据金融信息服务业的发展趋势与政策建议

第十二章

发展智能医疗变革我国医疗模式

第十三章

从互联网医疗看监管制度改革创新

企业变革趋势篇

第十四章

智能互联趋势下的企业变革趋势展望

第十五章

海尔工业互联网平台 COSMOPlat 的探索与政策建议

第十六章

小米智能互联生态链变革与政策建议

第十七章

从中国电信划小改革看“互联网 +”推动国有大型企业管理变革

第十八章

工业互联网推动产业变革的政策建议

第十九章

智能互联趋势下服装制造企业变革与政策建议

总报告

万物互联和智能化趋势下的企业变革、产业变革及制度供给

当今时代，人类信息化进入新阶段，万物互联和智能化成为重要趋势。互联网、大数据、人工智能和实体经济深度融合，新兴产业蓬勃兴起，传统产业的数字化、网络化、智能化进程明显提速。企业的发展条件和发展环境发生重大变化，企业在资产结构、组织流程、商业模式等各个方面都在不断变革。技术革命推动了产业变革和企业创新，也对相关制度提出新的需求，一方面需要调整部分束缚创新的旧制度，另一方面需要构建支撑新经济的新制度。为了研究万物互联和智能化对经济社会发展带来的革命性影响，2017 年国务院发展研究中心企业研究所设立了课题组，对家电、服装、装备、医疗、金融、交通、电信、互联网等典型行业及企业进行了深入调研，系统研究了新一代信息技术向万物互联和智能化发展的趋势、产业从线性产业链向智能生态群变革的趋势、企业向智能型演进的趋势，在综合分析国内政策调整的基础上，提出了从单一的产业政策向全面的制度供给变革的建议。

一、万物互联和智能化技术迈入叠加创新和集成突破的新阶段

在移动互联网、大数据、物联网、高性能计算等新一代网络信息技术接力式发展的驱动下，最近几年来，万物互联和智能化技术相互嫁接、相互催化，正进入集成突破、创新应用的变革活跃期。

（一）物联网设施开始大面积部署

过去10年来，移动互联网在全球范围内吸引了数十亿人接入网络，而物联网技术历经概念驱动和示范应用后，正在开启以千亿级物体为对象的连接时代。

一是从传感器设备或器件成本看，价格大幅下降加速了物体联网进程。作为物联网的神经末梢，包括压力、温度、电磁、图像等在内的各类传感器是感知物理世界变量的基本元件。在过去10年内，全球传感器单位价格下降了54%①，加上需求扩张刺激了传感器出货量的高速增长，来自咨询机构IC insights的数据显示2016年全球各类传感器出货量总计188亿颗②，其中连入互联网的传感器数量2016年达到22亿颗，占全部传感器数量的12%，预计到2021年这两个数字分别大幅攀升到147亿颗和45%。

二是从通信网络传输能力看，支撑多场景需求的网络类型陆续到位。针对智能抄表、智能家电、智慧建筑、智慧城市、安防监控、

① 中国信息通信研究院，《物联网白皮书（2016版）》。

② IC Insights, *A Market Analysis and Forecast for Optoelectronics, Sensors/Actuators, and Discretes 2017*.

交通物流、节能环保等垂直领域要求网络覆盖广、功耗低、成本低、容量大等联网需求，2016年国际标准化组织通过了移动窄带物联网标准（NB-IOT），到2017年底[①]，全球已有20多个国家部署超过30张商用NB-IOT网络。针对车联网、无人驾驶、工业互联网等要求低时延、高可靠、高速率、高移动性等联网需求，第五代移动通信网络（5G）的峰值速率将10倍于4G网络、传输时延降至毫秒级、每平方公里连接数超过百万级，预计2018～2019年开始进入大规模试商用阶段。

三是从各领域的转型升级需求看，数字化转型推动了万物互联的普及进程。从消费领域看，以智能手机、平板电脑为代表的联网终端已走向成熟，当前正在向可穿戴设备、智能音箱、智能家电等领域拓展。从产业领域看，材料、装备、配件、人员、环境、产品等都开始实时连入网络。从公共服务领域看，居民水电气等远程计量、交通违法摄像、环保数据监测、城市公共安全等城市管理活动均需要安装大量数据采集设备。不同机构的分析数据均显示（见表1），2017年全球范围内连入互联网的设备数量在200亿个左右（含手机和机器设备等），其中机器与机器（M2M）连接数达到60亿～70亿个；展望2030年，预计联网设备数量将突破千亿个。

（二）新一代人工智能技术快速发展

近年来，随着数据量的爆发式增长、计算能力的大幅提升，尤其是机器深度学习算法的发展和成熟，新一代人工智能技术驶入了发展“快车道”。

---

① GSMA，*The Mobile Economy 2018*，2018年2月。

表1 不同机构对物联网连接数量的未来预测数据

机构名称	指标及单位	2017 年	2020 年	2025 年	2030 年
爱立信	联网数量（亿个）	175	—	316	—
Statista	联网数量（亿个）	204	307	754	—
IHS Markit	联网数量（亿个）	270	—	730	1250
思科（CISCO）	M2M 设备（亿个）	70	137	—	—
GSMA	M2M 设备（亿个）	59	102	250	—

资料来源：爱立信，*Ericsson Mobility Report*，2017 年 11 月刊；福布斯，*2017 Roundup of Internet of Things Froecasts*；IHS Markit，*the internet of things：a movement，not a market*，2017 年；思科，*The Zettabyte Era：Trends and Analysis*，2017 年 6 月；GSMA，*The Mobile Economy 2018*，2018 年 2 月。

一是海量的数据为人工智能提供了训练学习“样本”。到 2017 年，全球互联网用户数突破 40 亿户，手机用户数突破 50 亿户，其中拥有智能手机的用户占到 57%①。而且用户在线时长不断增加，2016 年美国消费者每天仅在手机上花费的在线时长就达 3.1 小时，几乎是 2011 年的 4 倍②，产生的数据从文本、图像、声音等数据，到动作、姿态、轨迹等人类行为数据，再到地理位置、天气等环境数据等，维度越来越丰富。工业领域海量传感器采集的压力、温度、电磁信号越来越多，如三一重工的工业互联网平台实时采集 5000 多种参数。据 IDC 预测③，全球产生的数据量预计 2025 年将剧增到 163ZB，是 2016 年的 10 倍。有了更大规模、类型更丰富的数据，训练人工智能模型的原料更多，精度自然会进一步提升④。

二是基于神经网络的深度学习算法为人工智能打开了自主学习之

① GSMA，*The Mobile Economy 2018*，2018 年 2 月。

② Mary Meeker，*Internet Trends*，2017 年 5 月。

③ IDC，*DataAge 2025：TheEvolution of Data to Life-Critical*，2017 年 3 月。

④ 哈佛大学医学院研究表明，训练数据集从 5GB 字节提升到 200GB 字节，对大脑、颈部、肩部、胸腔、腹部、胯部等 6 个部位的识别准确性，将由 8% 提升到 96%。

门。人工智能自 1956 年提出以来，前期主要基于专家系统来解决某些问题，其表现距人类期望差距较大。2006 年加拿大多伦多大学杰弗瑞·辛顿（Geoffrey Hinton）教授在《科学》杂志发表论文，提出了基于神经网络的深度学习算法（DNN），这一算法使用了更多参数、模型也更为复杂，但抓住了数据内在的特征和复杂结构，较好地模拟了人脑神经元多层深度传递的过程。算法上的突破性进展，使得计算机在图像识别、语音识别、自然语言处理等方面的精度逼近甚至超越人类。2017 年，杰弗瑞·辛顿进一步提出了理论上表现更好的新算法，即胶囊网络（CapsulesNet）。

三是计算能力的大幅提升和计算成本的指数下降，为人工智能提供了强大的处理“工具”。传统上以 CPU 逻辑计算为主的计算硬件，在性能和功耗都无法满足人工智能模型在大规模矩阵乘法运算上的需求，而 GPU 作为图像处理器，恰好在浮点运算、并行计算、高吞吐量等方面可以提供数十倍乃至于上百倍于 CPU 的计算性能，大幅压缩人工智能模型训练时间，目前已成为机器学习算法的标配芯片产品。从单位计算性能的成本来看，在摩尔定律驱动下，过去几十年间一直呈现指数下降趋势，以 GPU 芯片巨头英伟达为例，其 GTX 1080 只要 700 美元，却可提供 9Tflops（Tfops 是每秒 1 万亿次浮点指令计算）的性能，折算下来每 Gflops（Gflops 是每秒 10 亿次浮点指令计算）的硬件成本只要 8 美分，而在 1961 年人工智能兴起之初却需要 9 万亿美元[①]。

（三）图像、语音、自然语言处理与人类相当

深度学习算法的突破，再加上长期以来积累起来的海量图片库、

---

① 高盛，*Artificial Intelligence: AI, Machine Learning and Data Fuel the Future of Productivity*，2016 年 11 月。

语料库和文本库，驱动了图像识别、语音识别、自然语言理解等性能指标提升至与人类相当甚至超越人类在看、听、理解方面的水平，并开始成为创新创业和商业化的热点领域。

在图像识别方面，物体识别精度超越人类，已广泛应用于人脸识别、安防检测、车牌识别、质量检测等领域。得益于互联网及数码相机带来的海量图片数据，人工智能模型可以自动从海量数据中总结归纳物体的特征，进行分类识别、抽取信息和判断决策等。以全球最权威的年度 ImageNet 大规模视觉识别竞赛（ILSVR）来看，自 2012 年引入深度学习算法识别图片以来，物体识别错误率首次骤降至 16.4%，2015 年更降至 3.7%、已经优于人眼 5.1% 的识别错误率，到 2017 年识别错率进一步低至 2.25%。计算机视觉的重大突破直接加速了在摄像头安防、刷脸支付、商品拍照搜索、医疗领域的智能影像诊断、机器人/无人驾驶的视觉输入系统等的推广应用。

在语音识别方面，近距离语音识别已经达到进入日常生活的标准，被广泛应用于智能音箱、智能家电、欺诈检测、探伤检测、语音输入等领域。语音识别的主要目的是让智能设备能够具有和人类一样的听说能力，同时将自然语言转换为计算机可理解的语言，完成实时交互功能。到 2016 年，微软语音识别系统的错词率已经降到 5.9%，其水平等同于专业速录员。随着语音唤醒技术、声学处理技术、声纹识别技术等核心技术的蓬勃发展，智能语音识别的准确率和响应速度基本可以满足垂直领域应用需求，成为包括苹果手机 SIRI 对话系统、亚马逊 ECHO 音箱等在内的智能硬件的访问入口。

在自然语言处理方面，主流技术已转向深度学习算法，在翻译、文本分析等方面也已达到专业人员水平。2010 年之后，深度学习算法开始应用到机器翻译等领域，出现了专门的智能翻译产品。对话交互能力被应用于客服机器人、智能助手、聊天机器人等产品中，标志性事件是 IBM waston 系统参加综艺问答节目，依靠 4TB（1TB 是指 1 万亿字节）的 200 万结构化和非结构化信息，战胜人类取得冠军。机器翻译的最新进展是 2018 年 3 月微软机器翻译系统在通用新闻报道测试集 newstest2017 的中－英测试集上，翻译结果相较于以往的统计机器翻译结果更加自然流畅，达到了可与人工翻译媲美的水平。

（四）产业占位和转型布局已经在全球范围内展开

随着计算设施成本日益低廉和人工智能技术门槛不断下降，创新型企业的数量和投资额快速攀升。来自咨询机构 CB insights 的风险投资监测数据显示，2017 年全球范围内有 1100 家新的人工智能创业公司成立，人工智能正嵌入各类商业模式之中，融资额达到 152 亿美元，这一融资额是之前 5 年融资额的总和；从融资轮次看，一半的融资发生在种子轮/天使轮或 A 轮，意味着基于人工智能的创新正处于快速膨胀期。从创业创新热点领域看，制造业、医疗监控、交通领域数据基础很好，长期以来积累起丰富的制造、图片和摄像头数据，且知识体系较为成熟；但长期沿用体系化、流程化的工作模式，资源和流程进一步优化的空间比较大，比如针对制造业中的顾客需求、产品订单、合作生产、原料供应、产品设计、生产组装等数据相互隔离的情形，通过采集、汇集、分析全流程、全周期数据，进行整体规划和决策，可以为流程创新、组织创新、服务创新等提供新的洞见。再如在医疗领域，人工智能技术被应用到新药研制，提供辅助诊疗、癌症检测等方面，极大地减少了重复性的专业劳动，辅助科研人员和医生投入到更多的创造性活动中去。

看到万物互联和智能化技术进步所带来的潜在机遇，科技巨头和初创企业争相涌入，从底层传感设施到各行业应用进行占位布局，呈现出几个趋势：一是智能化延伸，即运用人工智能技术给产业体系中的各个层面赋能。比如在传感器层面，其功能开始由感知、度量为主向兼具诠释、理解方向转变，自带算法模型的智能化、模块化、高集成的 MEMS 器件成为布局方向。亚马逊推出的 ECHO 智能音箱、谷歌推出的无人驾驶智能汽车，以及达芬奇手术机器人等，都让物体变得更加智慧。二是平台化布局，产业体系中各个环节的主要企业均在搭建平台营造生态。在传输设施层，电信运营商如美国 Verizon 搭建物联网平台 ThinsSpace，支持智能照明、智能交通管理、智能视频等多种应用场景，让用户在网络侧管理资产等。在计算设施层面，英伟达推出自动驾驶计算平台 Pegasus，性能高达每秒 320 万亿次浮点运算，已经有 25 家以上的汽车企业基于其计算平台进行开发。在语音识别方向上，Nuance 推出的语音识别引擎技术占据超过全球 80% 的份额等。三是开放化策略，推出开源框架或开放接口，免费吸引各类开发者二次开发或调用，再逐步主导产业生态。如在深度学习模型框架方面，谷歌推出 Tensorflow 深度学习框架，目前已成为人工智能应用开发的基础框架，推出的车辆自动驾驶平台 Waymo，其地位都类似于移动互联网时代的安卓手机操作系统。四是一体化方案，依托平台向垂直行业客户提供端到端的解决方案。特别是在工业领域，如通用电气通过搭建对接上下游的工业互联网平台 Predix，一侧掌握传感层设备的运行状态或产品使用状态，一侧向客户提供个性化定制、生产协同、远程运维、预测性服务等解决方案，实现资源优化、效率提升和供需对接。

我们深切感受到，现阶段万物互联和人工智能技术的外部条件已经成熟，正在进入大规模部署阶段，同期面向各垂直领域的人工智能已取得重大突破，综合运用图像、语音和自然语言理解等技术的解决方案，开始在众多垂直领域如交通、医疗、商业、金融、媒体等的众多产业领域引入应用，一个相互支撑、相互依赖的新兴产业生态正在形成（如图1）。

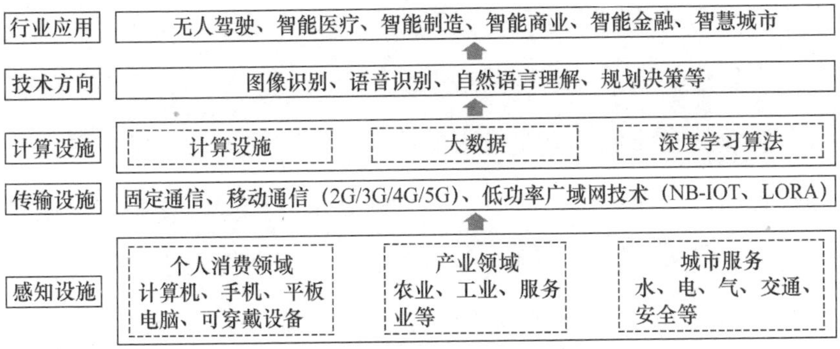

图1 万物互联和智能化技术产业体系

二、万物互联和智能化推动产业变革：从线性产业链到智能生态群

产业变革的主线是从线性产业链到智能生态群，群内各主体间形成双向互动的网络关系。智能生态群的基本特点是：基于平台的集群化、基于数据的智能化、基于产业融合的服务化。

（一）基于平台的集群化

互联网正在解构传统的线性产业链，形成基于平台的生态系统。前者表现为单向的线性特性，后者表现为双向的网络特性。所谓平台，指的是产业中由企业建立的新型基础设施，该基础设施以网络信息系统为基础，面向产业上下游客户开放，提供信息设施、交易结算、资源聚集、信息汇集等方面的功能，实现资源共享、价值共创，提高双边客户的生产经营与交易活动的效率。所谓生态系统，指的是平台和参与平台商业活动的各类主体，这些主体之间相互合作与竞争，形成网络上的虚拟产业集群。

互联网上的集群化，是智能互联的必然趋势。智能互联扩大了企业合作和交易的地域范围和供需匹配边界，表现出更加强大的规模经济和范围经济特征，推动了网络上的集群现象。第一，网络上的集群促进了企业的专业化。企业采购受地域的制约在弱化，可在更大范围内寻找意向性合作伙伴，因此，具有细分市场优势的专业化企业获得更大的发展优势。第二，网络上的集群促进了市场竞争，网络上的产品和服务的成本与价格趋于透明化，有利于降低成本。第三，网络上的集群形成了完整的产业生态，各类市场主体都可以通过网络以较低成本获得合作伙伴和市场服务，产业各环节的服务业也因此繁荣兴旺。第四，网络上的集群增加了产业的协同创新。企业间通过网络加强技术和供应链合作，通过开放式创新，加快整个产业的创新步伐。

平台的作用越来越显著，也是智能互联的必然发展趋势。在产业生态中，平台一般出现在规模经济最显著的环节。万物互联进一步放大了规模经济特性，导致了更多的“赢者通吃”现象。大数据、智能化将网络效应扩散到更多领域，特别是传统的制造业领域。从过去的互联网发展历程看，交易基础设施的平台化现象最为突出，例如阿里巴巴、京东等，这些电子商务平台广大中小企业提供了市场机会、交易机会，并大幅降低了运营和交易成本。随着网络约租车、共享单车、网络订餐、在线短租、电子支付等业务的兴起，越来越多的服务业也出现平台化趋势。随着万物互联的深化，预计制造业也将出现平台化趋势，海尔、小米都在探索平台化发展的新战略。这些平台远远超出了交易环节，其功能体现在数据、知识和能力方面。

网络上的平台和产业集群的本质是规模经济和范围经济。网络上平台与产业集群是完美的结合，形成了强大的经济性和创新性。可以预见，基于平台的集群化，是未来产业发展的关键趋势，也是未来产业竞争的关键。基于平台的集群化，一方面充分发挥了规模经济的优势，另一方面也帮助量大面广的中小微企业参与竞争，为市场提供多样化、个性化的产品和服务。未来产业的竞争将从产业链之间的竞争转向基于平台的生态系统之间的竞争。

产业重构带来了产业结构和市场力量的重大变化。产业结构的变化表现在市场参与者的变化以及参与者之间关系的变化，通常会出现一些新的参与者，例如一些企业借助互联网思维参与到产业中来。市场力量的变化表现在多个方面，最突出的现象是整机企业的作用被平台削弱。整机企业是传统产业的整合者，利用品牌优势、规模优势领导产业发展。整机企业如果不能转化为平台，就可能被新的平台企业整合，成为平台企业主导的生态网络的一个节点或环节。

（二）基于数据的智能化

万物互联产生了大数据。由于万物互联，企业在生产经营过程中可以获取大量关于企业、产品、用户的数据，这些数据来自采购、生产、营销、用户使用、产品研发、企业管理等各个环节，也来自外部企业或政府开放数据。典型的大数据来源，一是在产品制造环节，智能制造过程中形成的海量数据；二是在用户使用产品环节，产品使用状态和用户行为都会产生海量数据。

大数据推动了智能化发展。以大数据为基础，机器学习特别是深度学习的发展，使产业的智能化水平不断提高。隐含在大数据中的隐性知识逐步固化为显性知识，对产业和企业变革都将产生重大的影响。

基于数据的智能化会带来新业态、新模式。企业数据的聚合与挖掘，成为产业中的重要组成部分。数据的智能化业务，不仅产生大量的增加价值，还会导致业务融合的新业态和创造价值的新模式。例如，基于工业互联网平台上大量中小企业的数据，就可能催生供应链服务、咨询服务、租赁服务、金融服务等新业态。

智能化成为产业重构的重要力量。由于万物互联的深入，部分产业环节成为数据的汇集点，也可能出现新的服务平台成为新的数据整合者。大数据与人工智能的结合，可能形成新的市场力量，在“赢者通吃”的规律之下，高智能化的产业环节可能形成新的产业平台，进而重构产业生态。

数据的市场力量逐步显现。数据的力量，首先体现在价值创造上，即利用数据不断创造增加价值。其次，体现在垄断性上，特别是平台企业独占数据获得了信息优势，在产业生态中具有优势地位。再次，体现在政企关系上。政府为了加强监管，必然要与数据拥有者合作，甚至借助企业的力量对行业进行监管，企业甚至可能因此而拥有部分“公权力”优势。

（三）基于产业融合的服务化

制造与服务的融合。由于万物互联和智能化，产品的提供与使用将会发生重大变化。工业化时期的标准化产品，在智能化时代将以个性化为主。对于大多数产品，未来都将实现“智能化”，即在产品中嵌入智能化模块，产品在全生命周期内与厂商保持在线联系，实现远程运维和功能升级，用户对这类产品将会从购买标准化产品向购买个性化服务转变。对于少数非智能化产品，厂商也将利用大数据为客户提供个性化的服务，而不是简单地销售标准化产品。由此可见，服务将在制造业当中发挥主导作用，服务也将成为引领制造的关键环节。

产销共创。由于万物互联和智能化，用户也从被动的购买者变成产业价值的创造者。部分用户拥有丰富的产品使用经验和产品想象力，用户在线交流群也成为产品知识的交汇地。随着部分企业开放产品研发、生产和使用平台，用户也得到参与价值创造的机会。由此，传统的企业内部创造价值并通过市场销售模式，可能演变为企业与外部用户共同创造的模式。公司与用户合作、分享经验并实现价值共创，实现高质量的交互融合，正在成为提升企业核心竞争力的新源泉。

共享经济。网络上的平台和产业集群，促进了共享经济的发展。共享经济也将重构产业生态，出现去中介化和再中介化的过程。例如共享经济打破了劳动者对商业组织的依附，他们可以直接向最终用户提供服务或产品；个体服务者虽然脱离商业组织，但为了更广泛地接触需求方和更多地利用资源，他们需要加入新的共享经济平台。

【专栏1】 汽车产业的变革

网联化、智能化、电动化、共享化是未来汽车产业发展的大趋势，汽车产业因此也将发生革命性的变化，以下几点基本成为共识：

出行即服务。当人们需要出行时，他们可以利用智能软件的安排，随时在多种无缝衔接的交通出行方式中任意选择，包括高效的公共交通、共享汽车、共享单车、网约车等等。

私家车模式终结。在未来的10～15年时间里，多数的出行者将利用出行即服务模式，共享的无人驾驶电动车将为乘客提供更快速、更安全、更高质量的服务，同时出行成本将比今天的私家车模式大幅降低（可能只及1/10）。

产业解构与重构。新的主体形成，传统主体角色变化，主体之间的关系从简单的线性关系演变成复杂的网络关系，如下图。

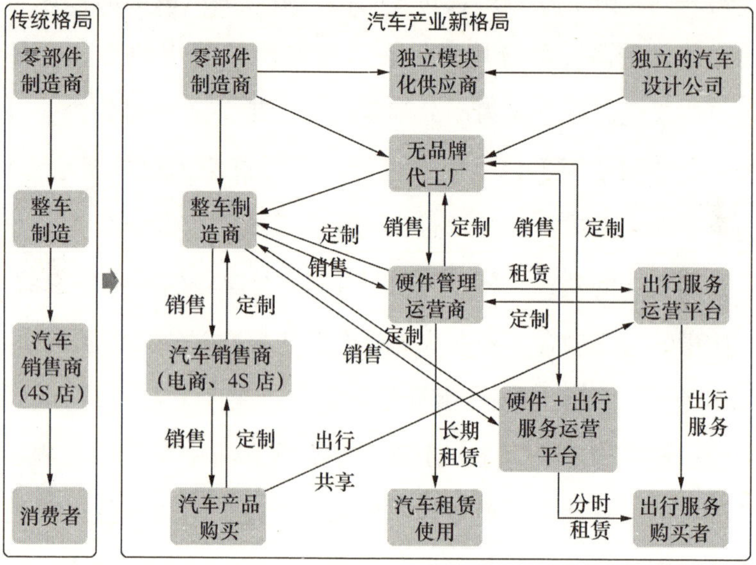

平台化趋势。目前可以预见的平台：一是出行即服务平台，可能是滴滴、Uber这样的轻资产平台；也可能是拥有车队的重资产平台。二是汽车操作系统平台，实质是大数据和智能应用的承载者。

汽车厂转型。依靠品牌整合产业链的支配性地位将一去不复返，未来可能的转型方向包括：类似富士康的OEM厂商，与平台合作的车队制造、维护和运营者，出行即服务平台，细分市场的垂直一体化。

新型产业集群。传统的围绕整车厂形成的地域相对集中的产业集群逐步瓦解，围绕新的平台且拥有更多参与者的跨区域产业集群即将形成。万物互联形成大数据，基于大数据形成智能系统，这些将为产业合作、高质量制造和出行服务奠定技术基础。

产业变革的延伸。汽车产业的变革不仅影响到汽车制造业和汽车消费者，还将延伸到能源产业、原材料产业、城市建设与管理等领域。

三、万物互联和智能化推动企业变革：向智能企业演进

基于万物互联和智能化，企业一方面变得越来越靠近用户，另一方面又变得越来越智能和高效，逐渐向智能企业演进。未来的智能企业将会具有五个特征：生产方式高度智能化、客户关系长期服务化、企业边界柔性模糊化、组织结构平台网络化、企业创新开放系统化。

（一）生产方式智能化

在万物互联和智能化条件下，智能企业利用物联网、大数据、人工智能等技术，推动生产或服务的组织方式发生变化，呈现出高度智能化、个性化、精准化等特征。同时，不同产业生产或服务方式的变化，会因与终端用户的距离远近，有不同的表现形式。大致可以分为以下三类。

第一类是对生产或生产流程的自动化、智能化改造。如在生产过程中大量使用机器人或人工智能，提高生产的自动化水平，提升生产效率和产品品质；或者对生产流程进行智能化改造，从工厂、生产线到制造单元、设备等多个层面入手，以互联为支撑，以数据为驱动，实现柔性生产和大规模的个性化定制。

第二类是以智能互联产品为基础，形成与客户高度互动的生产或服务方式。又可细分为两种形式，一是“产品＋服务”的形式。生产企业可利用智能互联产品产生的数据为用户提供更多专业服务，实现更加贴近客户的数据管理、精准营销和增值服务，如远程实时监控、诊断和维护，逐步形成“产品＋服务”的商业模式。二是“消费者对工厂”（C2M）形式。企业以柔性生产为基础，通过互联技术、云计

算技术、社交平台等直接面向用户，打通从消费到生产再到上游原料的整个链条，以大规模的个性化定制对接用户的个性化需求，并通过用户数据反馈完善和改进产品及生产系统。

第三类是生产融入服务平台，成为网状产业结构的一个部分。在万物互联和智能化的驱动下，很多产业的组织形式将会发生根本性改变，从传统的链状结构、生产引领向网状结构、服务引领转变。在服务引领的网状产业结构下，制造端的产品和生产方式必须与服务平台紧密相融，必须充分满足服务平台面向千千万万用户、对产品智能化和个性化的要求。

（二）客户关系长期服务化

互联技术和智能产品的出现，使企业与客户之间的关系发生重构。首先，智能互联帮助企业拉近了与客户的距离。过去，为搜寻潜在客户、了解客户需求、掌握客户使用情况，企业需支付高昂的信息成本，而在万物互联时代，智能企业通过互联平台、远程监控、智能传输等，直接面向客户，轻而易举获得客户信息。其次，企业与客户之间深度学习成为可能。通过智能互联产品的数据传输，智能企业可以充分掌握产品的运行情况，客户也可以及时反馈使用情况，共同完善和改进产品性能。再次，企业向客户提供价值的方式发生变化。由于企业可远程监控智能互联产品，因而智能企业向客户提供的价值将不再是单一的产品，更多向“产品＋服务”，甚至“产品即服务”转型，允许客户获得产品完整的服务，而无须购买产品，只需要支付所消耗掉的那部分产品。最后，企业与客户的联系纽带会更加多元、更加紧密。智能互联产品的功能将不断拓展，智能企业向客户提供的服务也会在产品上不断叠加，最终使得产品成为服务集成或整合的载体，如家用冰箱成为冷鲜食品供应服务终端，电视机成为娱乐服务终端，由此，企业与客户之间将被多重服务纽带所连接。

总体而言，基于万物互联和智能化，智能企业与客户的关系将从过去单一的产品买卖关系，演进成为面对面的、长期的、多维度的服务关系。这种长期服务关系并非显性的、合同化或法律化的，而是隐性的，是客户与企业之间的信任关系，最终取决于集成于服务平台的服务内容、服务质量、平台口碑等。显然，在客户关系长期服务化的情况下，“赢者通吃”的关键就是能否锁定客户，能否赢得客户的忠诚，能否与客户建立起长期的、排他性的信任关系。

（三）企业边界柔性模糊化

智能企业通过服务平台，联结众多外部资源，创造出大量新的差异化竞争方式和附加价值服务，从过去的单一产品或服务竞争，转变成为平台竞争或智能生态群的竞争。相应地，智能企业的边界就会变得越来越模糊，从有界向无界、单一向跨界演进，内外部界限被打破，任何能够与智能生态群核心平台进行对接的组织、个人和用户，都将成为智能企业的一部分。随之，智能企业的规模也会因企业边界的伸缩而柔性调整，不再受自有资产、产业属性、产能条件、人力资源等硬性约束，而是可以通过外部资源的接入和整合，灵活调整输出内容和输出规模。譬如 Uber 和滴滴打车，通过互联网平台，将出租车、社会车辆、个人车辆等都接入进来，这些车辆的所有权不属于平台，平台无须投入，但这些车辆能够为平台所用，作为企业向客户提供的交通出行服务，并且随着接入的服务车辆越来越多，企业边界也随之不停延展。再譬如海尔，通过海创汇平台延展企业边界，将员工、消费者、合作伙伴、社会资源等吸纳进来，共同创业和发展，成为海尔的重要组成部分，海尔能够向社会提供的产品和服务种类也越来越丰富。如消费者可以通过海创汇平台，按照自己的创意定制海尔产品，并在海创汇创业孵化平台上向社会发布，由用户进行选择，若用户对该款产品满意，订单多，该消费者就可以从中获利。

智能企业边界柔性化的关键是企业功能的调整，主要包括两个方面：一是聚焦核心功能。智能企业的核心功能主要包括提供信息设施、外部接口、交易枢纽，建立内外协同、互联互通机制，使得外部资源、信息能够畅通地汇集在中心枢纽，并最终在枢纽上实现多向交互。二是拓展外延功能。智能企业会将一般性的生产制造、市场服务、供应链等功能向外拓展，作为外部资源择优接入，以有限的自有资源形成较大的生产服务规模。譬如小米公司作为一家专注于手机和电视的互联网企业，通过实施生态链计划，以智能制造平台为核心，将各种家电、家具、出行、娱乐等产品都整合进来，成为一家产品种类极为丰富的智能企业。

（四）组织结构平台网络化

智能企业为适应贴近用户、柔性生产、内外协同等要求，必须充分利用互联技术和智能技术，重塑企业组织结构，总体上是打破科层组织架构，以平台网络化为总特征连接企业内外部的各个单元。具体包括四个方面的变化：内部组织扁平化，核心功能平台化，外部结构网状化和业务单元微型化。

内部组织扁平化。在数据驱动的生产与服务流程中，企业内部各业务单元、各智能设备等互联互通，工序工段边界被打破，信息可以无损传递，内部组织趋于扁平化，不再需要大量的中间层和管理层，使生产与市场之间、上下游工序之间实现无缝对接。譬如青岛红领制衣，进行智能化生产改造后，每个生产节点都没有管理人员，变为节点流程管理人员，共减少了30%的生产人员。

核心功能平台化。智能企业聚焦于核心功能后，通常会将这些功能以平台的形式出现，以满足万物互联下各种数据集中交互的要求。如青岛海尔，从制造产品向孵化创客转型，为此打造了三大开放式平台：满足社群经济的大顺逛平台、满足体验经济的COSMO平台和满足共享经济的共享金融平台。

外部结构网状化。智能企业拓展外延功能后，相应的生产、客户、上下游及相关外部组织都与平台相连接，同时这些单元彼此之间又能在需要时直接连接，形成一个复杂有序的网状结构。网状结构的好处是作为中枢系统的平台可以整合众多外部资源，同时各单元间信息无损交互又能大大提升整个组织的运作效率。

业务单元微型化。随着万物互联和智能化的深入，大规模大批量生产不断弱化，个性化、精准化特征越来越突出，生产和服务等业务单元将逐步微型化，以适应小批量、个性定制的要求。青岛海尔在向智能企业转型时，已将原来的大规模企业拆分成众多小微企业，形成平台+小微的经营模式。

（五）企业创新开放系统化

智能互联产品是信息智能技术与传统工业的结合，将传感器、处理器、软件和网络连接等内置于传统产品之中，充分运用储存、云数据库及产品使用过程中所产生的多维数据，来提升产品原有的功能，并产生新的功能，形成新的服务价值。智能互联产品本身具有跨界的特征，是多产业的集成体，同时也正是由于智能、互联等特征，使得产业跨界融合成为可能。在智能互联产品的开发设计、实践运用、维护升级等各个阶段、产品和业务的跨界合作将成为常态。通过行业间不同领域的跨界合作，一方面可以弥补自身产品或服务的不足，另一方面能够为客户提供更多叠加于产品之上的服务，为“赢者通吃”创造基础条件。

为适应智能互联和和跨界融合的要求，智能企业的创新模式随之发生改变。创新着力点，从以产品为中心向以用户为中心转变；创新形式，从串型的瀑布式创新向并型的迭代式创新转变；创新人员，从在册人员创新到在册与在线双重并进；创新组织，从布局全球研发中心到以平台载体为主转变。显然，开放创新将是智能企业创新的核心特征。

智能企业的创新具有三大特点：全面开放、系统专业和共享共赢。所谓全面开放，就是创新平台向所有人开放，使得企业能够整合包括员工、客户、上下游企业、行业外伙伴等各种外部创新资源，最终实现更加贴近用户、跨界集成的创新。所谓系统专业，就是创新平台的各种资源能够形成从创意、设计到制造、销售等整个创新全流程。所谓共享共赢，就是参与创新的各个主体，企业、员工或用户，通过利润分成计划，都能够分享创新利益。如青岛海尔在向智能企业转型中，提出了“世界就是我们的研发部”的创新理念，并建立了海尔 HOPE 开放式创新平台，借助平台加速了企业创新的步伐。

四、万物互联和智能化推动政策调整：从国际态势到我国进展

最近几年来，主要的国家、国际组织先后出台了一系列涉及物联网、大数据、高性能计算、人工智能等方面的国家战略，以把握未来

国际竞争制高点，同时应对新技术所带来的伦理、法律、监管等新问题。同期，我国顺应万物互联和智能化趋势，密集发布了多份国家战略文件，支持国内产业发展壮大。

（一）主要国家高度关注未来机遇及其挑战应对

一是纷纷出台人工智能顶层战略。美国是全球网络信息技术强国，早在10年前就提出智慧地球、智能电网的概念，近几年又陆续针对先进制造、大数据、高性能计算、机器人、物联网安全等领域逐个进行布局。特别是2015年《美国国家创新战略》中重点提出在精准医疗、大脑计划、先进汽车等九大领域开发人工智能；2016年白宫又连续发布3份白皮书（《国家人工智能研究和发展战略计划》《为人工智能的未来做好准备》《人工智能、自动化与经济》）从制度、细则、社会等方面提出应对人工智能变革的策略。欧洲紧随美国，2009年10月发布《欧盟物联网行动计划》，提出要让欧洲在基于互联网的智能基础设施发展上领先全球，随后就发布释放欧洲云计算潜力、“数据价值链战略计划”“人脑科研计划”“机器人研发计划（SPARC）”等陆续出台战略。英国政府也在2017出台了《人工智能：未来决策制定的机遇和影响》《数字英国战略》等，阐述人工智能的未来发展对英国社会和政府的影响，并就如何打造世界领先的数字经济和全面推进数字转型作出了全面部署。日本则将战略重心放在机器人的研发与应用方面，2015年发布《日本机器人新战略》，阐述了日本实现“机器人革命”的三大策略。

二是着重加强基础技术研发政策支持。主要国家在人脑研究、智能机器人、人机交互等基础研发领域加大支持，包括提供资金、技术与人才保障。在人脑研究领域，2013年美国奥巴马政府启动“大脑研究计划”，联合高科技企业、高校、科学家共同参与，目前共投入超过15亿美元用于该计划研究。2013年，欧盟也启动了为期10年的“人脑科研计划”，宣布投资12亿欧元，研究脑部疾病治疗手段，搭建信息通信技术平台，汇集全球神经科学数据，设计出能够解释这些数据的模型来模拟人脑。在智能机器人研究领域，欧盟委员会与欧洲机器人协会2014年启动了全球最大的民用机器人研发计划（SPARC），研究机器人在制造业、农业、健康、交通等领域的应用。韩国2008年出台了《智能机器人促进法》，将机器人列为国家级战略性产业，2012年又发布了为期10年的《机器人未来战略2022》。在人机交互系统研发领域，美国《机器人发展路线图》指出要鼓励增加人机交互领域的研究工作，提高人工智能的应用程度。日本2015《机器人新战略》要求实现“机器人常态化”全覆盖，在不同领域推广机器人的使用，跨部门灵活使用机器人。

三是调整行业监管政策支持创新型业务走向商用。主要国家除了支持基础研发投入外，还特别注重松绑行业监管政策，激励创新型技术的商用转化，这一点在美国特别明显。美国国防部高级研究计划局（DAPRA）自2010年起即开始长期扶持人工智能技术在各领域的应用。2015年发布的《美国国家创新战略》中，明确提出支持先进制造、精密医疗、大脑计划、先进汽车、智慧城市、清洁能源和节能技术、教育技术、太空探索和计算机新领域九大应用领域。如在智慧医疗方面，2017年美国就放宽条件，允许医疗影像诊断先行使用，并取得许可。再以自动驾驶为例，谷歌公司推出自动驾驶汽车以后，早在2012年内华达州就发布了允许自动驾驶车辆开展路测的文件要求，截至2017年底已有22个州出台了类似立法，宽松的监管制度吸引世界各地的企业到美国开展路测。仅在加州，就有德国宝马、日本丰田、中国百度等在内的 49 家企业陆续取得路测许可。美国自动驾驶技术和产业发展迅速，及时调整法律与监管政策是其中一个重要原因。

四是提前加强伦理、道德、算法等问题的前沿部署。对于人工智能带来的系列新问题，各方面予以高度关注。2015 年联合国教科文组织与世界科学知识与技术伦理委员会联合发布报告，在机器人伦理道德准则的实践中，2015 年联合国教科文组织与世界科学知识与技术伦理委员会联合发布报告，指出了人工智能的进步以及其带来的社会与伦理道德问题，提出机器人以及机器人技术造成的伤害很大部分可由民法中产品责任的相关法律进行调整。2016 年 12 月电子电气组织（IEEE）发布《合伦理设计：利用人工智能和自主系统最大化人类福祉愿景》报告，指出如何将人的道德和伦理准确地嵌入到机器中，以及面临道德困境时如何决策，都是极具挑战性的任务。美国提出应提高人工智能系统的公平性、透明性和可责性，确保人工智能系统及应用作出的决策与现有的法律、社会伦理观念一致，并妥善应对人工智能带来的安全挑战。在法律责任分担方面，联合国教科文组织提出《关于机器人伦理的初步草案报告》，对机器人的责任进行了探讨，提出采取分担责任的途径，让所有参与到机器人的发明、授权和分配过程中的人来分担责任。日本对机器人应用的具体问题制定的管理方针，包括建立中心数据基地来储存机器人对于人类造成伤害的事故报告等。此外，还要避免机器算法无意之间带来群体歧视等特殊问题。

（二）我国强化产业发展规划和政策支持

近年来，我国主动顺应万物互联和智能化变革契机，强化产业规划指引，统筹各类政策工具，加快以数字化、网络化、智能化为特征的产业变革和企业变革进程，但总体上还以产业支持为主，对于配套的制度调整还有进一步改进或完善的空间。

一是在战略上，强化顶层部署和规划指引。围绕智能互联产业体系，从各个环节密集出台文件，加强战略安排。在感知层，出台《关于推进物联网有序健康发展的指导意见》《关于深化“互联网+先进制造业”发展工业互联网的指导意见》，大力推进物联网、工业互联网在传统产业中的深度应用。在网络传输层，陆续出台《关于加快高速宽带网络建设推进网络提速降费的指导意见》《关于全面推进移动物联网（NB-IoT）建设发展的通知》，加快宽带网络演进升级，大力提升宽带网络承载能力和性价比。在计算设施层，发布《关于促进云计算创新发展培育信息产业新业态的意见》《促进大数据发展行动纲要》《新一代人工智能发展规划》，牢牢把握战略主动，构筑我国人工智能发展的先发优势。在行业应用层，以“互联网+”为总牵引，推动与农业、制造业、能源、物流、金融、交通、环保、医疗、政务等领域的深度融合，构筑经济社会发展新优势和新动能。

二是在重点上，加强核心技术研发支持和融合应用。网络信息技术领域日新月异，我国正处于从跟跑并跑向并跑领跑转变的关键时期，为夯实产业根基，提升核心竞争力，把发展主动权掌握在自己手里，国家在各规划的重点任务中，始终把核心技术研发作为关键内容。发挥我国整机优势，以体系化思维弥补单点弱势，带动集成电路、基础软件、核心元器件等薄弱环节实现突破，积极争取并巩固5G新一代移动通信、下一代互联网等领域领先地位，构筑移动互联网、云计算、大数据、物联网、人工智能等领域比较优势。同时，推动智能互联技术与实体经济在发展理念、产业体系、生产模式、业务模式等方面全面融合，发挥互联网聚集优化各类要素资源的优势，构建开放式生产组织体系，大力发展个性化定制、服务型制造等新模式，改造提升传统动能，培育新的经济增长点。

三是在政策上，强化产业政策支持。首先，考虑到新一代信息技术创新活跃，技术路线看不清楚，传统的纵向选择性产业政策的弊端非常突出。国家创新政策工具，主要是国家注资设立产业发展基金，采用市场化运营机制，如国家集成电路产业投资基金交由专业团队运营，支持骨干企业缓解资金瓶颈，匹配产业链上下游供需信息，推动产业整体突破和跨越式发展。其次，在参考国际经验基础上，设立制造业创新中心或创新示范区、设立新一代人工智能重大科技专项和国家级人工智能平台，重点支持一批工业互联网平台，这一方面激励了先行地区或企业的创新发展，但另一方面未入选地区或企业的积极性也会受到打击，甚至在业务发展时还面临新的推广成本。再次，完善支持政策环境，包括开始启动政务数据资源的开放共享，加强网络知识产权和专利执法维权工作，支持组建开源社区，鼓励企业依托互联网开源模式构建新型生态等。

四是在制度上，加强分业监管和制度创新。随着万物互联和智能化技术在各领域深度应用，产业变革和企业变革在进一步深化，跨界融合广度、深度、速度都在拓展。鉴于融合变革涌现出的新事物具有不同于传统业态的技术经济特征，监管制度的调整、创新和重构就势在必行。近些年来，我国坚持包容审慎、发展与规范并重的原则，针对网络约租车、共享单车、互联网金融、互联网医疗等新业态，陆续推出了一系列“量身定做”的监管政策，从业务界定、市场准入、运营规范、信用体系、责任界定、网络安全、用户权益、管理机制等方面提出了一系列要求，且随着业态发展和社会关注热点变化而更新管理要求。

但是，我国在政策布局的体系性方面还存在不足，体现在：一是对新技术新业务带来的监管政策考虑总体不足，目前主要集中在技术和产品创新层面，但对于产品上市应用所面临的监管制度这一刚性约束，制度修订跟进总体偏慢，一定程度上束缚了商业化应用步伐。二是对于万物互联和智能化趋势所带来的产业变革和企业变革估计不足、应对不力、缺乏统筹，突出表现在新业务与旧业态之间矛盾重重，比如网络约租车、共享单车、互联网医院、智能驾驶等对传统业态的冲击，对于如何平衡新旧业态的发展统筹不足。三是对于伴随新技术出现的各类新问题，如标准认证、伦理困境、法律责任空白、道德考量、隐私保护、平台责任、权益保护、网络与信息安全等缺乏配套政策应对，陷入一事一议的碎片化状态。

五、万物互联和智能化的政策建议：从单一的产业政策到全面的应对政策

万物互联和智能化在技术、产业、企业等各个层面都带来革命性变化，如果我们抓住新一轮技术革命带来的历史性机遇，我国完全有可能在一些重要领域赶超世界先进水平，形成一批具有全球竞争力的一流产业和企业，加快建成现代化产业体系，实现高质量发展。万物互联和智能化的快速发展趋势和潜在的巨大影响已经引起了各方面的高度重视，但至今为止的应对政策主要停留在产业政策层面，特别是扶持性的产业政策。考虑到万物互联和智能化引起的巨大变革影响到经济社会方方面面，我们需要考虑更加全面的应对政策。即使是产业政策，也应从扶持性政策向竞争性政策转变，尤其监管制度、创新环境、用户权益、网络与信息安全等才是当前面临的重大挑战。建议重点关注以下几个方面的政策。

（一）重构行业监管制度

现有监管制度是针对过去已经成熟的产业体系和发展模式而制定的，有其适用范围和监管重点。万物互联和智能化技术的兴起正在重构现有产业体系和企业组织，各类新技术新业务会在经营理念、运作模式和发展路径上，必然与传统业务不同。直接套用传统的行业监管政策，无异于削足适履，肯定会制约其发展活力。建议加强评估、实时跟踪、预判风险，围绕企业经营全流程，从市场准入到退出，及时把握好监管的力度，为创新提供更大空间。

一是避免以旧思维管新业态，在市场准入方面要以放为基点，给予其萌发机会。回顾微信、二维码支付、网约车等的发展历程，最初都面临着被旧制度框架扼杀在摇篮里的风险，正是给予包容期才能走到今天并引领全球。建议在新技术新业务发展初期，从业务属性、技术实现方式、商业模式、潜在产业冲击、安全风险点等方面，加强第三方评估分析，避免以监管为名，压制新业态发展。同时，还要结合国际经验和社会各方意见，研究取消或放松过时的监管制度，创新针对网络约租车、无人驾驶汽车、互联网医疗等新模式新业态的监管制度；全面梳理新的市场失灵点，把握好监管底线，如消费者权益、网络与信息安全、个人隐私保护等，重构监管职责体系，加强监管指引和监管服务，督导企业规范经营，防范行业系统性风险。

二是适应融合创新趋势，加强监管横向协作和纵向联动。万物互联和智能化与各行业各领域的深度结合，一方面催生出一大批跨界融合性新产品或新业务，如无人驾驶、网络约租车、互联网金融、互联网医疗等，仅靠单一监管机构显然已无法满足监管需求。建议总结这些年针对新技术新业务的跨部门监管经验和教训，研究出台针对融合型业务的总体监管指引，明确牵头部门和参与部门确立原则，重塑跨部门协作机制，做到不缺位、不越位和不错位。另一方面，基于互联网业务应用天然带有跨地域的特点，这与按行政层级划分、按地域属地监管的现有模式明显不同，建议加快推进政务信息共享，推进基于网络的央地联动、异地协作，力争牵一发动全身，做到对跨区域活动的无缝覆盖。

三是进一步完善政府、企业和网民等利益相关方共同治理格局。针对互联网“少数大型平台+众多卖方（如商家、供应商）+众多买方（如网民、客户）”的主流产业结构，建议监管部门推动网络平台以合同约束入驻企业经营行为，立法要求网络平台履行合理注意和执法协助义务。利用用户在线评价大数据，督导企业守法诚信经营，维护消费者权益。此外，相对于企业而言，政府在技术、人才等方面劣势明显，建议利用大数据、人工智能等先进技术支撑“互联网+政务”服务创新，如通过政企合作方式，充分利用社会上的网络设施、信息服务和技术队伍能力，实现对企业的有效监管和精准服务。

（二）协调竞争政策与产业政策

竞争政策与产业政策是政府规范市场经济的两种工具，分别扮演着“看不见的手”和“看得见的手”，但竞争政策具有基础性地位，产业政策应局限于特定的市场失灵领域，不应替代市场选择、扭曲市场竞争。一方面，网络信息技术领域吸收了大量风险投资，形成了良性发展局面，“扶持性”政策的必要性大大削弱；另一方面，技术日新月异、创新变幻不定，市场竞争激烈，政府很难事前作出预测，但对于具有一定垄断地位的“平台企业”要防范其滥用支配势力。因此，需要更加重视竞争政策与产业政策的关系，尤其要从“选择性扶持”向优化产业环境转变。

一是减少和优化产业政策，减少对市场主体的选择性支持。过去的经验一再表明，产业政策的有效实施需要大量的信息和严苛的条件，在产业刚刚起步、技术产业发展方向不明等创新型领域，产业政策的支持举措极易异化为选择性支持，替代市场竞争。在调研过程中，我们注意到受产业赶超的思维惯性影响，有些部门仍习惯于直接配置资源支持少数企业，如宣布某些企业入围名单，支持建设少数国家级平台等；这对于那些未纳入名单的企业，在起步之初时就需要负担额外的市场推广成本，建议尽量减少各种形式的产业政策，不要依靠政府来选择和培育支柱企业，即便要支持产业发展，也要通过开放的标准和公平竞争审查，而且以竞争友好型、竞争促进型政策为主，防止排斥竞争的规定和做法。

二是加强对共性技术研发、质量标准和认证、政府公共采购等方面的支持，加强产业创新发展的支撑环境条件。综合国内外判断，在这一轮变革中，我国在物联网部署、语音和人脸识别技术，以及移动支付、共享单车等应用方面在全球处于领先地位，还拥有用户数量庞大、应用场景丰富、资金投入充裕等潜在优势，但短板方面也同样突出。建议围绕产业界的迫切需求和薄弱环节，如人工智能基础理论、无监督学习算法、人工智能计算芯片、群体智能等领域，建立财政引导、市场主导的研发支持机制。针对跨界融合、叠加创新之类的新产品，比如智能网联汽车、智能联网家居、智慧医疗产品，要加快跟进出台国家质量管理要求或指引，及对应的认证认可体系，支持创新产品上市。最后，要发挥好政府公共采购的示范作用，适时将各类智能互联产品或业务纳入采购目录，激励企业做优做强。

三是关注新兴产业“赢者通吃”问题，维护公平竞争市场秩序。互联网的突出特点是供给侧具有规模经济性、需求侧具有网络效应，极易形成“赢者通吃”局面。一旦平台垄断的局面得以确立，入驻平台的商家和用户因为转换成本太高，常常被锁定在大平台上，这进一步强化了平台的市场支配能力，带来平台垄断监管难题。建议要辩证地看待这一问题，放眼全球竞争，鼓励平台做大做强，以充分运用规模经济，让资源在更广范围、更多主体之间最优配置，但对于企业滥用其市场支配地位排挤或打压竞争对手的行为，要有明确禁止要求，建议加强细分市场竞争状况动态评估，发布细分领域反垄断指南，引导企业强化自律，维护市场活力；建立机器算法审查制度，重点加强对算法合谋、算法歧视等行为的干预。针对线上新模式与传统业务之间的竞争问题，不能因为传统业务受到管制而从政策上保护其固有利益、排除外来竞争，而要立足产业变革大势，引导传统业务加快转型升级，最终在市场竞争下走向均衡。

（三）激励创业创新政策

万物互联和智能化趋势下的创业创新不同于传统产业，如基于网络设施、依赖数据资源、开放协同创新等。从调研来看，除了前述产业支持和监管政策重构之外，还需要加强以下几方面政策供给。

一是加快网络演进升级，强化基础设施层面的竞争。随着互联网由消费领域向产业领域推进，网络的低时延、高可靠、广覆盖、大连接等越来越重要。一方面，要加快推进宽带网络改造升级，全面部署IPv6 网络，推进工业互联网标识解析体系建设，满足万物互联需求；扩大移动网络覆盖范围和深度；力争尽早部署 5G 网络和推进商用化，为无人监视、虚拟现实、工业应用提前铺路。另一方面，在调研过程中部分企业提出互联网专线接入价格还需要进一步降低，建议统筹兼顾基础电信企业可持续发展能力，进一步降低中小企业的专线连接价格，激励企业加快网联化进程和企业内网改造进程。

二是加快推进政务数据开放和企业间数据合法共享。首先，政府拥有海量权威、长期积累的历史数据，在不涉及国家秘密、商业秘密和个人隐私的前提下，国际上都在大力推进政府数据开放，以支持基于数据资源的创新活动。我国数据开放指数在全球排第93位，建议在前期试点基础上，加快建立制度化的政务数据开放体系，完善保密审查和风险评估制度，形成常态化工作机制。其次，针对人工智能模型训练需要海量的数据集，如无人驾驶车辆的路测场景越丰富越好，但每家企业的路测场景都不足以覆盖现实道路的各种场景，推进构建跨企业共享的路测数据库，这对于提升各企业的安全水平就非常必要。

三是完善财税金融等外部政策支持环境。从互联网产业发展历程看，前期处于依靠风投烧钱亏损阶段，甚至长期不盈利，难以达到上市要求。建议支持扩大直接融资比重，支持符合条件的企业在境内外各层次资本市场融资，引导各类投资基金等向万物互联和智能化领域倾斜。在财税方面，对各垂直领域加大智能互联和智能化方面的投资，允许加速折旧；对初创芯片企业研发投入和营业收入，落实研发加计扣除、所得税减免等支持政策；对于制造业的服务化转型等，建议按照就地不就高原则，研究税率适用办法。在保险方面，鼓励企业创新保险产品，推出诸如覆盖无人驾驶路测和正式商用阶段的保险产品、针对医疗影像诊断结果责任分担的保险产品等。

（四）强化网络信息安全

在万物互联和智能化大背景下，经济社会的各个领域和人们的生产生活日益离不开网络，线下物理世界和线上虚拟世界已经打通，网络信息安全的影响范围空前扩大，数据安全和个人隐私的重要性无以复加。安全是发展的前提，要把握住网络信息系统、数据安全和个人信息保护等关键点，为技术业务应用的创新发展保驾护航。

一方面，增强网络信息系统安全防护能力。物联网、工业互联网、人工智能等与实体经济的深度融合，让电力、水务、能源、交通、银行、工业控制系统乃至市政、医疗公共服务等都暴露在网络空间，让网络安全与生产安全相互叠加。网络信息系统由于在快速迭代升级，所以不可能没有漏洞或缺陷，而这些漏洞一旦被不法分子远程精准攻击，其影响难以想象。要落实关键信息基础设施防护责任，行业、企业作为关键信息基础设施运营者承担主体防护责任，各相关行业部门履行好自身监管责任。还要加强网络安全态势感知，建立高效的网络安全风险报告机制、漏洞检测信息和安全攻击共享机制、研判处置机制。督导企业树立网络安全观，加大安全投入。最后，建立实施网络安全审查制度，对关键信息基础设施中使用的重要信息技术产品和服务开展安全审查，从源头上消除安全隐患。

另一方面，加大隐私和个人数据保护力度。发达国家已普遍认识到现有个人信息保护制度正面临巨大挑战，并加快法规制度修订，如欧盟出台并实施极其严格的《一般数据保护条例》。结合国外实践，要加快数据管理立法，包括完善数据产权保护制度，制定数据流通和交易规范等。要明确个人数据处理活动的透明度，包括个人数据如何被企业收集以及在企业之间共享等，应当保障知情权，对消费者提高透明度。要设计更富有效率的用户个人信息保护机制，要求企业在产品的设计、研发、推广、使用、市场退出的每个环节考虑隐私保护要求，提供数据全生命周期保护。还要更加关注数据使用环节的安全风险，针对大数据应用，企业要分析其相应的安全风险并提出与之匹配的保护措施。

（五）高度重视人才与就业政策

人才是创新第一要素。万物互联和智能化发展对高端专业人才的需求必然高速增长，而产业变革和企业变革则会冲击既有的就业体系，这两方面问题都已引起国内外高度重视。

一是多种方式培育和引进高端人才。全球招聘网站领英大数据显示，全球人工智能领域专业人才数量超过 190 万人，其中美国超过 85 万人，我国才 5 万人，排在全球第 7 位，而且资深人才占比很低。从调研看，企业目前薪资水平已基本与国外看齐，也招揽了一大批高端人才，但还远远不够。建议把高端人才作为队伍建设的重中之重，支持企业完善人才激励机制，在海外设立研发中心等，灵活使用国际化高端人才资源。针对高端人才在出入境、落户、购车、医疗、社保、子女教育等方面诉求，建议开辟绿色通道，留住优秀人才，防止得而复失。完善人工智能学科布局，畅通高校、科研机构和企业间人才流动渠道，鼓励通过双向挂职、短期工作、项目合作等方式加强人才共享，形成有效、完善的合作培养机制。

二是高度重视失业和技能培训问题。万物互联和智能化对现有就业体系带来两方面冲击，一方面是分享经济的兴起，出现了基于网络平台的“零工就业”，如网约车司机、家政、快递等劳动力；另一方面是人工智能的兴起，预期对体力劳动者和脑力劳动者都形成直接替代，带来大批失业潮。建议及早识别最可能被替代的重复性、程序性、高成本就业领域，并提前为受到影响的劳动力提供就业再培训，比如与职业学校合作提供免费教育等，学习掌握新技能；提供再就业咨询服务，巩固社会保障体系，缓解对就业市场的冲击。

三是增加就业的灵活性。由于产业变革和企业创新，灵活就业人员的数量会越来越多，大量人员将以非全日制、临时性和弹性工作等方式实现灵活就业，这与就业机会、技术发展、生活方式等方面的发展趋势密切相关。灵活从业人员在劳动时间、收入报酬、工作场所、保险福利、劳动关系等方面不同于建立在工业化工厂制度基础上的传统就业方式，需要国家在劳动合同、社会保险、就业政策等方面提供相应的支持。

（六）完善企业制度

面对万物互联和智能化带来的变革，部分企业主动拥抱利用新技术，如三一重工、青岛海尔、中国电信等加快资源优化配置和组织变革进程，走在了变革前列，智能企业的雏形渐显。但更多企业尤其是国有企业碍于企业制度、实施成本、思维陈旧等缘由，还在观望之中，应加强宣传，加快企业转型升级的步伐。

一是加强对智能互联时代的企业变革规律的研究和推广。调研表明，工业时代产生了金字塔形组织和流水线大规模生产方式，信息化时代要求企业从以产品为中心向以客户为中心转变，企业出现新的发展规律，一些新的趋势逐步明朗，如利用互联网、云计算、大数据整合企业资源，减少企业层级，加强部门间协同，实现企业组织从传统的金字塔式科层结构向扁平的网状结构转变；借助互联网平台，重组管理流程，建立内部市场化和内部核算机制，或者对各职能部门进行逆向评价，将市场压力传导到企业各级部门；打破企业边界，充分利用外部资源，利用互联网实现开放式创新；企业研发、生产、营销和管理中产生的大数据，通过挖掘或深度学习可以转化为显性知识，提升经营管理水平。建议相关部门组织力量研究企业发展的新趋势，帮助企业加快转型的步伐。

二是建议加快国有企业改革步伐，进一步依法还权于企业。万物互联和智能化推动企业变革，需要宽松的制度环境，但国资监管部门的行政性干预还比较多，涉及人事、薪酬、业务、费用等经营性事务，有的甚至穿透到二级、三级公司，对企业变革形成刚性束缚。可依照《公司法》，还权于企业，让企业成为独立市场主体，才能释放企业活力，才能为企业改革创新松绑。建议不断完善激励与约束相结合的治理机制。根据国内外先进企业的经验，建立风险共担、收益共享的机制是激发企业活力和实现股东、员工、顾客、社会等多方共赢的有效途径。建议考虑加快员工持股、分红权、绩效奖励等方面改革，给企业管理改革提供更大的激励。

三是丰富现代企业制度。企业创新需要更加多样化的企业制度，国外现代企业制度变革的一个重要的趋势是实行类别股制度，突破“同股同权”的制度制约，允许不同投资者根据实际需要制定权利契约，满足不同投资者的偏好，满足企业平衡利益的需要，为企业创新留出更大的空间。

执笔人：马　源　马　骏　袁东明　项安波

技术发展趋势篇

第一章

万物互联和智能化趋势及促进政策建议

当前，以万物互联和智能化为主要特征的信息化浪潮蓬勃兴起，传统产业的数字化、网络化、智能化进程明显提速。从近期企业调研看，我国主动跟进，顺势而为，抓住了这一轮变革机遇，已具备了并跑发展的能力和条件，但关键技术短板和制度供给不足凸显，亟须精准发力，为充分释放技术溢出效应、培育新兴产业夯实基础。

一、万物互联和智能化技术迈入密集创新发展阶段

当今时代，以移动互联网、大数据、物联网、人工智能等为代表的新一代网络信息技术日新月异，呈现出相互叠加、集群突破、迭代创新的发展态势，正进入技术变革和普及应用的空前活跃期。

（一）指数增长的联网终端与无处不在的通信网络共同构筑了万物互联的关键基础

从物联网部署来看，随着器件性价比大幅提升，联网设备数量快速增长。作为感知世界的神经末梢，传感器持续向低功耗、高敏度、

高精度等方向升级，而单位价格却在过去10年内下降了54%以上。按照IHS markit公司的监测数据，2017年全球联网设备数量已突破270亿件，预计到2030年将突破1250亿件。据IOT分析公司对全球1600个物联网项目的调研发现[①]，智慧城市、工业、建筑、汽车、能源等已占到项目总数前五。联网设备类型从消费领域的可穿戴设备、智能家居、无人驾驶，到生产领域的制造装备、智能机器人、仓库管理，再到市政水务、电力、燃气、停车等各个领域，都已进入万物互联阶段。从网络部署来看，大范围、大链接、低功耗、低时延链接能力是万物互联的前提条件。一方面，针对智能抄表、交通物流、节能环保等数据量小、但连接容量大的应用场景，国际上加快部署移动窄带物联网技术（NB-IOT），到2017年底仅用一年多时间，20多个国家就部署了超过30张商用NB-IOT网络；另一方面，针对车联网、工业互联网等要求高速率、高移动性、低时延的应用场景，正在加快推进5G标准化进程和商用部署。

（二）深度学习算法、海量大数据和高性能计算三大要素驱动人工智能技术骤然提速

经过60多年演进，特别是在移物联网、大数据、高性能计算、人工智能算法等新技术及经济社会强烈需求的共同驱动下，人工智能加速进入发展新阶段。首先，算法进展层面，过去主要依据逻辑推理、专家系统来解决特定问题，算法通用性差，智能程度低，但2006年新提出的深度神经网络算法（DNN）较好地模拟了人脑神经元多层深度传递的过程，掀起了新一代人工智能发展篇章；2014年提出的“生成

① https://iot-analytics.com/top-10-iot-segments-2018-real-iot-projects/.

对抗网络（GNN）”算法成为另一个标志性进展，它为无监督学习模型提供了强有力的算法框架。目前，神经网络算法已在图像识别、语音识别、机器翻译等方面广为应用。其次，数据积累层面，互联网的广泛普及带来了日益高涨的用户数量、海量的联网终端、不断增长的在线时长、丰富的工业应用场景，它们积累起涵盖消费、社交、出行、通信、金融、生产、天气等不同维度的丰富数据。IDC 报告显示，2020 年全球数据总量超过 40ZB，这一数据量是 2011 年的 22 倍，随着数字化进程深化，这一增速还将提高。有了更大规模、类型更丰富的数据，算法效果自然得到提升。最后，高性能计算方面，传统 CPU 计算架构在性能和功耗上，都无法支撑基于人工智能算法的海量数据运算，而 GPU（图形处理器）、TPU（张量处理器）、FPGA（现场可编程门陈列）芯片具有并行计算、高吞吐量等特点，如人机围棋大战中的阿尔法狗（AlphaGo）仅用了 170 个 GPU 单元，便可进行大量的模型训练。因此，无论在云服务器一侧，还是在各类联网终端一侧，新型计算芯片都开始为人工智能提供强大的计算能力。

（三）基于人工智能的图像识别、语音识别、自然语言处理技术已全面突破

人工智能技术大大提升了机器学习能力，在看、听、理解等关键指标上已经媲美甚至赶超人类，进而为机器认知、预测、决策等应用奠定了良好基础。在看的方面，体现在图像识别精度上超越人类。以国际上知名的 ImageNet 大赛（ILSVR 竞赛）为例，识别海量图片中物体种类的错误率自 2012 年引入神经网络算法后就骤然下降，2015 年微软亚洲研究院已将错误率降至 3.57%，优于人眼 5.1% 的识别错误率；到 2017 年进一步降至 2.25%。机器视觉技术突破加速了安防监

控、人脸识别、影像诊断、质量检测、无人驾驶等的商业化应用。在听的方面，基于深度神经网络－隐马尔科夫模型框架（DNN-HMM）的识别技术、基于长短时记忆模块（LSTM）的循环神经网络（RNN）技术等，使得近场语音识别技术达到可进入日常生活的标准。到2016年，微软语音识别系统的错词率已经降到5.9%，等同于专业速录员。截至目前，语音识别技术已广泛应用于苹果手机SIRI对话、亚马逊智能音箱ECHO、智能家电、探伤检测等场景中。在理解方面，自然语言处理的主流技术已转向深度学习算法，在机器翻译、文本分析等方面逼近专业人员水平。谷歌推出的神经网络机器翻译GNMT相对于传统的机器翻译PBMT，在英语到中文翻译方面，错误率下降了58%，其语言助理已拓展到119种语言。机器翻译效果进一步提升。机器对话交互能力被广泛嵌入到客服机器人、智能助手、聊天机器人等产品中。

（四）全球范围内围绕万物互联和智能化转型的产业布局纷纷开启

万物互联和智能化蕴含着无可估量的产业机遇，科技巨头和初创企业争相涌入，从底层传感设施到行业应用等各个领域进行布局。在传感器方面，其功能开始由感知、度量功能为主，向诠释、理解功能方向转变，自带算法模型的智能化器件如MEMS成为布局方向，重点领域如汽车电子开始成为争抢重点，如高通并购恩智浦就是超前布局物联网传感环节。在网络传输方面，电信运营商如美国Verizon、设备制造商如思科都在搭建物联网平台，为智能照明、交通管理和视频采集等提供管理方案。在计算设施方面，英特尔最近3年开展的收购包括167亿美元收购FPGA芯片企业Altera、153亿美元收购以色列自动驾驶汽车技术公司 Mobileye，还收购了视频芯片处理企业 Movidius，备战人工智能。而英伟达基于 GPU 的人工智能芯片解决方案商用客户已超过几万家。在人工智能应用领域，无人驾驶、智能音箱、手术机器人、智能金融投顾、人脸识别、智能影像诊断等均在快速推进。据风险投资监测机构 CB Insights 数据①，2013～2017 年，全球人工智能领域投资事件从 310 件增长到 1349 件；投资额从 17 亿美元增长到 152 亿美元，资本市场对人工智能发展给予无限憧憬。

总体上，万物互联的外部条件已经成熟，智能化技术开始全面突破，两者相互结合，正掀起数字化变革浪潮。虽然基于神经网络的深度学习算法仍有缺陷，如依赖于海量高质量数据的训练、通用性还很低，但在一些关键能力上已经媲美甚至赶超人类，短期内专用型人工智能已经在数据丰富的行业（如制造、医疗、监控）、应用场景成熟的业务前端（如营销、客服）等得到广泛应用，并开始重塑商业、市场和产业。长期来看，正如国际人工智能领域著名学者 Michael I. Jordan 所说，人工智能技术将能在边际成本不递增的情况下将个性化服务普及到更多的消费者与企业，从细分行业的特定应用场景应用到更加普世化的情景。

二、我国在国际竞争中处于较好位置且具备引领发展的综合优势

在万物互联部署加速、人工智能技术突破和下游应用需求倒逼的共同作用下，人工智能进入创新创业活跃期。我国产业界抢抓发展机

① CB Insights，Top AI Trends To Watch In 2018.

遇，依托市场规模、应用场景、风险资金和科技论文等综合优势，在视觉识别、语音识别等方面进入全球前列，一批骨干企业加速成长，基本具备了引领应用创新的能力和条件。

（一）我国拥有人口基数庞大、应用场景丰富、风投资金充裕、科研论文与专利数量大等四大优势

一是用户基数规模优势。这一轮人工智能的兴起得益于互联网的大规模普及，正是海量的数据记录为人工智能模型的训练提供了原料。从用户规模看，截至2017年底，我国固定宽带用户达到3.49亿户，是美国的3.5倍，占到全球固定宽带用户的38%①。移动宽带用户（即3G和4G用户）总数达11.3亿户，是美国的2.7倍②；仅就4G而言，我国用户达9.97亿户，占到全球40%。机器联网（M2M）用户高速增长，到2017年底我国已有2.9亿户，是美国的3.5倍③。从产生的数据量来看，目前我国数据量已占到全球的13%，据高盛报告预测，随着用户规模和在线时长的持续增长，到2020年这一指标预计将占到全球的20%～25%。在这方面，我国有用户基数的先天优势和市场优势。

二是应用场景丰富的范围优势。移动互联网蓬勃发展之后，物联网尤其是工业互联网时代正在快速到来，其主要特征是万物互联、设备数量庞大、用户需求多样，而我国是全球唯一拥有联合国产业分类目录中所有工业门类的国家，是世界制造业第一大国，数字化、网络化、智能化潜力巨大。在应用领域方面，联网应用正由家电、服装、机械等向汽车、飞机、石化、钢铁、橡胶、工业物流等更广泛领域普

①② 国内用户数据来自工业和信息化部，占比数据由作者计算得到。

③ 数据来自全球移动通信联合会GSMA。

及。而且，我国拥有近4亿户的“80后”“90后”用户，他们出生、成长于互联网时代，对数字化相关的新科技、新产品比较青睐，60%的中国人愿意购买完全智能驾驶的汽车，而美国和德国只有37%和25%左右[①]。广泛的行业分布、多样的用户需求为释放范围经济、拓展人工智能应用提供了广阔市场。

三是风险投资资金充裕优势。鉴于物联网和人工智能技术具有通用目的技术特性（GPT），可与各个行业领域深度结合，重构产业链和服务网，涌现出大量新型业务机会，这吸引了大量风险投资基金投入该领域。据CB Insights监测数据，2017年在人工智能初创企业融资方面，我国交易笔数占到全球9%，但风险投资的融资额占到48%，第一次超越美国（38%），位列全球第一。从跨境相互投资看，我国背景的资金投资美国初创企业笔数从2014年的6笔，快速增长到2017年的31笔，超过美国资金对我国初创企业投资的20笔。从资金投资领域看，主要集中在面部识别、人工智能芯片、智能影像诊断等领域。

四是科研论文和专利的数量优势。结合不同渠道统计数据，我国在这两个方面都有明显的数量优势。按照美国国家科学技术委员会数据[②]，2014年我国在“深度学习”“深度神经网络”等领域发表的科学论文数量已经超过美国，至少引用一次的论文数量也超过美国。按照美国《科学引文索引》（*SCImago*）数据，当前最新检索显示，我国在“人工智能”领域论文数量为10.3万篇，超过美国的8.4万篇，论文影响力则位居第二。从专利数量看，按照美国专利与商标办公室的数据，以“深度学习”为例，我国专利量达到652件，美国为101件。

① 德勤咨询：《全自动驾驶的未来——先进汽车技术消费者需求调查》，2017年。
② 转引自：高盛：《中国人工智能的兴起》（*China's Rise in Artifical Intelligence*）。

如果从最近几年的变化趋势看，我国在论文数量、专利申请量两个方面的数量优势进一步拉大。

（二）当前我国在计算机视觉、语音识别、无人驾驶等众多垂直领域应用中已进入全球前列

随着人工智能算法论文的公开、开源算法框架的推出及计算芯片性能的提升，我国企业利用智能化技术，在数据积累或数据量较大领域的创业快速推进，在关键技术和应用规模上已形成自身优势，进入全球前列。

一是计算机视觉应用全球领先。在2011～2015年，国内成立了一批专业从事计算机视觉识别的创业公司，从技术水准和应用情况看，均可与国际领先公司相匹敌，尤其在人脸识别、安防监控等领域已处于领先地位。商汤科技在人脸识别和物体识别精度方面，2014年已经超过了脸谱和谷歌；旷视科技推出的face++人脸识别平台，成为全球最大的人脸识别平台，2017年被《麻省理工科技评论》评定为全球十大前沿科技；依图科技基于图片的静态人脸比对，和基于视频流、图片流的动态人像识别及比对，已大面积应用在各地公安、边检、金融领域，用于身份甄别、合成追逃、侦查破案、服务民生等；腾讯觅影系统基于深度学习技术，对肺癌、食管癌、结肠癌、糖尿病等影像的识别准确率普遍达到90%以上，辅助医生诊断，已广泛应用于百家以上医院。可以说，我国计算机视觉技术和规模应用方面已走在全球前列。

二是中文语音识别具有独特优势。语音识别是万物互联和智能化应用的关键入口，主要应用于电信、金融、交通、医疗等行业。长期以来，主要由国外企业保持垄断寡头地位，原因在于存在很高

的技术壁垒、语音资源壁垒和行业应用壁垒，但随着互联网语音数据的丰富和应用场景的多元化，尤其是深度学习的引入，我国语音识别产业突飞猛进，目前国内语音市场已形成科大讯飞、百度两家企业主导，思必驰、云之声、出门问问等企业跟随的发展格局。以科大讯飞为例，其在中文语音合成、语音识别、自然语言处理等领域拥有众多专利，语音识别技术广泛应用于语音输入、智能家居、实时字幕、语音搜索、智能客服等场景，合作伙伴超过一千多家，处于领军地位。

三是无人驾驶技术紧跟领军企业。汽车产业的电动化、网联化、智能化、共享化已是业界共识。近年来，传统汽车企业从辅助驾驶向无人驾驶演进，而互联网企业发挥自身技术优势和人才优势，直接切入无人驾驶领域。相比于国外的谷歌、优步、通用电气等，我国无人驾驶起步略晚，但追赶迅速。2017 年百度公司发布阿波罗自动驾驶平台，搭载该开放平台的汽车已具备变道、等红灯、避让等智能驾驶能力；目前合作伙伴近百家。腾讯 2018 年具备在城市半封闭道路上的自动驾驶能力；阿里巴巴与上汽、福特等合作，推广阿里汽车操作系统（AliOS）。对比来看，我国企业 2020 年推出有条件自动驾驶（L3 级）汽车的推进计划与国外大体同步，有望提前实现国家《智能网联汽车发展技术路线图》设定的进度目标。

此外，我国在无人机（如大疆）、机器翻译（如搜狗）、智能交通（如滴滴网约车）、城市大脑（如阿里巴巴）、媒体聚合推荐（如今日头条）等领域也已涌现出一批国内领军企业，它们已开始进入大规模商业化应用和快速发展期，助力我国在更多领域形成领先优势。

三、但要清醒看到在关键技术、生态塑造与制度供给方面还存在明显短板和制约

美国AI产业在基础层、技术层和应用层，尤其在算法、芯片和数据处理等核心领域，积累了强大的技术创新优势，各层级企业数量全面领先中国。

（一）在高端芯片等关键技术领域受制于人

高性能计算芯片是人工智能产业发展的前提和关键。全球来看，美国经过多年积累，优势明显，目前几条技术路线并行推进，都有领军企业占据。一是在图形处理芯片（GPU）方面，英伟达（Nvidia）、超威（AMD）和英特尔三家企业控制了GPU市场，占据绝对优势。二是在现场可编程逻辑阵列（FPGA）芯片方面，赛灵思（Xilinx）和英特尔公司两家企业控制了市场。三是在模仿人脑神经元芯片方面，以IBM TrueNorth芯片为代表，目前已应用在Watson医疗服务产品上。四是在专用集成电路（ASIC）芯片，谷歌公司的张量处理芯片（TPU）性能优势明显。我国企业抓住人工智能芯片变革机遇，涌现出一批初创企业，如寒武纪、地平线、深鉴科技、比特大陆等，这些企业起步晚，正处于融资A轮或B轮，企业规模小、专利积累少，产品主要以特定领域如视觉识别、自动驾驶等的定制芯片为主，通用性弱，面临着突破专利封锁、商业化应用等难题，目前国内仍然以进口芯片为主。

（二）主要应用创新高度依附于国外巨头的开源框架和产业生态

人工智能的智能程度主要取决于算法。国外企业对此高度重视，

除了加强算法开发以外，还立足于打造人工智能时代的产业生态，构筑算法框架平台，并对全社会开放算法接口（如语音处理、视频处理、文本分析、情感分析、语言理解、机器学习），以此来简化用户接入和获取AI服务的成本，进而吸引全球各地的初创企业和应用开发者。这一策略不仅为算法框架积累了海量数据，还为其集聚全球智力来迭代改进算法提供了便利。从高盛分析报告看，目前谷歌力推的Tensorflow算法框架开源平台，聚集了6.8万名明星开发者，一家独大格局基本显现。相比之下，由百度推出、位居国内领先的PaddlePaddle平台聚集的明显开发者仅有5330位，不到前者的1/10；而且还落后于伯克利大学的Caffe、微软的CNTK平台。调研过程中，我们了解到国内初创企业在算法框架上，主要基于谷歌Tensorflow、微软、脸谱等开源框架，进行二次开发，其情形类似于移动互联网时代，大家基于谷歌安卓操作系统进行开发的局面。

（三）我国人工智能高端领军人才短板非常突出

人工智能发展的关键在于人才，特别是在全球化环境下，围绕人才的争夺激烈，从不同机构数据来看，我国人才总量短缺，而且高端人才主要靠国外输入为主。按照全球最大招聘网站领英2017年7月发布的《全球AI领域人才报告》，从人才总量看，截至2017年第一季度，全球人工智能专业人才数量超过190万，其中美国有85万，高居榜首，我国只有5万人，排在全球第7位，位列印度、英国、加拿大、澳大利亚、法国之后。从工作经验看，美国人工智能人才中71.5%具有10年以上工作经验，我国只有38.7%，高层次人才极其稀缺。而且，国内主要企业的领军人才，大部分是来自国外的人才引进或回流。从人才专业结构看，美国多聚集在机器学习算法（56.5%）、机器人

（16.7%）两方面；而我国在这两方面的人才分别为45.6%和15.9%，凸显出在底层算法人才方面有较大差距。

（四）智能化产品和应用的市场推广受制于传统的政府监管制度羁绊

基于物联网和智能化技术孕育出的新技术新业务往往具有不同于传统业态的特性，沿用现有监管体系无异于削足适履，而新的监管体系又处于空白，一旦配套监管制度跟不上，势必将制约创新和市场推广。以无人驾驶为例，由于无须人类驾驶，那么现有的车辆标准、准入制度、车辆安全监管、驾驶责任分配、保险制度等都需要重新审视，而无人驾驶的数据安全、网络攻击风险、事故责任制度、驾照废止后的公共安全管理等新问题又必须给予制度安排。相比美国早在2011年即允许上路实测，我国直到2018年初才公布相关路测规范。再以智能影像诊断为例，它辅助医生更好地诊断病情，但作为医疗器械，其器械分级标准、准入制度、误诊责任、收费模式等在现有医疗监管制度中都是空白。制度就是生产力，一旦不加快制度供给，产业创新热情将受到打压，现有创新将无法商业化，也会影响公众信心。

（五）数据开放、隐私管理、算法歧视、网络攻击等新问题也亟待加强监管

人工智能的影响是革命性的，会带来经济、社会、法律、监管等一系列问题，甚至可能颠覆现有的治理体系。当前，AI发展与相关法律的冲突问题、缺失问题开始显现，社会关注度不断提升。一是数据开放问题，我国政府数据开放排名靠后，而在科技巨头之间，创建一个标准统一、跨平台分享的数据友好型生态系统方面，也落后于美国。

二是隐私管理方面，海量数据的采集，不可避免涉及个人隐私，如何避免滥用是各方关切点。三是算法歧视问题，对于算法系统的黑盒子是否需要监管，如何避免对特定人群的歧视，也开始引起注意。四是网络攻击问题，随着智能家居产品的互联互通趋势发展，任一设备受到攻击干扰，其他设备也将受到波及，安全性问题也导致互联互通推进缓慢。此外，伦理问题、法律责任的划分和承担也都是探讨中的热点问题。

四、进一步推进万物互联和智能化发展的政策建议

当前，万物互联和智能化趋势正在兴起，欧、美、印、日等国对此高度重视，加大完善制度环境，支持创新以强化产业竞争力。我国产业界与国外大致同时起步，政府也于2017年发布了《新一代人工智能发展规划》，提出“到2030年人工智能理论、技术与应用总体达到世界领先水平，成为世界主要人工智能创新中心”。目前看，我国在理论、技术方面差距较大，应用方面受制于制度供给，产业优势也非常脆弱。要实现这一目标，关键还是利用好市场规模、应用场景、风投资金和科研发表等优势，以营造审慎包容环境为主线，为市场创新和商业化应用提供制度保障，培育上下游协同发展的产业生态，带动关键技术、算法框架突破创新，为实体经济的数字化变革夯实基础。

（一）适应智能化变革趋势，同步加强监管制度重构

新一代信息技术创新活跃，本身就会出现不少新事物，与各传统行业结合后，也必然会孕育出全新业态，比如无人驾驶、智能投资顾问、网约车、人脸识别等，这些业态一方面会冲击现有监管体系，另

一方面还会带来新的监管需求。对此，既不要沿袭惯性思维，直接简单划入传统业务体系进行监管，也不要置身事外、视而不见，任其发展；而应坚持问题导向，准确把握技术和产业发展趋势，在准入方面给技术业务创新留下一个观察期；同时要做好跟踪研判，综合国内各方观点，参考国际经验，着重思考政府监管的必要性、紧迫性和可行性，围绕监管体系关键要素如监管根基、监管职责、监管机制、监管手段、监管成本等，进行重新梳理，及时为创新保驾护航。

（二）加大关键核心技术和共性标准支持

我国在芯片等关键核心技术领域的差距是历史造成的，产业根基薄弱，虽然人工智能变革为我们追赶提供了契机，但国外企业研发积累雄厚，而且同样高度重视新的变革机会，对此我们要有足够认识，不要指望弯道超车、一蹴而就，要放眼长远，一步步来。从目前看，一方面，要在研发上支持初创芯片企业，坚持“赛马机制”，支持企业走差异化技术路线；推进强强联合，尽力避免本就薄弱的资金摊薄、人才再度分散。另一方面，还要引导产业链上下游相互支持，依托国内丰富的应用场景、庞大的市场空间，从政策上给予国内初创芯片企业一个商业化应用和迭代完善机会。此外，在共性标准方面，要及时跟进，响应企业诉求，结合智能产品或业务应用，在设备规范、认证认可、准入门槛、安全要求、加密标准等方面，推出共性标准，为创新发展划定边界。

（三）统筹产业链打造算法框架平台

人工智能的核心在于算法，而算法竞争力的关键在于聚集全球智力资源为我所用。在这方面，我国已有一批队伍，也发表了足够数量的科学论文，但算法的开发既是一项系统工程，又是一项战略，靠单打独斗难以形成优势。要吸取 PC 互联网时代 Windows 操作系统主导生态、移动互联网时代安卓主导生态的教训，在万物互联和智能化时代要有开放心态，用平台生态的思维去做算法框架；对于架构在国外算法框架上的应用开发者，从政策上支持其兼容国内平台，不断提升国内平台应用范围和竞争力。此外，还要建设面向人工智能的公共数据资源库、标准测试数据集，为评估算法效能提供基准。

（四）优化环境培育和吸引高端人才

目前，我国风投资金充裕，应用空间广阔，但人才总量和结构双短缺，导致国内高端人才薪酬已与美国同行不相上下。现阶段，高端人才主要靠境外输入，随着国外对人工智能人才的争夺激烈，从长远看，还是要靠优化人才环境，一方面完善人才引进政策配套改革，防止得而复失，还要在海外设立研发中心，就地招揽高端人才。另一方面，需要推动人工智能学科建设，建立核心技术人才培养体系；借鉴国外经验，支持企业和学术界的人才双向流通；联合培训机构，面向制造、金融、医疗等重点行业开展应用型人才培育，为企业的技术创新、产品研发打造坚实的人才基础。此外，还要高度重视智能化应用带来的就业冲击，提早谋划技能培训。

（五）加快法律、伦理和责任制度研究

妥善应对人工智能可能带来的挑战，需要从多方着力。在法律法规方面，重点是研究与人工智能应用如智能无人驾驶、服务机器人等相关的民事与刑事责任确认、个人隐私保护和数据权属制度、数据合法安全利用等法律问题，明确相关各方的权利、义务和责任等。在伦

理方面，借鉴“阿西莫夫机器人三定律”“阿西洛马会议23条人工智能原则”，对于可能牵涉人类生命的伦理选择，如自动驾驶事故应急选择、机器人伤害人类等极端事件，要从伦理角度给出基本规范。在网络安全责任方面，由于物联网将线上与线下打通，虚拟与现实打通，一旦出现恶意网络攻击，其影响面难以估量，在这方面既要加强硬件的防护能力，还要提前从制度上明确安全事故法律责任，震慑潜在安全犯罪。最后，还要加大政府数据开放力度，让社会各界参与数据开发，释放蕴含的经济社会价值；同时规范跨企业的数据共享标准和渠道，在数据开放共享与隐私保护杠杆中找准平衡点。

执笔人：马　源

第二章

大数据是未来制造业的关键生产要素

作为全球制造业大国，中国正面临来自国内和国际的双重挑战。从国内来看，人口红利消失、劳动力成本上涨，主要依靠资源要素投入、规模扩张的粗放发展模式已经难以为继，产业结构亟待转型；从国际来看，以德国、美国等为代表的欧美发达国家相继推出工业 4.0 和工业互联网计划，全世界的制造业强国正在开启“第四次工业革命”。

挑战也是机遇。“第四次工业革命”以物联网、大数据、人工智能、新能源、3D 打印、区块链、生物技术等为驱动，正在以难以置信的速度改造世界。其中，尤以大数据为代表的新技术应用对整个社会影响显著而深刻。凭借大数据，用户需求与资源供给被更加有效率地匹配，互联网和服务业等行业也经历了一个高速发展阶段。随着 5G 时代逐渐到来，互联网将进化为智联网，而网络升维之后的新形态，可称之为“万物智联”。麦肯锡报告《大数据：下一个创新、竞争和生产力的前沿》显示，制造业产生的数据量远远超过其他行业，且可被接入的设备数量也远超移动互联网，加之工业大数据刚刚起步，其应用远不及在社交网络、医疗和商务等方面那样普及和深入，所蕴含的价值还有待于充分挖掘，从而拥有巨大的机会与潜力。

进入“万物智联”的数字经济时代，变革和创新成为制造业的中心词。变革体现在产业的全生命周期，创新贯穿于设计、生产、供应链、研发、营销、服务等各个环节。与传统生产要素相比，大数据是未来制造业举足轻重的新生产要素，从大规模定制到智能化服务，其应用及影响无远弗届。抓住这轮新机遇，中国制造业将大有可为。

一、设计环节：大规模定制

1970 年，美国未来学家阿尔文·托夫（Alvin Toffler）在 *Future Shock* 一书中最早畅想大规模定制这种全新生产方式：“以类似于标准化和大规模生产的成本和时间，提供客户特定需求的产品和服务。”1987 年，斯坦·戴维斯（Start Davis）在 *Future Perfect* 一书中首次将这种全新生产方式命名为“大规模定制”。而在众多学者中，对于大规模定制的含义理解较为全面和准确的学者是 B·约瑟夫·派恩（B. Joseph Pine II），他认为大规模定制的核心是产品品种的多样化和定制化急剧增加，而不相应增加成本，其最大优点是提供战略优势和经济价值。

大规模定制的基本思想在于通过对产品结构和制造流程的重新构建，运用现代化的技术手段，以大规模生产的成本和速度，为单个客户或小批量多品种市场定制任意数量的产品。由此可见，大规模定制不仅追求低成本、高效率，还要兼顾高质量和个性化，这在传统工业社会是难以想象的。大规模定制的要义在于，以满足客户需求为核心，创造出一系列运作模式、技术支持、销售方式、反应机制。这将会给企业的组织和运营带来冲击与困扰，企业生产、服务和销售环节都需要随之进行转变。如果说在工业化条件下，大规模定制的思想对绝大多数企业而言都无以落地，那么在大数据条件下，“一切皆有可能”就有了现实基础。

大数据是制造业大规模定制的关键，其应用包括数据采集、数据管理、订单管理、智能化制造、定制平台等。当定制数据达到一定量级，通过对这些数据的挖掘、分析，能够实现精准匹配、营销推送、流行预测等更高级的功能，可以帮助制造企业降低物流和库存成本、增加产品的用户匹配度，减少生产资源投入的风险。

【案例1】 青岛酷特：大数据驱动的个性化大规模定制模式

在大数据时代，大规模定制正悄然改变着整个行业。在2015年，中国的纺织服装出口行业压力巨大，出口额2837.8亿美元，同比下降4.9%，而在服装行业普遍寒冬的大背景下，位于青岛的一家纺织服装企业却在2012~2015年连续4年增长100%以上，利润率达到25%，它的名字是酷特集团（原红领集团）。经过13年的内部流程改造，从过去传统的规模量产模式，转变为现在更加聚焦消费者的C2M（客户对工厂）模式，成为中国制造业转型的一个典范。

酷特集团自主研发了电子商务定制平台——C2M平台，消费者可以在线定制，选择自己喜欢的款型和板式，最后订单直接提交给工厂，订单数据会进入酷特自主研发的版型数据库、工艺数据库、款式数据库和原料数据库进行自动匹配。这其中没有中间商赚取差价、没有原材料和产成品挤压，从下单、支付到产品制造的全过程都是数字化和网络化运作，这种“按需生产”的零库存模式一方面让企业生产成本大大降低，另一方面也使消费者不必承担传统零售模式下的流通、店面、人工和库存等成本，直接提高了消费者剩余，达到了双赢的局面。

除了成本优势之外，C2M模式在大数据的助力下也大大提高了生产效率。在过去传统的制造模式下，定制成本居高不下，而且生产过程往往超过一个月，难以量产。而酷特集团通过C2M平台，打破了消费者和生产者、设计者之间的藩篱，让需求能以最快的速度直达工厂，与传统服装定制相比，酷特集团已将定制生产周期降到7个工作日以内。

酷特集团打造的大数据平台促进企业向高端制造转型，不仅让企业利润倍增，也让消费者享受到制造升级红利，个性需求得到满足。

资料来源：根据调研及公开信息整理。

【案例2】　英沃电梯：C2M电梯个性化定制智能平台

英沃电梯有限公司是一家集电梯、自动扶梯及关键零部件的设计、研发、制造、销售、安装、维保为一体的现代化专业电梯企业。随着行业竞争的不断加剧，电梯市场不断走向客户定制化、交货期短及产品多样化的柔性生产模式，管理难度大。

英沃C2M电梯个性化定制智能平台，采用流量分成模式、云计算和物联网方法，实现从报价、设计、制造、服务全流程的智能化、自动化、数据化、网络化的处理，完成面向电梯终端客户的个性化定制生产和服务。引入数字化工厂智能制造的解决方案，借助于信息化和数字化技术，利用集成、仿真、分析、控制等手段，通过ERP系统与二维和三维仿真系统、PLM系统、MES系统、SCM系统、数控加工中心等系统的集成，推动实现制造过程的自动化和智能化。

C2M电梯个性化定制智能平台通过持续的数据积累，形成研发、生产、质量、服务、运营大数据，构建电梯行业数据中心，最终实现企业研发设计协同化、生产管控集成化、购销经营平台化、制造服务网络化。

资料来源：根据公开信息整理。

当前，包括青岛酷特集团、英沃电梯公司在内的众多企业，正在积极谋求智能化转型和升级，拥抱如潮而至的大数据时代，而这对传统制造业提出了更高要求。制造企业满足消费者个性化需求，一方面，在生产端，要提高供给能力，提供多样性的产品或服务满足消费者个性偏好；另一方面，在需求端，要通过互联网了解消费者个性化定制需求。由于消费者众多，需求各不相同，而需求又处于无时无刻地变化中，由此构成了产品需求的大数据。制造企业对这些数据进行处理，进而传递给智能设备，完成数据挖掘、设备调整、原材料准备等步骤，最终生产出符合个性化需求的定制产品。

二、生产环节：智能制造

智能制造是“中国制造2025”最重要的目标之一，其实现基础是大数据，实现途径是CPS系统。CPS（信息物理系统）的概念最早在美国被提出，被视为新一代技术革命的突破点。与此同时，德国工业4.0也将CPS作为生产系统中的核心技术。

CPS不是一个简单的技术，而是一个架构和流程清晰的技术体系。其主要应用过程包括数据的搜集、汇总、分析、预测、决策和信息发送，能够让制造业数据像流水线一般的处理、分析，并在这个过程中充分考虑机理逻辑、流程关系、活动目标、商业活动等特征和要求。作为工业大数据分析中智能制造的重中之重，CPS 系统让制造业融入互联网之中，包含两个层面：一是将产品通过硬件设备（如智能家居设备、智能制造设备等）接入互联网，在互联网上传输数据，实现产品生产的智慧化；二是将企业接入互联网，加速企业的网络化、智能化改造进程。

目前，大数据已经成为智慧制造云或智能制造系统建设和运营的战略资源，也是智慧制造云实现智慧化的重要基础。从技术来看，基于大数据的智慧制造系统具备多元复合模态，拥有高度实时性和不确定性等特征；从应用来看，智慧制造云大数据的价值在于：通过采集管理分析服务，能够精准、高效、智能地促进云制造的智慧化，实现以“产品＋服务”为主导、随时随地随需的个性化和社会化制造，进而提升企业竞争力。

【案例3】　北科亿力：大数据助力智能炼钢

钢铁是国家战略性支柱行业，连续多年占全国 GDP 总值的 10% 以上，在去产能背景下其体量依然巨大。作为占据钢铁企业约 70% 的成本和能耗的炼铁厂，2016 年中国铁水产量约 7 亿吨，产值约 1.5 万亿元，其生产过程的数字化和智能化水平相比于钢轧工序依然较低。

北科亿力作为由国内知名大学专家和钢铁企业专业人才组建的企业，一直致力于炼铁数字化及智能化技术的研发，已获得炼铁大数据及数字化监测方面的软件著作权 21 项、专利 11 项，其最新的研究成果是炼铁大数据互联平台：将无线传输、三维激光雷达、热成像技术应用于高炉“自感知”工业传感及物联网开发；建立了数据源、整合、传输、管理、持久、分析、接口、应用的大数据处理中心；开发高炉专家系统实现自诊断和自决策；建立行业级炼铁大数据平台实现企业端和行业端数据互联互通及智能对标；开发云平台实现移动终端服务。广泛应用于河钢、首钢、中信特钢、沙钢、山钢、酒钢等中国近百家和海外伊朗、越南、印尼等200多座高炉，在实际应用中对炼铁长寿、高效、优质、低耗、清洁生产起到了至关重要的作用。

通过炼铁大数据平台和智能化系统的建设，降低炼铁异常工况及燃料消耗，不但能为炼铁厂带来巨大的经济效益，还可以直接降低炼铁燃耗及CO_2排放，实现节能减排和绿色冶金。

资料来源：根据《工业大数据技术与应用白皮书》及公开信息整理。

三、供应链环节：优化与提速

随着供应链复杂程度的不断提高，企业对于更有效率的供应链管理方式的需求也随之增长。而大数据的出现，则使供应链全局优化成为可能。

大数据优化供应链的核心，在于精准的需求预测。作为整个供应链循环的第一步，需求预测的准确与否直接关系到库存策略、生产安排是否成功，预测一旦失准，将会导致产品的缺货或脱销，二者都将使企业蒙受巨大损失。但在大数据的支持下，通过对供应链上的海量数据进行搜集、分析，不仅可以勾勒出包括消费者的消费习惯、消费能力等维度的用户画像，反映出市场的真实需求，又能够使物流企业依据数据分析结果，了解到供应链每个环节的运作情况，从而找出业务赢利点或低效率的地方，然后有针对性地进行业务调整，优化资源配置，以提升供应链的协同效应，实现效率和利润的最大化。

大数据在供应链环节的应用，通常表现在供应链配送体系优化、用户需求快速响应等两个方面。

供应链配送体系优化方面，主要是通过 RFID 等产品电子标签技术、物联网技术以及移动互联网技术，帮助制造企业获得完整的产品供应链的大数据。利用销售数据、产品的传感器数据和出自供应商数据库的数据，制造企业可准确地分析和预测全球不同区域的需求，从而提高配送和仓储效能；利用产品中传感器所产生的数据，分析产品故障部分，确认配件需求，可预测何处以及何时需要零配件。这将极大地提高产品的时效性，减少库存，优化供应链。

用户需求快速响应方面，主要是利用先进的数据分析和预测工具，预测与分析实时需求，增强商业运营及用户体验。例如，京东运用大数据提前分析和预测各地商品需求量，从而提前配货，提高配送、仓储和投递效能，保证了到货及时的用户体验。

【案例4】　McKesson：动态供应链

美国最大的医药贸易商 McKesson 公司将先进的分析能力融合到每天处理 200 万个订单的供应链业务中，并且监督超过 80 亿美元的存货。对于在途存货的管理，McKesson 开发了一种供应链模型，它根据产品线、运输费用甚至碳排放量而提供了极为准确的维护成本视图。这些详细信息使公司能够更加真实地了解任意时间点的运营情况。McKesson 利用先进分析技术的另一个领域是对配送中心内的物理存货配置进行模拟和自动化处理。评估政策和供应链变化的能力帮助公司增强了对客户的响应能力，同时减少了流动资金。供应链转型使 McKesson 公司节省了超过 1 亿美元的流动资金。

资料来源：根据公开信息整理。

四、研发环节：协同创新

除了设计、生产、供应链环节，大数据及其相关应用的触角同样也延伸到了企业的研发环节。

以制药企业为例，麦肯锡全球研究院估计，在美国医疗保健系统中，应用大数据服务战略决策制定将能产生多达每年 1000 亿美元的价值。通过优化创新，提高研究和临床试验效率，给医生、患者、保险和监管者提供新工具，以实现更个性化治疗方式。

以飞机制造业为例，可建立针对产品或工艺的数字化模型，用于产品、工艺的设计和优化。数字化模型作为量化、可计算的知识载体，可提高企业的知识复用水平并促进其持续优化。将大数据技术与数字化建模相结合，可以提供更好的设计工具，缩短产品交付周期。例如，波音公司通过大数据技术优化设计模型，将机翼的风洞实验次数从 2005 年的 11 次缩减至 2014 年的 1 次；玛莎拉蒂通过数字化工具加速产品设计，开发效率提高 30%。

大数据助力研发环节实现协同创新，从应用场景来看主要通过以下三种方式。

一是数据整合。海量数据是建立高附加值数据分析能力的基础，大数据技术使端对端数据整合更有效，并精确关联性质完全不同的数据，包括内部数据、外部数据、公开数据和自有数据。

二是内外协作。许多制造企业的研发部门保持高度的封闭性，而大数据打破了企业内部各职能部门之间的信息壁垒，并加强了企业跟外部合作伙伴的协作。

三是决策支持。大数据可以代替人进行较为复杂的决策，如项目的分析、商业开发机会、预测等相关决策都可以借助大数据快速做出。

【案例5】 同方知网：大数据知识管理创新

同方知网一直专注于知识资源的大规模集成整合和增值利用服务，在大数据知识管理和创新服务方面积累了较为丰富的经验。

2015年，基于自身海量的知识资源优势和全国各行各业创新发展的知识需求，同方知网积极探索协同创新的新体制、新机制、新模式，提出了面向各行业创新服务的“机构知识管理与协同创新平台整体解决方案”（OKMS）。OKMS利用大数据、云计算等先进技术，围绕机构决策与创新业务全流程，提供更加符合各级领导、科研专家以及机构个人实际业务需求与工作应用的知识服务和战略决策服务，并通过机构知识管理系统规划与设计的整个过程。目前，OKMS已成功应用于京津冀大数据产业协同创新平台前期筹建工作，有效解决了京津冀协同发展的时空限制，助推了三地协同工作的高效运转。

OKMS协同创新平台重点包含“协同研究”与“协同创作”两大模块，主要是面向管理人员、研究人员以及工程技术人员提供计算机辅助创新工具和基于网络的文档协同编辑创作系统。平台目前已经在交通、旅游、环保、建材、通信、能源等多个领域应用，打造了“互联网+大数据”的全新行业生态，为各行业的创新发展提供了决策支撑和关键信息服务。

资料来源：根据调研及公开信息整理。

五、营销环节：精准推送

营销无疑是受大数据潮流中影响最大的行业之一。美国著名公司Adobe对1000名营销从业者的调研显示，2010年以来，短短几年的变化要比过去50年还大。最近几年，搜索营销、程序化购买等技术已经渗透到互联网生活的每一个角落，其发展速度之快令人咂舌。

【案例6】 今日头条：精准营销的逻辑

自2013年世界大数据元年开启以来，各类信息实现爆炸式增长，并且随着人们生活水平的提高，消费者的需求目前已呈现出多样化、碎片化的特点。在这样的时代背景下，各个企业都面临着如何对庞大数据加以利用从而满足消费者需求的严峻挑战。今日头条是基于数据挖掘的推荐引擎产品，主要推荐对客户有价值的新闻、电影、购物等信息，于2016年末完成D轮融资，投后估值110亿美元，成为移动互联网领域的独角兽。

今日头条迅速成为移动互联新贵的重要原因之一，在于精准营销。具体而言，今日头条实践的正是"现代营销学之父"菲利普·科特勒的这一理论：精准营销（precision marketing）使得营销沟通更加精确、可衡量以及较高的投资回报，重点强调精准营销需要借助信息技术，对顾客采取有针对性的信息传递。其基本流程是这样的：首先，获取消费者的基本信息、社交行为等信息，通过数据挖掘技术寻找出消费者的兴趣爱好；然后将基本信息、兴趣爱好相似的那些消费者归为一类，总结出每类消费者的特点，为这些用户绘制"画像"；最后结合每类用户的特点以及兴趣爱好为这些用户进行新闻、购物等信息以及广告的精准推荐。

基于数据挖掘技术，对用户的兴趣爱好进行分析，最终将那些与消费者兴趣相匹配的信息推荐给相应的用户，今日头条正是凭借大数据实施精准营销，取得了可观的商业回报。

资料来源：根据公开信息整理。

在制造业领域，利用大数据，可以实现分区域对市场波动、宏观经济、气象条件、营销活动、季节周期等多种数据进行融合分析，对产品需求、产品价格等进行定量预测。同时，可结合用户当前对产品使用的工况数据，对零部件坏损程度进行预判，进而对零部件库存进行准确调整。此外，通过对智能产品和互联网数据的采集，针对用户使用行为、偏好、负面评价进行精准分析，有助于对客户群体进行分类“画像”，可在营销策略、渠道选择等环节提高产品的渗透率。更重要的是，可结合用户分群实现产品的个性化设计与精准定位，即针对不同群体，通过对用户精准“画像”、精准推送等，实现产品从设计到交易的完整营销环节精准化。

六、服务环节：运维与预测

运维服务是提升用户体验的关键环节，也是制造业产业链中高附加值的环节，对制造业升级转型同样至关重要。

目前大部分运维工具仅能呈现故障，并不能有效找出和分析原因，或者只能提供单个子系统的解决建议，真正排除故障需要人工参与。而借助大数据，一方面，可利用海量数据库对信息、数据、资源、终端进行关联分析，包括触发智能终端进行数据搜集、自动查找故障根节点；另一方面，还可以对问题分类统计，为运维人员和客户中心提供及时的分析数据。

除了更实用的智能分析，借助于大数据的机器学习技术，通过从数据中梳理出具有规律性的事件模型，进而对未来不确定性事件进行有效预测。

此外，大数据可以实现主动运维。通过数据深度挖掘和离线分析，运维由传统事件驱动向业务质量驱动转变，最终实现自动的自我修复、优化配置，解决潜在的网络故障，保障基础设施的健康与质量。

【案例7】　　中兴通讯：大数据运维支撑平台

中兴通讯是全球领先的综合通信解决方案提供商，中国最大的通信设备上市公司。多年来积极面对技术变革带来的挑战，尝试各种路线的转型。在这一过程中，中兴通讯推出了智能运营解决方案，其自主研发的NetNumen OSS运维支撑平台，实现了数据共享、融合创新。

中兴通讯基于先进的运维模式，通过自研、与业界一流厂家联合开发的方式打造出全网络全业务运营支撑系统。NetNumen OSS面向运维未来需求，通过最佳运维实践、胶囊原型组件、云环境部署，充分发挥BI的数据关联和分析能力，并能根据运营商实际运营场景需求定制最佳解决方案，标准化原型让零代码开发进入实用阶段，打造易用、智能、开放的可视化运营支持系统。

中兴通讯的整体工具方案NetNumen OSS套件由各工具模块组成，覆盖管理服务的全过程：AOS提供统一访问门户，FMS提供全面告警监控，PMS提供性能管理，eFlow（包括SPM、WFM等模块）撑起完整电子运维流程，SLM完成服务质量管理，NIM和ITNMS等提供完善的网络资产管理及 IT 网元综合管理。在挖掘运维数据的活动中，NetNumen OSS 各工具模块共同发挥作用，通过这些套件的协同工作，运营商能在运维过程中把握全局，运筹帷幄。

中兴通讯服务工具平台为故障处理提供更高效的数据支撑，具备基于业务级和用户级的端到端实时多维视图和分析能力，采用导向式的查询及挖掘视图帮助运维人员快速获取数据、保障业务、决策支撑，深度挖掘的运维数据将真正成为运营商发展的新引擎。

资料来源：根据调研及公开信息整理。

七、结论与启示

第一，大数据成为未来制造业不可或缺的新生产要素。目前实体经济之所以利润薄、效率低，一方面，很大程度上是由于制造业传统生产要素（劳动力、资金、土地、能源原材料、物流等）供应增长受限导致成本居高不下；另一方面，整体营商环境等外部交易成本较高也强化了传统动能减弱趋势，迫切要求生产要素升级与革新。对企业而言，大规模运用大数据，能极大地放大生产力乘数，加速流程再造、降低运营成本、提升生产效率；对政府而言，运用大数据构建信息共享和信用体系可望改善营商环境，帮助企业进一步实现降本增效和效率提升。在实践中，不少企业已建立起融合于各个应用环节的大数据平台，并不同程度地快速形成了对其中所产生海量数据的挖掘能力、计算能力和分析能力，率先分享到了大数据等新生产要素带来的红利。

第二，大数据为发展新经济培育新动能提供基础性应用。“中国制造 2025”明确提出，工业大数据是我国制造业转型升级的重要战略资源。随着制造强国战略的全面推进实施，工业大数据、云平台、移动互联网和物联网在技术、产品和商业模式方面不断探索，制造企业智能化服务发展已逐渐从概念萌发向实际应用期过渡。基于大数据应用，以智能生产、智慧服务等为特色的智能化制造服务企业脱颖而出，制造业与服务业融合步伐不断加快：一是以工业大数据技术体系开发为龙头的生产性服务带动制造业发展；二是以工业大数据的智能化服务延伸企业价值链，提升市场竞争力；三是以工业大数据等信息服务为代表的制造企业转型升级成效显著，加速“制造 + 服务”融合趋势。这些积极因素都在助推新旧动能传导转换，进而有力促进新经济发展。

第三，大数据提高产业链协同效率并催生组织变革。从微观视角看，大数据实现供需匹配，打通生产与服务全流程，提高产业链协同效率，催生内部生产组织和外部产业组织变革。传统的大规模生产模式已不适应当今的个性化制造，粗放型决策和撒网式营销等传统运行模式也已不适应新经济环境下的企业发展，如何通过大数据等新一代信息技术的融合创新促进企业转型，实现个性化定制、智能决策、精准营销和全业务流程协同，成为企业面临的全新课题和必然选择。随着大数据应用的日益深入，智能化生产、网络协同、个性化定制等多种服务化延伸模式日渐清晰，呈现研发设计协同化、生产管控集成化、购销经营平台化、制造服务网络化等态势，带动制造业技术进步、效率提升与组织变革，加快产业迭代兴替。

第四，大数据成为引领高质量发展和创新驱动的新兴力量。进入新时代，中国经济由高速增长转向高质量发展，必须抢抓新一轮科技革命和产业变革的难得机遇，以供给侧结构性改革为主线，推动互联网、大数据、人工智能与实体经济深度融合，通过“大数据 + 智能制造”“大数据＋智能终端”“大数据＋现代物流”等新业态、新模式，助推产业、产品向价值链中高端跃升。加强大数据在重点行业和领域的应用，促进大数据引领的智能产业发展，打造具有竞争力的产业集群，推动智能技术转化应用和产品创新，加速制造业向数字化、网络化、智能化发展，提高全要素生产率、产品附加值和市场占有率。此外，在“万物智联”的数字经济时代，强化大数据在政务体系的应用，推进跨领域、跨平台、跨部门的数据共享，提升政府决策科学化、公共服务高效化、治理能力现代化水平，进一步改善营商环境及生态环境，更好地服务民生和社会事业。

执笔人：朱　敏　孙中源

第三章

平台化变革趋势及政策供给建议

平台化是数字时代最突出的商业变革之一，它因技术创新、网络效应和规模经济而兴起，通过消除中间环节、精准匹配交易、定义平台规则等，正深刻地改变资源配置方式、创新组织方式、市场竞争方式和政府监管方式等，提高了资源配置效率，并凸显出数据资源的空前重要性。平台化变革正在加速推进，但现有监管体系变革迟滞，亟须根据平台发展特性，坚持包容审慎原则，创新发展政策、加快监管体系适应性调整，促进平台健康快速发展。

一、平台的兴起、概念和类型

最近 20 多年，基于网络信息技术的平台企业在全球范围内加快崛起。全球市值最高的 10 家公司中，20 年前没有 1 家平台企业，2006 年仅有微软 1 家，2017 年有 7 家。发展至今，平台化变革遍及国民经济各行各业。除了亚马逊、Facebook、阿里巴巴、腾讯等率先崛起的领军型互联网平台外，最近 10 年里餐饮住宿、交通出行、教育医疗等传统服务行业也涌现出了优步、Airbnb、滴滴等线上线下融合平台，它们是新兴的“独角兽”平台企业。如今平台正加速向工业生产领域渗透，催生出了 GE Predix、西门子 MindSphere、树根互联等工业互联网平台。

20 世纪 90 年代末，我国平台化变革孕育起步。近 20 年来，网民数量优势、市场规模优势、后发追赶优势三重优势聚合发力，共同推动我国平台跨越发展，经历了从单点崛起到全面开花、从模仿追赶到部分领域并跑领跑、从边缘补充到深化重构的转型跨越式发展，成为中国创新发展的标志之一。如今，我国已成为全球平台版图中的第二极，据全球企业中心的数据统计，2015 年，全球最大的 176 家平台企业中，中国和美国各有 64 家，两国平台企业数量之和占比超过 70%，处于第二发展梯队的欧盟只有 27 家，印度有 8 家，日本有 7 家。2018 年政府工作报告中首提发展平台经济，我国平台化变革将迎来新一波发展浪潮。

平台不同于传统意义上的企业，它通常不直接买卖产品或服务，而是提供在线交易场所、制定平台规则，方便买卖双方匹配交互。从这个功能意义上看，平台具有市场的功能；但平台又不是传统意义上的市场，它不仅仅依靠平台服务价格这一无形之手来协调各种活动，还通过推荐算法等有形手段主动干预交易，并像实体企业一样，进行上线注册登记、雇佣解雇员工、制定平台战略、分配各项任务、自负发展盈亏等活动。从这个角度看，平台还是企业。平台兼具企业和市场的双重特性，因此也被称作“有组织的市场”，这是平台的核心本质，也是理解平台发展规律的关键钥匙。

现实中的平台主要有两类。其中，最常见和最具颠覆性的是业务交互平台，它们是双边或多边主体之间进行商品服务交换、信息交流的场所，通常是双边或多边平台。根据交互内容的不同，交互平台又可以进一步细分为以阿里巴巴、亚马逊等为代表的电子商务交易平台，以 Facebook、微信、微博为代表的社交媒体平台，以谷歌、百度为代表的搜索引擎平台，以 Uber、滴滴、Airbnb、淘工厂等为代表的闲置资源共享平台以及各类工业互联网平台等。

另一类是技术或产业平台，也很重要。它们是为用户提供共享的资源和能力要素的组织。技术平台和产业平台提供的共享资源不同，前者提供的是共享的研发设备、开发工具、标准化的接口等研发资源和条件，后者提供的是资金、设计、销售、品牌等产业资源和能力。典型的技术平台包括软件开发平台、云计算平台、物联网平台、人工智能开发平台、公共技术服务平台等，典型的产业平台如小米，它为加入其中的插线板、净化器、音箱等企业提供设计、销售、品牌等支持，共建产业生态。

二、平台化带来的产业变革和影响

平台可能是数字经济时代最为重要的商业变革之一，也是极具颠覆意义的产业变革。平台演化出新的产业发展规律，为推动产业创新发展、改造提升传统产业提供了历史机遇。

一是极大地优化资源配置。经济运行中的资源配置效率主要取决于交易成本的高低。平台可以从多个维度降低市场交易成本，提高资源配置效率。一方面，平台大范围直接连接买卖双方，消除冗余中间环节，创造了一个密度极高的市场，让买卖双方可以非常容易搜寻到交易的另一方，并快速达成交易，大幅降低交易成本。一个案例是淘宝平台，它汇聚了全球数以千万计的卖家、数以亿计的消费者，集聚了数十亿、数百亿的商品，在这个高密度商品交易市场中，卖家再长尾的产品也可以卖出去，买家再个性化的需求也能够被满足，商品流通效率得到空前提升。另一方面，平台还能够精准实时匹配交易，减少交易摩擦、提高交易频率、降低进入壁垒，使得资源配置效率优化。在这方面，滴滴平台最为典型，它基于实时地理位置信息和人车状态数据，精准匹配人和车、动态调节交易价格和规划路线，提高了闲置资源的使用效率。实际上，绝大多数共享经济也是平台经济。

二是生态竞争取代产品竞争。在传统经济中，产业环境相对稳定，企业间的竞争围绕产品展开，要么不断扩张内部生产规模，通过规模经济降低产品生产成本；要么不断强化创新，通过产品差异化占领市场。在平台经济中，产业边界被打破，竞争方式发生新变化，基于平台生态的跨界竞争、体验竞争、速度竞争成为制胜的关键。平台要想生存，必须吸引和扩张多方市场主体，打造互赖、互依、共生的生态系统，共同创造价值，有效应对来自四面八方的跨界竞争。生态圈间的竞争已经在各领域展开。比如阿里巴巴、腾讯等互联网平台在主业基础上，通过并购、投资等多种方式合纵连横，向出行、金融等多个领域扩张，打造“生态帝国”。近期，就连硬件平台也开始加入生态竞争，比如小米通过“mi +”系统，将手机、平板、电视、盒子、路由器、手环、空气净化器等整合在一起，形成智能家居硬件生态系统，对传统企业实行“降维打击”。

三是开放赋能取代封闭独占。经典竞争理论认为，企业的竞争优势要么来自“精准定位”，占据产业价值链优势位置；要么掌握“核心能力”，占有不易被模仿的有价值资源。无论哪一类，强调的都是“利己”逻辑，都是对稀缺资源和能力的控制或独占。在平台生态中，平台价值的高低不再取决于单个产品的质量或差异化程度，而是由整个生态系统的规模、结构、主体数量及其上的互动质量所决定。因此，为了促成整个生态系统价值的提升，作为“生态组织者”的平台，必须开放其基础能力，为平台之上的主体赋能，并促成他们的高效互动。这意味着平台的命运与入驻平台的企业“捆绑”在一起，共同成长、共同增值，是一种“利他”或“互利”逻辑。比如，阿里巴巴平台开放其云计算、支付等服务或能力，让开店非常容易，卖家数量因此快速增长到千万级，更多的卖家反过来又构成阿里巴巴电商生态系统价值的关键基石。

四是网络产业组织全面壮大。从线性价值链转向价值网络是产业组织演化的大趋势。最近10多年来，产业集群和模块化生产网络被当作网络产业组织的典型探索而得到广泛讨论。但站在网络产业组织演化的终点来回头看，它们都有着明显局限。产业集群的网络化协同局限在一定的空间范围内，模块化生产网络则受限于产品设计和生产的可模块化程度。数字平台让网络产业组织的演进迈出了一大步。数字平台打破时空局限，让即使身处地球两端的人们也可以进行交流、交易、合作，大幅提升网络化协同的广度。数字平台汇聚众多市场主体、商品等要素，实现网络化协同密度和深度空前提升。数字平台的内在逻辑是互利共生，网络化协同与平台如影随形。随着平台化变革向各产业加速延伸拓展，网络产业组织也将遍及各领域。

五是数据资源地位空前提升。平台汇聚海量用户，可以很容易获得用户的个人信息。平台媒合交易，积淀了所有在交易过程中产生的数据。作为交互“中介”的平台，成为数据汇聚的中心，融聚了海量数据，是经济社会中极重要的数据高地。不止于汇聚数据，平台还大规模开发利用数据的商业价值。有了数据，平台不满足于“只搭台子不唱戏”，而是深入交易过程，基于数据提供多种服务以更好地媒合交易，并获取收益。比如阿里巴巴依据用户交易行为数据给买家“画像”，为其推荐“合意产品”，综合卖家交易和信用等数据为其提供广告、融资等服务。再比如，腾讯依据用户社交行为和娱乐数据，实现个性化营销，滴滴根据用户和司机数据实时匹配交易，等等。数据正成为平台日益重要的价值资产，平台的所有服务和创新对数据的依赖与日俱增。在数据交易市场远未成熟的今天，掌握海量数据的平台成为数据利用的先锋，彰显了数据资源在市场竞争中的关键地位。

三、平台化变革带来的监管挑战

平台化变革在产业中加速推进，但现有产业监管体系变革迟滞，两者间的不同步引发了一些监管挑战。

一是部分领域的准入管理与平台发展不适应。平台具有一点接入，全网服务的能力，属地化特性不明显，同时平台是撮合交易的中介，轻资产特征明显。平台的这些发展特性与现有属地化监管方式并不吻合，常常引发冲突，最终的妥协结果一般是轻资产、全网服务的平台服从属地监管。这种用旧业态监管办法管理新业态的情况在部分线上线下融合平台中比较常见。比如，我国网约车新政赋予了网约车平台合法地位，但在各地出台的实施细则具体方案中，绝大多数城市沿用了传统的出租车管理办法，要求平台必须是“在本市市区注册登记的企业法人或者分支机构”，才能获得许可牌照，甚至还有许多城市要求平台“在服务所在地有相应服务机构及服务能力”，这意味着网约车平台企业要想获得地方的行政许可，必须分赴各地市办理分支机构，还必须置办办公场地，雇佣经营管理、专职安全管理人员。这需要花费平台大量时间和资源，大大提高了平台运营成本。

二是现有反不正当竞争和反垄断监管体系无法有效约束平台行

为。平台的成长基于网络效应，能在极短时间内获得规模、盈利能力和影响力等方面的爆炸式增长。伴随平台市场地位日益巩固，排他交易、捆绑搭售等不正当竞争行为时有发生。近年来，全球对大平台垄断的担忧也在稳步增加。但传统反不正当竞争和反垄断监管体系是在规制企业的过程中形成和完善的，并不完全适用于监管兼具企业和市场双重特性的平台。比如对传统的单边企业而言，免费、补贴是掠夺性定价行为，但对双边或多边平台企业来说，却属于平台企业利用“跨边网络效应”来做大市场的合理战略行为，也是平台商业模式的内在组成。如果不了解平台的双边定价结构，不加分析地对其进行反不正当竞争执法，则可能会扼杀平台，最终将导致整个市场发展受限、消费者福利受损。

再比如，市场份额的高低是传统反垄断监管中的重要判定依据，但在平台反垄断执法中却可能失效。这是因为，平台的动态发展模糊了产业边界，导致相关市场界定不清，垄断地位难以有效判定。2016年，滴滴与优步中国合并是否应被判为垄断的最大的争议就在于相关市场的界定：如果把相关市场狭窄地界定为网约车，那么合并后的滴滴占据了90%以上的市场份额，毫无疑问是垄断。但如果把相关市场宽泛地界定为包括各类公共交通工具在内的出行市场，那么滴滴只占很少份额，根本谈不上垄断。此外，即使清楚界定了相关市场，产业中频繁的动态竞争、跨界竞争足以快速动摇甚至颠覆在位平台。比如谷歌的广告业务也面临社交平台Facebook的挑战。在平台经济中，高市场份额与长期垄断地位之间的稳定映射关系被打破，垄断状态与能否有效施行垄断行为之间的“必然”联系也并不稳固，平台企业市场份额的垄断指示器作用减弱，甚至平台反垄断的必要性也在一定程度上被无边界的创新竞争所削弱。

三是现有劳动保障体系难以维护平台灵活就业者的合法劳动权益。伴随着平台崛起，越来越多人借助平台实现灵活就业。灵活就业创造了就业缓冲器和蓄水池，为经济和就业结构调整起到润滑作用，但也带来平台用户的合法劳动权益保障问题。平台和用户之间的关系独特，它不同于传统企业中的雇佣和被雇佣关系，也不是市场化的劳务关系，而是介于两者间的新型合作关系。面对这类“混合”型新劳动关系，现有劳动保障体系面临两难：如果将其界定为雇佣关系，则平台将承担过多保障责任，损害平台权益；如果将其界定为后者，则用户承担了更多风险，不利于保障用户权益。平台和用户之间的新型劳动关系至今没有得到明确的法律认定，再加上相比于大平台，分散用户的劳资谈判能力明显不对等，用户的合法劳动权益难以得到有效保障。

四是对平台数据使用行为缺乏有效监管。为赢得竞争和获取更多收益，掌握着海量数据的大平台常常滥用数据。比如大平台利用数据构筑起阻碍竞争对手进入的壁垒。平台拥有的海量数据难以在短期内复制，能有效抵制其他进入者的竞争性颠覆，使整个竞争格局更有利于在位大平台企业，最终产生限制、排除竞争的效果。此外，平台在用户信息安全管理方面存在巨大漏洞，为别有用心的用户滥用平台的数据提供了方便。近期被曝光的社交平台 Facebook 的“被动”数据滥用行为令人触目惊心。2014 年服务于特朗普团队的数据助选公司 Cambriage Analytica 以学术研究的名义骗取了 Facebook 上的 5000 万用户数据，并据此建立分析模型用于政治目的，在 2016 年美国总统大选中针对目标受众精准推送广告，在一定程度上左右了选民的选票。面对日渐增多的或主动或被动的数据滥用行为，现有立法和监管手段相对滞后，短期内难以得到有效治理。

五是平台的安全问题需高度重视。平台安全问题多种多样。其中，最为常见的是日益严峻的数据安全问题。平台是数据汇聚的洼地，其生成、处理和存储的数据越多，遭到外部攻击的概率就越高。近年来，各类平台数据泄露事件频发。2016 年网约车平台 Uber 被黑客盗取 5700 万名客户和司机个人信息，2017 年分期购物平台趣店高达百万学生用户个人信息疑似被泄露。此外，平台被恶意操纵的风险也在日益增加。近年来，平台越来越依赖复杂算法来匹配交易或决定推广何种内容，这种“自动化”演进趋势增大了被操纵的风险。任何人只要付费就能在搜索、社交等自助平台上购买广告，而无须与平台的员工进行直接联系，进行严格的内容审查。2016 年拥有俄罗斯背景的组织利用 Facebook 平台投放了价值超过 10 万美元的广告，以干预美国大选。

四、适应平台化变革加快的政策供给建议

平台化变革持续深入推进是数字时代不可逆转的历史趋势。在发展实践中，平台的创新发展容易遭遇准入和监管壁垒，但平台也确实会滥用其市场力量来为自己谋取不正当的私利。对待平台，既要坚持包容理念，加快政策调整，为其创造更加宽松的成长环境，也要持有审慎态度，推动监管体系适应性变革，加强对其不正当行为管理，促进平台健康快速发展，更好地服务经济社会。

一是探索适应平台发展的准入监管体系。政府部门应重新评估现有行业准入政策，增强准入政策的包容性和灵活性，设置符合平台特点的市场准入条件，破除行业壁垒和地域限制，允许各类市场主体依法平等进入。在具体实践上，应着力创新和加强事中事后监管，最大限度降低平台企业合规和政府监管成本，并逐步建立起全国统一的大

数据监管平台，让各地方按照一定的权限接入查询和使用，破除属地化监管老路子。

二是创新和加强平台反垄断规制。平台垄断现象已现端倪，反垄断规制要求日益迫切。但现有反垄断法律体系已经不适应平台的发展要求，机械地使用反垄断法，或不适当地扩大反垄断法的适用范围只会抑制平台的发展。要依据平台竞争特性，加快探索并完善相关监管法律体系，创新平台经济相关市场界定办法，推动竞争执法从规制垄断状态向规制垄断行为转变。同时考虑到我国正处在平台经济快速发展阶段，在适用反垄断法过程中，应当把握平台变革快、创新周期短和动态竞争的特点，进行必要的竞争效果分析，坚持适度宽缓原则，处理好维护竞争与促进创新的关系，为我国平台做大做强留出空间。

三是保障灵活就业者的合法权益。重点在于探索将平台与用户间的新型劳动关系纳入法律体系，加快确立灵活就业者合法地位。同时采取多种措施加强灵活就业者的福利保障，包括加强最低工资保护，加快社会保障体系从传统基于特定工作向基于就业者的改革，在社会保障体系、养老医疗、税收缴纳上进行相应的制度设计、服务创新，将平台上的灵活就业者纳入保障内容。还需要坚持分类施策，针对不同平台，逐步明确其在保护劳动者权益上的责任。鼓励平台加强自律和管理，在劳动关系认定、劳动保护中充分发挥作用。

四是加强平台数据监管。加快推动数据采集、开放、共享、安全、使用和隐私保护方面的立法，建立数据标准、界定数据边界，确实有效地建立数据领域的法制基础。探索对平台数据进行分级有效管理，推动数据开放，打破数据壁垒，杜绝数据垄断。在界定数据权属问题上，要在坚持数据价值开发与数据共享上取得平衡，规范数据资源开放和共享的内容及形式，适当降低平台对数据的控制权，让数据提供者掌握部分控制权，并强制平台承担一定的信息披露责任和义务，告知用户平台对个人信息收集、使用方式、目的等信息。

五是多措并举提升平台安全保障能力。加强数据安全立法，对平台数据资源的采集等进行规范管理，对侵犯个人隐私行为等加强管理和惩罚，提升数据安全性。鼓励平台在大数据信息安全保护方面开发新的技术，逐步加大引入人工智能和区块链技术，推动大数据与人工智能、区块链等新技术的融合，提高对风险因素的感知、预测、防范能力。鼓励平台加强自律，加大内容审查力度，提高信息透明度，并消除平台上的虚假信息。

执笔人：马　源　王超贤（中国信息通信研究院）

产业变革趋势篇

第四章

从网约车新模式看深化监管制度改革

近年来，“互联网+”交通出行成为创新热点，以网约车为代表的分享经济新模式快速成长，受到了公众青睐，同时也对监管制度提出了新需求。下面从网约车特点出发，归纳欧美监管实践，分析我国监管现状及问题，提出下一步深化监管制度改革的相关建议。

一、重新认识网约车监管的制度基础

网约车是以移动互联网、大数据和人工智能技术为基础，将社会上已有车辆资源、道路资源、驾驶员等与用户乘车需求进行精准匹配，向用户提供个性化的预约出行服务模式。它不同于传统巡游出租车，继续沿用以“数量管制+价格管制+服务管制+安全管制+属地化管理”为主的特许经营监管制度已不合时宜。

第一，与传统数量管制不同，网约车通过调动社会车辆满足预约需求，改变了车辆配给模式。在巡游出租车业态下，车辆与乘客的匹配完全随机，考虑到道路资源有限，自由进入会导致车辆空驶、司机收入下降和道路拥堵，国际上大都采取数量管制；一旦数量管制实施后，在位企业又游说政府限制车辆投放，以守住垄断租金。其结果是出租车供给不足，如 2006～2015 年我国出租车数量仅由 93 万辆增长到 109 万辆，10 年才增长 17%，远低于同期 121% 的 GDP 增长率和 32% 的城镇人口增长率，打车难长期存在，司机挑活捡活、黑车屡禁不绝等。网约车结合道路实时状况，推荐优选路线，向乘客提供约定时间、约定地点的出行服务，让盲目巡游变成预约出行。道路拥堵时，驾驶员可选择是否出车，用户可选择是否乘车，供需预约减少了盲目空驶和道路占用。此外，网约车的多样性（如快车、拼车、顺风车等）还满足了不同群体、不同档次的出行需求，甚至替代一部分自驾需求，还减少了停车需求。

第二，与传统价格管制不同，网约车运用新一代信息技术，实现了面向乘客的透明定价。巡游出租车的流动性每一单交易都一次性的，市场信用机制无法优胜劣汰。若每次出行都现场讨价还价，除了交易成本高，还会出现绕道、宰客、事后扯皮等难题，因此政府还对巡游出租车实行政府定价，并结合当地经济发展、车辆成本、油气价格等不定期调整价格，但政府定价又带来司机在交通高峰趴窝、拒载短途乘客等新问题。网约车开始预约时，用户就知晓乘车时间、费用预估、路线推荐等信息，使出行更透明、更安心；在极端天气、偏远地区还可以根据供需缺口浮动定价，激励车辆参与运营；乘运完成后，乘客还可以在线评价或投诉，最大限度杜绝宰客等现象。

第三，与传统服务管制不同，网约车更加珍惜口碑，更加注重提供高品质、高附加值服务。巡游出租车的特许经营决定了竞争不足、服务质量不高、类型单一；且出租车公司与雇佣司机利益并不一致，司机面临“份子钱”压力，更关心收入高低，对于事关公司形象的车辆清洁、礼貌待客等要求并不上心。考虑到出租车是城市“窗口”行业，政府对巡游出租车提出服务规范，但车内异味、语言生硬、拒载甩客等时常出现。与巡游出租车不同，网约车平台对接入车辆、驾驶员也提出明确要求，并基于乘客评价构建信用评价机制，对口碑好的司机多派单，激励网约车驾驶员相互比拼，关注服务细节如车辆卫生、免费送瓶装水、开门迎接等，让乘客更舒心更满意。

第四，与传统安全管制不同，网约车采取事前接入审核、事中监测驾驶行为、事后保险托底等保障安全出行。出租车涉及乘客生命安全，但用户对车龄、车辆性能、司机技能、道路状况等缺乏了解，为此政府严审车辆准入和驾驶员准入；对于随机的安全事故，则通过商业保险来解决。网约车平台除了事前对入驻车辆、驾驶员进行背景审核，事后进行保险赔付外，还具备传统巡游出租车所不具备的事中跟踪能力，即利用实时定位、路况信息、行驶轨迹等大数据掌握出行全程信息；还可在 APP 客户端向乘客提供紧急求助、行程分享等应急功能。据滴滴公司统计，从亿公里死亡率看，2016 年传统出租车为 0.47 人，同期滴滴是 0.28 人，出行相对更加安全。

第五，与传统属地化管理不同，网约车依托网络可在全国范围内提供调度匹配服务，要求进一步集中监管。传统巡游出租车监管是地方政府职责。各地对巡游出租车的车辆颜色、车辆类型、定位装置、计价器具、经营地域都进行监管，被监管对象也需在当地注册公司并缴纳税费。网约车平台在一个城市注册公司后，即可依托互联网向任何城市提供约车匹配服务，而且不需要设立异地分支机构、安装定位装置（手机具备定位功能）、安装计价器具（后台可根据行驶轨迹自动计价）等，这挑战着以属地监管为主的传统监管格局。

与此同时，网约车新模式也带来了一些亟待关注的新问题新挑战。如网约车平台采集了乘客信息、出行轨迹等，加强个人信息保护成为公众心声；网约车平台在交通高峰、极端天气下的高浮动定价引起异议；网约车平台与驾驶员之间的劳动关系界定、网约车与传统巡游出租车的关系平衡，也都是社会热点。

二、欧美国家网约车监管的主要实践

面对网约车创新带来的棘手难题，欧美国家加快构建配套监管制度，这为我们重新审视网约车监管提供了借鉴。

第一，监管定位上，将网约车模式定位于运输网络企业，而不是传统出租车企业。网约车提供线上信息撮合服务，线下则由司机完成承运服务。在监管上，是按照信息中介服务，还是按照出租车进行监管，各方意见不一。德国、法国、西班牙等认为优步（Uber）提供的是出租车业务，不是信息服务，需取得牌照。欧洲最高法院 2017 年 5 月表示 Uber 可调度车辆和制定出行价格，应按客运公司监管。在美国，加州在 2013 年 9 月率先承认网约车合法性，并创设了一个新概念，将 Uber 等网约车平台统称为“交通网络公司（Transportion Network Company，TNC）”，以区别于传统出租车、固定线路班车、预约包租车（Charter-Party Carrier，TCP）。随后，科罗拉多、华盛顿等州均采用了这种监管模式。

第二，准入制度上，仅要求网约车平台取得牌照，再由平台对车辆和驾驶员审核，并购置保险保障权益。以加州为例，对于网约车平台，需向州公共事业委员会（CPUC）取得预约包租车 TCP 项目下更为宽松的 P 类许可，每 3 年续申 1 次。对于车辆，不设数量限制和运营地点限制，任何私家车均可接入，但必须通过 19 项车辆性能检查，每 12 个月或 5 万英里续检 1 次。对于驾驶员，无须考试，但需通过背景审查，如21岁以上、至少1年驾龄、过去7年内没有酗酒吸毒和性犯罪记录等。此外，网约车平台还需购买覆盖全程保险，包括接到预约订单前（保额5万美元）、接到订单但乘客未上车前（保额100万美元）以及运送乘客过程中（保额100万美元）。正如州公用事业委员会主席所指出的，“在促进新业态发展的同时，出行安全是基本要求，而商业保险是覆盖乘客、驾驶员、第三方等多方利益的最佳方法”。

第三，监管分工上，由综合部门牵头制定实施政策，限制地方政府扩权，并为平台企业提供便利。认识到网约车在促进经济发展、缓解拥堵、减少停车需求等方面的好处，美国多个州在政策基调上都较为宽松，准许网约车平台在取得州许可后，无须再到以下郡县申请许可；还禁止地方对TNC公司增设额外条件（交通安全管理除外）。考虑到网约车车辆和驾驶员数量大，政府仅提出监管规范，并提供便利，如开放美国司法部性侵犯记录数据库，供网约车平台验证驾驶员背景。网约车平台则需保留好车辆审核、驾驶员审核、保险购买、行驶轨迹等信息，以备监管抽查；但无须将其全部运营数据实时共享给政府，如加州仅要求提供驾驶员背景信息，波士顿仅要求提供各订单的时间和地点信息。

第四，针对网约车与传统出租车冲突，支持引入竞争机制。美国加州认为分享出行带来更多的灵活就业和出行选择，短期内传统出租车驾驶员的确受到冲击，需要帮助他们转变观念。典型判例是2016年10月美国联邦上诉法院法官波斯纳驳回原告伊利诺伊州运输贸易协会对芝加哥市政府的上诉案，指出“当新技术或新商业模式诞生时，通常的结果是老一代技术或商业模式的式微甚至消失。如果老一代技术或商业模式获得宪法赋予的权利，将新生事物排除在自己的市场之外，那么经济发展将可能停滞。我们可能就不会有出租车，而只有马车；不会有电话，而只有电报”。因而，不能以传统出租车的特许经营而免于外来竞争，也不能要求政府排除其他竞争性的出行方式。

三、我国网约车监管现状及面临的新问题

针对监管争议，我国于 2016 年发布了《网络预约出租汽车经营服务管理暂行办法》。一年来，一批不合格主体被清除出去，但也出现企业合规成本高，群众反映打车难、打车贵等回潮现象，面临的新问题如下。

第一，新政赋予了网约车的合法地位，但沿用特许经营监管制度，束缚了发展活力。全球来看，我国是首个明确网约车法律地位的国家，但把网约车、传统巡游出租车并列为出租车，从根源上就决定了要沿用出租车监管制度来监管网约车这种新事物，如对网约车平台、车辆和驾驶员，要求分别取得《网络预约出租汽车经营许可证》《网络预约出租汽车运输证》《网络预约出租汽车驾驶员证》。但网约车在乘车形式、交易方式、需求类型等方面与传统出租车有较大不同，三证要求将资源配置的权力再度收归政府，这既加大了监管审核压力，又压缩了市场供给空间。

第二，明确以属地监管为主，各地落地细则趋严，企业合规成本较高。考虑到各地人口数量、经济发展、出租市场等存在差异，我国把网约车管理下放给各地。截至 2017 年 11 月，全国已有 160 多个城市发布了实施细则。对于网约车平台，超过 80% 的城市要求在当地有实体和团队。极端情形下，拿着公司营业执照、法人身份证、线上能力认定函和公章等原件分赴各地市办理分支机构的话，至少需要 3 年

才能办完。以滴滴为例，目前才完成1/10城市的许可办理。对于车辆，地方从轴距、排量、价格、车龄、车长等方面提出了组合型限制性条件，客观上已异化为对车辆的准入限制。对于驾驶员，除国家要求有3年驾龄、无交通肇事、无毒驾酒驾、无暴力犯罪等外，地方新附加了本地户籍、居住证等，这进一步压缩了潜在供给。

第三，聚焦出行安全监管，但各地要求不一，不适应移动互联网时代要求。调研中，我们发现部分地方存在过度的安全要求，如要求强制安装可被智能手机替代的GPS定位设备。又如在数据对接方面，网约车平台已经向交通运输部对接共享数据，但部分地市强制要求在本地层面也共享所有数据，但各地数据标准、字段格式、对接端口不一，对接成本高，网络安全风险大，而这本可通过政务信息内部共享解决。再如在保险购买方面，虽然网约车平台已为每一辆车购买了保险，但部分地市还要求本地车辆重复购买交强险、乘客意外伤害险等，提高运营投入成本。

此外，在政策细则尚存在争议的情况下，地方加大执法力度，正进一步挤压供给能力。尤其是沿用传统巡游出租车的“三证”监管制度后，网约车平台在90%的地市尚未完成注册，车辆和驾驶员取得许可的也非常有限，在这种情况下，大部分承运服务处于灰色地带。一旦各地加大执法力度，势必会出现普遍违法的情形。值得关注的是，尽管各地政策尚存争议，但相关部门考虑将无照运营等直接纳入严重违法失信行为，给予联合惩戒，考虑到失信记录的长远影响，预期网约车供给还将萎缩。

四、进一步深化监管制度改革的政策建议

近几年来，我国抓住以互联网为代表的新一轮产业变革机遇，大

力实施创新驱动发展战略，推进互联网与实体经济深度融合，孕育出一大批新模式新业态，包括网约车、移动支付等均已领先全球。进一步释放互联网技术革命新动能的关键是根据新模式发展规律，重构监管制度体系，树立“政府监管平台，平台和市场约束车辆和司机”的新理念，一方面发挥市场机制作用，取消或放松过时的监管制度，另一方面针对暴露出的新问题及时跟进，加强监管，优化服务，为创新提供更大便利。

第一，重新认识网约车属性，取消或放松不合理的监管措施。考虑到网约车新模式让用户出行效率更高、成本更低、更加安全，沿用传统监管无异于“削足适履”；尤其是网约车平台聚合了各利益相关方，通过引入人像认证、司乘互评、应急响应等举措，让每次出行变成一个可追溯的事件，让司乘双方得到自我约束，政府取消和放松监管、后退一步已水到渠成。建议适应平台“一点接入全网服务”特征，监管分工上取消地市层面许可要求，把网约车平台许可权收归省一级政府。数量上取消接入车辆、驾驶员许可，由政府出台车辆安全标准、驾驶员资格标准要求，由网约车平台来落实主体资质审核。价格上继续实行市场调节价，激励网约车供给更加灵活多样。服务上鉴于网约车有内在动力去提供多样化、高品质的出行服务，各地可重点做好服务质量测评等。

第二，聚焦新兴热点问题，加强监管制度供给。针对个人信息保护、平台垄断定价、劳务关系等新问题，建议以网约车平台为监管重点，一要做好网络系统安全防护，保护驾驶员、约车人和乘客等数以亿计的个人信息安全；处理好数据再利用和防范滥用关系。二要充分利用商业保险机制，由网约车平台为乘客购买相关保险，保障出行全程安全。三要防范平台滥用市场支配地位，加强定价算法监管，设置波动区间，增强定价透明性。四要鼓励网约车平台根据工作时长、服务频次等特点，与驾驶员签订多种形式的劳动合同或协议，充分发挥分享经济促进就业作用。

第三，强化公平竞争审查，促进新旧业态同台竞争。针对限制市场竞争的地方政策，建议按照《国务院关于在市场体系建设中建立公平竞争审查制度的意见》《公平竞争审查制度实施细则（暂行）》要求，切实做好公平竞争审查，提高政策透明度，取消各种不合理、不平等、歧视性条款，如各种与出行安全无关的轴距、车价、车排量等限制性指标，及涉嫌违反劳动权的户籍限制等要求。还应抓紧研究传统出租车行业监管改革，推动传统出租车行业与互联网融合，不断提升运行效率和服务质量。

第四，加强政企合作治理，提升监管能力。适应网约车平台扁平化组织、全国化运营的特点，一要提高监管层级，重新划分中央地方职责分工，国家负责制度总体安排、省市负责制定实施细则，地方侧重执法实施。二要完善平台治理，政府事前直接监管车辆和驾驶员等准入、事后蹲点执法的成本高昂，相比之下，网约车平台掌握了海量的主体数据和出行数据，更有信息优势。要树立“政府监管平台，平台和市场约束车辆和司机”的新理念，推动平台健全规则，落实主体责任。三要深化政企合作，充分利用网约车平台的技术优势、人才优势和数据优势，优先以政府购买服务等支撑监管；在国家层面做好与平台企业的数据对接，采集监管所必需的最小数据集，由国家向地方分享相关数据。

第五，提高政府服务意识，促进模式创新。对于网约车等新模式来讲，数据既是发展的根基，也是从源头上规范车辆和司机的依据。调研中，平台企业反映政务数据开放不足，目前主要通过第三方机构、花费较高成本，获取司机背景、驾驶资质、违法记录等验证数据。在这方面，国际上这几年纷纷加大了政务数据开放步伐，以促进基于数据的业态创新和改善治理。建议从助力网约车平台提升源头治理能力出发，在依法保护个人信息的前提下，向平台企业免费或低成本开放政务数据，如交通安全部门开放车辆、司机数据，公共安全和司法部门开放违法犯罪记录，发改等部门开放信用数据等，为平台动态管理入驻主体提供便利。

执笔人：马　源　马　骏

第五章

智能互联趋势下汽车产业的变革、解构与重构

自 1913 年美国的亨利 · 福特发明了流水线生产方式开始，以汽车整车制造企业为中心、以大规模生产和大规模销售模式为特征的汽车产业格局就基本形成。此后虽然经历了汽车产业的全球化（全球设计、全球采购、全球生产和全球销售）发展，以及日本丰田公司带来的精益生产方式革命，但总体上都是强化而不是改变原有的产业格局。

进入 21 世纪以来，随着包括中国、印度等这样人口规模巨大的发展中国家步入汽车社会，全球汽车保有量规模正由 10 亿辆向 20 亿辆迈进，传统汽车大规模生产、大规模使用模式正在受到越来越强的资源、能源和环境约束。为了应对这一挑战，以电动化、数字化、网络化和智能化为特征的技术革命与以平台化、共享化为特征的商业模式创新相结合，正在显著地改变汽车的生产方式、销售方式和使用方式，已经延续了百年的汽车产业格局正面临巨变。

一、汽车产业格局发生变革的趋势性特征

（一）消费者由购买汽车转为购买出行服务，汽车产业的需求模式将发生根本性改变

互联网时代的到来，最先受到影响的是消费者减少了汽车的使用。电子商务和网购的普及改变了居民的消费偏好和日常生活出行方式，减少了人们外出购物的用车需求；社交网络的发展提高了人们的沟通效率，一定程度上替代了传统的社交方式及与此相关的出行量；基于互联网的在家工作方式（Work-at-home）减少了不依赖于办公室的白领人员往返于家里和工作场所之间的通勤出行。美国密歇根大学交通运输研究所2014年所做的调查表明，美国家庭的汽车年均驾驶里程数在2004年达到顶峰后便进入稳步下降的状态。到2013年，美国人均年驾驶里程是1.36万公里，与2006年的人均驾驶里程1.5万公里相比下降了9.1%，美国家庭的总驾驶里程与2004年相比下跌了10.2%。

平台经济和共享出行模式的出现，使得消费者由购买汽车转向购买出行服务。随着使用Uber、滴滴等专车和各类共享出行平台的司机和出行者越来越多，端到端（P2P）连接服务的信息成本越来越低，平台经济的双边市场活跃度越来越高，个人的出行服务需求得到更好的满足，使用时间和空间大量闲置的私家车资源得到更高效地利用。平台经济和共享出行累积的效果除了提高社会资源的利用率外，还显著改变了消费理念，新生代消费者“用手机购买出行服务”的习惯逐步养成，对汽车产品本身的购买欲望越来越低。德国Bitcom协会的调查表明，61%的德国人表示如果在未来可以通过手机实现方便、快捷

的自动驾驶车辆预订，将不考虑购买私家车。

消费选择的转向，将使传统整车企业通过品牌控制市场的能力减弱。消费者由购买汽车转向购买出行服务的背后，还有对汽车全寿命周期使用成本与购买出行服务支出费用的比较。尽管单次召车费用并不低，但与购买汽车的直接成本（购车费、税费、保险、加油充电、维修保养、停车过路和各种检验等费用）、间接成本（汽车购买和使用过程中的各种时间耗费成本、信息不对称和缺乏议价能力造成的各种商务损失）和社会成本（汽车资源闲置造成的资源、能源、环境、土地和城市基础设施额外支出）相比较，还是具有明显的经济和社会成本优势。从发展来看，消费者购买出行服务替代购买汽车的倾向会越来越明显，对汽车出行服务品牌的认知也会越来越强，这一趋势必然使得传统整车企业通过汽车产品品牌控制市场的能力弱化。

（二）电动化和模块化将改变汽车生产的传统分工模式，产业组织形态将发生显著变化

传统汽车产业是由整车企业基于汽车动力系统（燃油发动机）和车型的系统设计，通过掌握以发动机和车型为核心的“产品定义权”，进一步掌握市场划分、品牌与车型定价及生产批量等“市场定义权”。汽车产业经过百年的发展，尽管已经实现了全球设计、全球采购、全球生产和全球销售，但不同厂家、不同平台、不同品牌之间的生产体系差异性仍然非常大，特别是配套零部件因体系不同，标准化、通用化程度很低。这一方面使得包括生产传统发动机的零部件企业很难通过规模化生产积累实力，挑战整车企业的核心地位；另一方面，也使得整车企业通过动力和车型的系统设计控制零部件配套体系，通过品牌差异化实行生产体系差异化的垂直分工产业组织形态长期固化。

汽车电动化对汽车产业的影响，表面上看是一次汽车驱动系统的技术变革，从长期影响来看，会带来生产组织方式的深刻变化。首先，汽车电动化使得传统燃油发动机、变速器等主要的零部件被储能电池、电机以及车载充电器等零部件替代，传统零部件配套体系发生很大变化，传统整车企业的核心“产品定义权”被分割；其次，电池厂商通过掌握动力电池的设计和产品标准，正在进入整车企业的核心“产品定义”领域，通过接受不同品牌整车企业的订单，推进产品标准化、通用化和模块化；最后，随着标准化的推进和模块化生产方式的确立，水平型分工将逐步取得主导地位，垂直型分工的组织形态将逐步被打破，整车领域的进入门槛将有所降低。

整车企业“产品定义权”被削弱、水平型分工体系推进以及跨域企业进入是一个相互影响、循环往复的过程。在这一过程中，产业组织将发生显著变化，主要体现为三个特征：一是随着汽车电动化的推进，模块化生产企业（特别是动力电池）在乘用车领域将通过生产标准化、通用型产品，取得独立的市场地位；二是随着整车产能越过市场饱和点，家电领域不同品牌企业间交叉代工的现象也将在汽车产业中出现，未来不排除出现独立的无品牌代工型企业（富士康模式）；三是随着跨域进入者增多，对“核心产品”进行重新定义并取得市场认可的整车企业将出现。

（三）数字化、网络化和平台化改变汽车产业的传统流程，产业组织重心正在从制造向服务转移

传统汽车产业经过百年的发展，已经形成从产品开发设计（发动机研发和整车造型设计）、生产组织（零部件配套体系）到整车制造（四大工艺）、产品销售和服务（4S 店和维修保养体系）完整的产业

链和流程管理体系。汽车产业悠久的工程师文化，使得汽车产品设计和生产制造环节在传统的产业流程中拥有无可替代的中心地位，专业设计人员和技术专家在产品定型和生产管理的各种决策中发挥权威性的作用。尽管丰田公司创造了按照订单准时生产的精益生产方式，并建立了完善的供应链管理（SCM）和客户关系管理（CRM）系统，但汽车产品设计与客户真实需求之间仍然存在较高的信息屏障；乘用车领域传统整车企业尽管已经进行了按照客户需求定制化生产的模式探索，但目前来看并没有取得可复制的成功经验。

随着互联网和新一轮信息技术与传统产业的深度融合，特别是数字化、网络化和平台化对传统汽车产业链的渗透，汽车产业的传统流程正在被改变。数字化的核心是利用数据的采集、传输、存储、处理和反馈的闭环，通过提取有价值的信息，完成汽车产品的研发、制造、销售和服务等全产业链和产品全生命周期的管理、决策和控制。借助数字化的虚拟和仿真、网络的数据和信息集成、平台的数据分析和实时决策，汽车产业在新的“物理层、数字层、平台层”框架体系下，正在获得前所未有的流程创新能力。在实践中既有集成消费者消费偏好的汽车电商平台、协同设计平台，也有集成消费者出行需求的一站式出行服务平台，还有建立在大数据基础上、基于实体工厂的虚拟工厂，通过最终完整物理信息系统（CPS）的构建，实现能够对消费者需求快速响应、具有产品大规模定制能力的柔性生产体系。

另一个改变汽车产业流程的因素是汽车所有权和使用权的分离。传统汽车产业链中由消费者购买、管理、使用汽车的模式即将让位于消费者购买出行服务、租赁使用汽车的模式。在这样的趋势下，汽车的所有权和使用权将在汽车产品到达最终消费者之前发生分离，在分离过程中会催生出三种类型的平台公司：一是持有汽车所有权，提供汽车长期租赁服务的重资产“汽车硬件管理运营”公司；二是持有汽车所有权，提供分时租赁服务的“硬件＋出行服务”平台公司；三是向重资产公司租车或P2P模式，提供出行服务的“出行服务运营”平台公司。三种类型的公司作为汽车产业新的主体，将重构汽车产业价值链和产业流程，使得汽车产业的组织重心从制造向服务转移。

二、新的汽车产业格局正在形成

（一）满足个性化消费和出行服务为中心的汽车新产业格局将逐步形成

随着汽车消费侧出现消费者从买车到租车，从购买汽车产品转向购买出行服务，传统整车企业通过产品品牌对消费者的影响力减弱；随着汽车电动化、数字化、网络化和平台化的发展趋向，传统整车企业通过垂直分工体系对供应链的控制力逐步减弱；随着具有典型互联网模式、对消费者偏好和需求有充分了解的平台公司崛起，以传统整车企业为中心的产业流程正在改变，产业重心正在从汽车制造向出行服务转移。汽车产业经历了上百年的发展，以传统整车企业为中心、大规模生产和大规模销售模式为主导的传统汽车产业格局正在走向以满足个性化消费和出行服务为中心的新产业格局。图1为汽车传统产业格局和新产业格局的对比。

与传统产业格局相比较，未来汽车产业新格局具有三个方面的新特征。

一是包括独立的汽车设计公司、独立的模块化供应商、无品牌代工工厂、硬件管理运营商、出行服务运营商等在内的新产业主体将逐步出现，拓展了产业组织的多样性和复杂性。

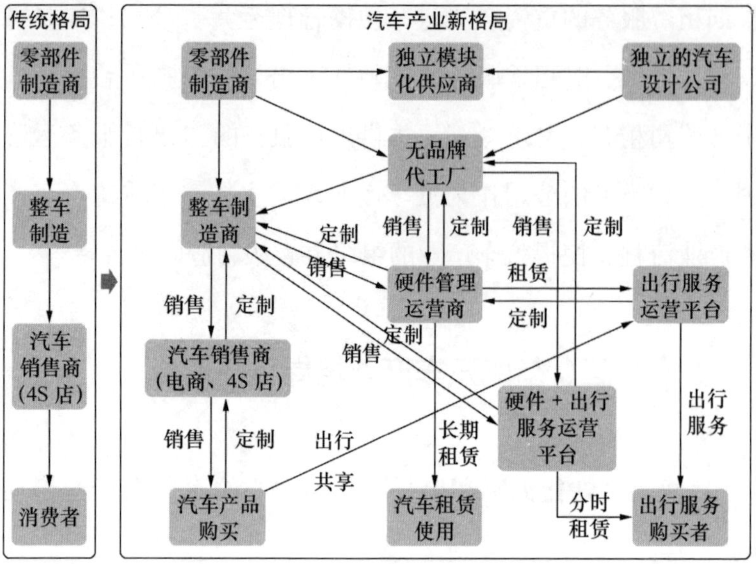

图1　汽车传统产业格局与新产业格局对比

二是产业垂直分工形成的链式产业结构向水平分工形成的网络状产业结构转变，同时以汽车产品设计、生产、销售、使用和维修保养为主的“物理层”向包括与“物理层”相互映射的“数字层”和以数据集成为基础进行功能整合的“平台层”发展，最终形成包括“物理层、数字层、平台层”在内的汽车产业物理信息系统（CPS）。

三是随着汽车产业数字化程度的加深，具有网络和数据集成能力的硬件和软件服务平台将成为产业的“规则制定者、流程管理者和价值分配者”，以数字为中心的“平台层”将逐步获得对以产品为中心的“物理层”的支配性地位。

（二）服务运营平台和硬件管理运营商将成为新产业格局形成的驱动者

出行服务运营平台是响应汽车产业需求侧变化最先出现的产业新主体，在汽车产业领域最受关注的领域之一就是这类公司的快速发展。截至2016年2月，全球价值在10亿美元以上的“独角兽企业”有151家，其中就包括汽车共享的滴滴出行、Uber、Lyft、Olacabs、BlablaCar、Crab Taxi等。

从发展逻辑看，新型的出行服务运营平台是传统公共交通服务平台的“转型升级版”，背后的驱动力量是移动互联网、大数据、云计算等新一代信息技术和消费者对更好出行服务体验的需求升级；从内在机制看，出行服务平台通过撮合出行需求与供给的双边市场效应和集群效应，汇集了消费者最重要的出行大数据，并通过进一步把累积和实时出行数据变成平台智能服务的驱动资源，从而逐步提高出行服务需求和供给的匹配效率；从发展趋势看，单一的出行服务平台会逐步出现属地分化、群体分化、轻/重资产等方面的分化，形成多平台共存模式。从汽车产业格局变化的角度来看，出行服务运营平台是汽车产业从挖掘生产效率向挖掘汽车使用和服务效率过渡的主要载体，是汽车产业新格局形成的驱动主体之一。

硬件管理运营商是继出行服务平台之后即将出现的产业新主体。从业务模式上，汽车硬件管理运营商主要从整车厂批量购买汽车，或者从无品牌代工厂批量定制汽车，并对汽车进行全生命周期的所有权持有和管理，以此为基础为个体消费者提供长租服务，为出行服务运营平台提供整车租赁服务；从业务性质上看，汽车硬件管理运营商的本质是提供融资租赁服务、依靠汽车全生命周期租金回报进行运作的金融公司。

从硬件管理运营商发展的外在逻辑来看，汽车的所有权和使用权分离以及消费者由购买汽车转向购买出行服务，将大幅度减少终端家庭用户的汽车保有量，而要满足大多数人个性化、机动化的出行需求，汽车的社会总保有量就需要维持一定的最低规模。社会总的汽车保有量和家庭用户汽车保有量之间的缺口将结构性地催生出汽车硬件管理运营商这一产业新主体。

从内在逻辑看，汽车硬件运营商借助即将到来的自动驾驶技术和传感器、车联网和云平台等新一代信息技术，能够对所属的汽车进行大规模、大范围远程监测、维护和充电管理，汽车全生命周期运维管理的边际成本将大大降低；因为拥有汽车的所有权和管理权，所以硬件管理运营商可以在不涉及消费者隐私数据（消费者的驾驶路线、停车地点、车载人数等）的前提下，对汽车的状态数据进行合法采集和分析，并反馈给相关联的汽车零部件公司、设计公司和制造企业，从而不断优化汽车产业的定制化生产。

从汽车产业新格局的角度来看，汽车硬件管理运营商不仅仅是即将出现的产业新主体，而且因为联结汽车制造和服务中的多个主体成为未来网络状产业结构中的重要节点（Hub），因为要借助数字化平台管理汽车硬件资产而成为“物理层、数字层和平台层”的集合体。

（三）传统汽车企业仍是汽车产业的重要基础，但在新格局中的战略定位需进行适应性调整

在新的产业格局下，传统汽车产业链仍然为个性化消费和出行服务提供汽车产品基础。但随着新格局逐步趋向形成，传统汽车企业需要根据在新格局中的战略定位进行适应性调整。

整车生产企业受到的挑战无疑是最大的，一部分整车企业由于其强大的品牌影响力和个性化定制能力，将主要面向高端消费群体销售有品牌、定制化的汽车产品；另一部分整车企业将退化成无品牌汽车制造商，专注于代工生产和为硬件管理运营商进行大规模定制化生产；还有一部分整车企业将依托自身的设计和定制化制造能力孵化出

独立的汽车长租或分时租赁业务，并在合适的时机进一步分化转型为独立的汽车硬件管理运营商或硬件管理/出行服务运营商。从发展趋势来看，整车企业无论往哪个方向调整都需要进行生产方式的升级，以更加柔性和智能的大规模定制化生产系统，来满足不断变化的产品和出行服务需求。

新的产业格局下，零部件供应商同样面临转型的问题。一方面，零部件供应商要应对汽车产品电动化、轻量化和智能化的挑战，进行自身的产品转型；另一方面，零部件供应商要在网络化的产业组织中重新定位，或者继续在保存下来的垂直配套体系中生存，或者升级成为独立的模块化供应商，或者与无品牌代工厂和硬件管理运营商结成战略合作，成为面向汽车使用环节维修保养的产品技术承包商。

随着新格局的逐步形成，一部分汽车后市场服务商也会慢慢转型，例如汽车销售、维修保养、充电服务等企业也会依据自身优势转变为硬件管理运营商或与其进行战略合作。当垂直的分工体系逐步被打破，产业重心从制造转向服务，以及平台型公司大量崛起，汽车产业的进入壁垒将会明显降低，新进入企业将会出现“潮涌”现象。来自互联网领域的一些新兴主体，例如互联网车企以及出行服务平台企业会抓住机遇进入到新的产业体系中，与传统汽车企业合纵连横，共同塑造新的产业格局。

三、政府要发挥前瞻性、引导性作用

从汽车传统产业格局向新格局的演化来看，要经历一个渐进的、从量变到质变的过程。这个过程既包括消费者行为习惯的改变、汽车所有权和使用权的分离、购买出行服务对购买汽车的替代，也包括电动车的普及、模块化生产的推广、柔性生产体系的建立。除此之外，还需要汽车产业数字化转型推进的物理信息系统（CPS）、平台崛起推进的产业组织重构和流程再造。

在新老格局的转换过程中，政府要发挥战略性、前瞻性、引导性作用。

一是要从战略高度考虑未来交通出行变化对汽车价值链、产业链和创新链的影响，把汽车产业格局变化放在交通出行革命、能源革命、新型城市化、数字经济的大背景下统筹考虑，组织跨行业、跨领域的相关机构和专家学者对汽车产业的中长期格局变化进行前瞻性、趋势性、情景化的研究，准确把握汽车产业格局变化的内在规律和外部推动因素，为相关战略、规划和政策的制定准备理论基础。

二是在产业管理体制改革和产业政策创新上，一方面要顺应汽车产业格局的趋势性发展，管理上放宽行业和市场准入，产业政策上鼓励和支持创新，以新型产业平台发展为重点，激发更多创新主体的积极性，推动形成面向未来智能出行的产业生态体系；另一方面要对汽车产业格局变化带来的产业冲击、就业冲击和社会冲击未雨绸缪，在传统汽车产业主体的转型方面要考虑制定专门的支持性政策，在汽车国有企业改革的设计方面要考虑发挥国企在就业结构调整上的“稳定器”作用。

三是在产业管理内容上要顺应新产业格局下业务模式的变化，要由对汽车产品的一致性监管向产品和服务一致性监管并重转变，要由对传统汽车企业的管理向汽车企业和平台管理并重转变，探索借助硬件和出行服务平台对汽车产品和服务一致性监管的新模式，要注重对汽车产业数据资产所有权和使用权的管理。

当全球范围内的汽车保有量由 10 亿辆向 20 亿辆迈进，全球资源、能源和环境越来越难以承受一个传统模式下的汽车社会。在万物互联和智能化的浪潮下，技术创新和模式创新叠加正在突破汽车社会的传统模式，改变汽车产业的传统格局，其背后的根本逻辑是效率的提升。只有效率大幅度提升了，才能用更少的资源和环境代价满足更大多数人的个性化交通出行需求。

美国凭借福特生产方式，充分挖掘生产线效率，成为大规模生产为标志的汽车强国；日本凭借丰田生产方式，充分挖掘供应链效率，成为精益生产为标志的汽车强国；中国如果能借助数字化转型的机遇，打通汽车制造和服务环节，充分挖掘汽车全生命周期的生产和使用效率，必将创造汽车社会发展的中国模式，构建具有中国特色的汽车产业新格局，从而在全球范围内引领汽车社会下一个百年的发展，并最终推动中国汽车产业以创新的姿态站上世界之巅。

执笔人：王晓明

第六章

从智能驾驶看监管制度重构

智能驾驶（又称自动驾驶、无人驾驶）是新一代信息技术与汽车产业和交通出行领域深度融合的产物，指由车辆自主进行环境感知、驾驶规划和智能操控等来代替人类驾驶。全球范围内，智能驾驶加速由研发测试转入商用阶段，一系列制度问题相伴涌现，如智能车辆需要不同于传统汽车的新标准；车辆测试验证需要上公共道路，但现行法规并不允许；正式商用后还面临肇事责任界定、保险赔付等新难题；网络与数据安全问题也如影随形。加快制度回应，重构配套监管政策体系可以说已经迫在眉睫。

一、主要国家加快构建面向智能驾驶的监管制度

相对于人类驾驶，智能驾驶具有更加安全、更加高效、更加经济的显著优势。从技术产业成熟度看，业界认为2020～2030年之间，将是商用化导入的关键期。通用、大众、宝马、丰田等巨头纷纷宣布在2020年左右推出有条件智能驾驶（L3级）、高度智能驾驶（L4级）

车辆[①]。普华永道判断完全智能驾驶（L5 级）将在 2027～2028 年以后推出。为抓住智能驾驶变革机遇，过去 7 年来国际组织和美德日等国深化制度创新，初步形成了面向智能驾驶的监管框架。

第一，联合国修订国际公约赋予智能驾驶合法身份。联合国于 1968 年出台的《维也纳道路交通公约》对传统驾驶许可、道路标识、交通规则等做出规范，如第八条中指出“驾驶员必须全程掌控车辆”[②]。在智能驾驶时代，这些条款反而成为制约因素，2016 年 3 月联合国欧洲经济委员会投票通过针对公约第八条的修正案[③]，指出在驾驶员能够人工选择关闭该功能的情况下，可把车辆驾驶的职责交给智能驾驶系统。上述修正案为 75 个[④]公约签约国（欧洲美洲国家为主，但中国、美国、日本不是）修订本国监管制度打开了大门。

第二，美国引领全球智能驾驶监管制度变革。随着谷歌和优步等互联网企业、福特和通用等汽车企业纷纷进军智能驾驶，美国政府积极出台配套政策。州一级政府立足驾照注册、道路管理、机动车保险和安全检查等职权发布本地制度。自内华达州 2011 年率先允许路测以来，到 2017 年底已有 22 个州出台了类似立法。以加州为例[⑤]，对路测车辆实行注册登记制度，要求提交车辆性能等材料；对路测司机要求持有驾照，接受过企业培训，熟知紧急处置程序等；对路测企业予以登记，要求事先购置 500 万美元保险或缴纳保证金，上报路测事故报告等。宽松的制度吸引全球企业到加州申请路测，截至 2017 年底包括

---

① 按照国际上关于车辆智能化等级划分定义，智能驾驶分为驾驶辅助（L1）、部分自动驾驶（L2）、有条件自动驾驶（L3）、高度自动驾驶（L4）、完全自动驾驶（L5）共五级。其中 L2 以下仍以人为主驾驶，L3 以上由智能驾驶系统为主驾驶。

② UNECE：*Report of the sixty-eighth session of the working party on Road Traffic Safety.*

③ 该修正案由奥地利、比利时、法国、德国和意大利等 5 国于 2014 年联合提出。

④ http：//www. unece. org/trans/maps/un-transport-agreements-and-conventions-08. html.

⑤ 美国加州车辆管理局，https：//www. dmv. ca. gov/portal/dmv/detail/vr/autonomous/testing.

德国大众和宝马，日本丰田，我国百度、上汽等合计49家企业已取得路测许可[①]。目前，加州正起草智能驾驶正式商用制度，预期2018年推出[②]。

联邦政府层面，针对州监管制度不一、企业合规成本高的情况，密集发布政策指南，2016年美国公路交通安全管理局（NHTSA）发布第一版《联邦自动驾驶汽车政策指南》[③]；2017年修订发布《联邦自动驾驶系统指南：安全愿景2.0》，9月份众议院又批准《自动驾驶法案》。其主要特点：一是逐步简化前置要求。2016年要求路测前需提交自评估报告，涵盖数据记录、隐私保护、网络安全、用户教育、道德考量、意外响应等15个方面。2017年取消了企业自评报告，降低企业负担。二是实施数量豁免监管。《自动驾驶法案》允许企业无须严格遵守包括联邦机动车安全标准（FMVSS）在内的系列安全标准[④]，即可推出车辆，第一年豁免数量是2.5万辆，第二年是5万辆，第三和第四年是10万辆。三是重塑联邦与州权力边界。《自动驾驶法案》扩大了NHTSA职权，涵盖车辆认证、标准和法规制定，保护网络安全与用户隐私等，而州政府职权则有所减少。

第三，德国高度重视路测安全和伦理规则。德国是汽车强国，自2012年政府就开始了立法筹备，如委托德国联邦交通研究所研究发布《机动车智能化的法律后果》报告，但到2015年才允许在慕尼黑到柏林的A9号高速公路上开展测试。2017年5月联邦议院通过《道路交

---

① 谷歌：Report on Autonomous Mode Disengagements For Waymo Self-Driving Vehicles in California，2017年1月，https：//www. dmv. ca. gov/portal/dmv/detail/vr/autonomous/disengagement_ report_ 2016。

② 美国加州车辆管理局：https：//www. dmv. ca. gov/portal/dmv/detail/vr/autonomous/auto。

③ 美国交通部关于自动驾驶汽车政策：https：//www. nhtsa. gov/press-releases/us-dot-issues-federal-policy-safe-testing-and-deployment-automated-vehicles.

④ 例如，要求有方向盘、油门踏板以及4年的安全标准测试时间等。

通法（第八修正案）》[①]，允许“按规定使用”智能驾驶功能，但驾驶员要坐在座位上，承担监督和接管义务；安装黑匣子采集信息，并制定数据利用、存储周期（6个月）、删除规则等规范；还将人员伤亡和财产损失的赔偿提高一倍，额度达到1000万和200万欧元。2017年德国运输和数字技术设施部还发布《自动化和互联化车辆交通伦理准则》，提出保护人类生命高于一切；对于必须牺牲一方的“两难困境”（如撞左边还是撞右边），禁止企业事先编程固化等，都具有借鉴意义。

第四，日本强调安全和事故责任界定，抢占国际标准主导权。丰田、本田、日产等企业均提出在2020年东京奥运会期间推出智能驾驶服务。政府政策调整包括：一是开放道路实测。2016年5月日本警察厅颁布《自动驾驶汽车道路测试指南》，要求驾驶人坐在驾驶位上，注意路况以及车辆状态；在紧急情况时进行人工驾驶。二是发布安全标准。2017年10月日本国土交通省首次推出关于自动驾驶的安全标准[②]，规定在高速公路等场景下，当司机手离开方向盘超过15秒，将向驾驶员发出警告；超过65秒就自动切换为手动驾驶模式。三是探讨责任归属制度。目前正着手修订《道路交通法》《道路运输车辆法》，开展事故赔偿机制讨论。2017年4月东京海上日动火灾保险已将自动驾驶事故列入赔付对象。四是抢占国际标准制定权[③]。日本与英国在国际汽车安全环境标准制定组织（WP29）中联合担任自动驾驶分会

---

① 张韬略、蒋瑶瑶：“德国智能汽车立法及《道路交通法》修订之评介”，载《德国研究》2017年第3期。

② 新浪财经：日本国交省首次推出自动驾驶安全标准，http：//finance. sina. com. cn/stock/usstock/c/2017-10-14/doc-ifymvuys9812327. shtml。

③ 科技日报：日本欲抢自动驾驶车国际标准“方向盘”，http：//www. chinanews. com/auto/2017/06-20/8255571. shtml。

会长，与德国共同担任自动驾驶专家会议会长，正主导起草联合国体系下的自动驾驶安全指南。

总体上看，美德日等传统汽车产业强国立足现阶段智能技术进展情况，以路测安全和数据安全为中心，简化车辆要求、出台路测注册制度、预设赔偿制度等，既为新事物成长留足空间，又切实把握好安全底线，在此基础上逐步探索适应于智能驾驶不同发展阶段的监管框架。

二、我国监管制度调整进展及亟待解决的问题

面对智能驾驶变革机遇，我国互联网企业、整车制造商和初创企业加快战略布局。国家也加大支持力度，如“互联网+”行动、新一代人工智能发展规划、汽车产业中长期发展规划等均把智能网联汽车列为重点方向；推出《国家车联网产业标准体系建设指南》；批准上海、北京、重庆等六地建设示范封闭测试区等。但整体上以产业主管部门推动为主，对于智能驾驶从研发到路测、再到商用所需要的配套制度建设尚处于刚起步阶段，亟须加快重构步伐。

第一，智能驾驶车辆标准体系有待建立。智能驾驶汽车集成了激光雷达、摄像头、定位导航、无线通信、人工智能等一系列新技术，现行标准体系既有过时的方面，也有空白的方面。调研发现在现行国家强制性标准中，《汽车转向系基本要求（GB 17675—1999）》禁止车辆自动转向、《汽车驾驶员前方视野要求及测量方法（GB 11562—2014）》禁止在前方视野范围布置摄像头或其他配件。从新增标准需求看，包括车辆智能化等级分类、车辆控制系统、网络传输、车载操作系统、人机界面、软件联网升级等在内，都需要面向车用环境制定

新标准。从参与国际标准制定看，目前联合国、国际标准化组织（ISO）、国际电工委员会（IEC）正分工起草与智能驾驶相关的标准，我国产品要想走向海外，就必然要加强国内外标准的对接与转化。

第二，国家层面的公共道路测试规范仍未出台。智能驾驶的商用必须在不同类型的公共道路上开展实测检验。但我国《公路法》第五十一条规定“机动车制造厂和其他单位不得将公路作为检验机动车制动性能的试车场地”；《道路交通安全法实施条例》第八十二条规定机动车在高速公路上行驶时，不得“试车或者学习驾驶机动车”。受上述制约，国内企业要么远赴海外申请路测，如我国百度、上汽、长安等10多家中资背景企业赴美国申请路测；要么违反现行法规擅自组织上路测试，这无疑给路测和交通安全带来极大风险。2017年12月底北京市发布的《北京市自动驾驶车辆道路测试管理实施细则（试行）》①，明确在北京申请临时上路条件，但国家层面看，智能驾驶路测尚未获得合法身份。

第三，法律法规和伦理规则亟须修订扩充。从交通安全类法规看，我国《道路交通安全法》第十九条规定“驾驶机动车，应当依法取得机动车驾驶证”。从道路类法规看，我国《公路法》《公路安全保护条例》《公路管理条例实施细则》等法律法规，对在公路上试车采取禁止或规范的做法。从测绘类法规看，现有商用地图及定位系统精度难以满足智能驾驶需求，需要突破《测绘法》和《地图管理条例》相关规定。此外，交通事故引发的民事和刑事责任界定，紧急事态下的处

① 《北京市自动驾驶车辆道路测试管理实施细则（试行）》中规定，在中国境内注册的独立法人单位，可申请自动驾驶车辆在指定区域、指定时段内临时上路行驶。自动驾驶车辆须具备自动、人工两种驾驶模式，可在两种模式间随时切换。同时，测试车辆应安装数据记录装置，在测试车辆发生碰撞或失控等状况时，能够记录至少事件发生前60秒至停车时间段内的相关数据。上路后，测试单位必须购买不低于500万人民币交通事故责任保险或赔偿保函。

置规则等棘手难题尚处于学界探讨之中。

第四，网络安全与数据安全风险需高度重视。据分析，智能驾驶车辆上所使用的半导体设备数量是传统车辆的两倍，仅电子控制单元（ECU）就达150多个，软件代码多达2亿行①，复杂的电子系统难免存在安全漏洞。德勤咨询调查显示，德国、美国、日本和我国认为不安全的消费者比例高达72%、74%、79%和62%②。近几年国内各大汽车厂商相继成立网络安全部门，奇虎360、腾讯也都成立车联网安全部门，力图应对网络安全风险，但除技术防范外，还需要从法律上考虑对实施主动攻击、破坏行驶安全的违法行为予以惩处。此外，智能驾驶采集了海量的用户身份、地理位置、出行轨迹等敏感信息，如何保障个人信息安全是赢得用户信任的关键问题。

第五，分工明确、协同有力的管理体制尚未形成。智能驾驶监管至少要涉及汽车、交通、信息、通信、安全、测绘、质检、科技等部门职责。现阶段，工信部大力推进智能网联汽车发展，如发布技术路线图、推进车联网标准体系建设、测试示范区建设等。交通部规划智能交通（ITS）总体框架和相关任务。国家发改委提出要建设智能汽车强国，2018年1月刚刚推出《智能汽车创新发展战略（征求意见稿）》。从企业调研看，各部门尚处于分头推进状态，亟待加强跨部门、跨领域的统筹组织和协同推进。

三、加快监管政策重构与制度供给的建议

智能驾驶是未来汽车产业和交通出行领域的重大变革，各类主体

① 杜鸣皓："自动驾驶的现实挑战：尚待过法律和安全关"，载《中国品牌》2017年第5期。
② 德勤咨询：《全自动驾驶的未来——先进汽车技术消费者需求调查》，2017年。

争相布局，市场资金投入高涨，内生发展动力强劲。我国有全球最大的汽车消费市场，2017 年销量增长到 2888 万辆[①]，占全球比重达 32%；有 4 亿乐意使用智能化科技的“80 后”和“90 后”消费人群；有技术实力较强的网络信息技术产业，如百度“阿波罗（Apollo）自动驾驶平台”已进化到 2.0 版本，合作伙伴超过 90 家，计划与金龙客车在 2018 年量产无人驾驶微循环巴士，与江淮、北汽（2019 年）、奇瑞（2020 年）推出自动驾驶量产车型。现阶段，把战略优势转化为产业优势的关键是把加强制度供给创新放到更加优先的位置，营造好市场环境。建议坚持“完善标准，规范路测，修订法规，保障安全”的总思路，现阶段以 L3 和 L4 级别智能驾驶监管为对象，抓紧完善智能驾驶车辆标准体系，出台国家层面的道路实测规范，修订法规赋予智能驾驶合法地位，强化网络安全和数据保护，为产业发展提供有力的制度支撑。

第一，尽快修订智能驾驶技术标准体系。建议首先尽快制定我国智能驾驶汽车的等级划分及评估标准，为车辆分级分类管理打下基础。其次，优先修订制约智能驾驶的国家强制性标准，如修订《汽车转向系基本要求（GB 17675—1999）》允许自动转向功能，修订《汽车驾驶员前方视野要求及测量方法（GB 11562—2014）》允许装载雷达、摄像头等必要设备。再次，要以驾驶安全为根本，对各类车载软硬件产品，制定车用环境下的技术标准。最后还要加强与各类国际标准组织的对口联系，主动参与国际标准起草协调和对接工作。

第二，抓紧出台国家级公共道路实测管理规范。建议允许企业有信心、技术有把握、安全记录好的智能驾驶车辆在划定的公共道路上

① 中国汽车工业协会：2017 年我国汽车产销量分别为 2901.54 万辆和 2887.89 万辆。

开展实测验证。对于车辆，建议提交在封闭区域的测试报告、企业自评估报告、责任赔偿能力或商业保险证明等材料。对于测试驾驶员，建议对驾照资质、驾驶记录、接受应急处置知识培训等提出要求。对于路测企业，可采集必要的路测数据，事后定期提交智能驾驶失效报告和各类意外事件，为执法调查提供依据。在保护商业秘密和个人隐私前提下，可推动行业内共享测试数据，共同提升驾驶安全性。提前开展商用阶段监管预研究，为推广做好准备。

第三，及时推进智能驾驶相关法规的“立改释”。在标准修订、道路实测的基础上，建议跟进修订法律法规，包括修订《道路交通安全法》，赋予智能驾驶合法地位；修订《公路法》，允许在划定路段开展试车；修订《测绘法》和《地图管理条例》，在确保国家安全前提下，放宽对智能驾驶企业在地图精度、格网大小、地图信息标注（如桥梁、隧道）等方面的监管要求。与此同时，考虑到智能驾驶涉及整车制造商和车载操作系统、车载计算平台提供商等主体，同时还可能面临恶意的网络攻击等情况，建议提前布局研究交通事故相关民事、刑事责任追究制度。

第四，牢牢守住网络安全和个人数据保护底线。建议一要推动产业链各参与主体构建全生命周期防御体系，如可借鉴美国 NHTSA 推荐的《车辆电子控制系统安全评估标准》，重点加强对远程通信、定位导航、车载操作系统、车队操控等的安全风险自评估，构建第三方安全测试评价体系。二要强化网络数据和个人信息保护，推进数据分类管理，明确企业向消费者的信息披露义务。采取技术举措如去识别、匿名化或加密等，强化个人信息保护。三要逐步构建安全可控的技术体系，加强对海外智能驾驶汽车进入我国后的安全监管，健全相关的跨境数据流动规则。

第五，建立健全多主体高效协作治理机制。智能驾驶新情况新问题层出不穷，建议借鉴互联网治理理念，搭建政府、联盟、媒体等主体参与的协同治理格局。建议强化组织领导，明确牵头部门与协作机制，研究和决策重大问题，如未来驾照制度取消等后交通安全监管职责配置与分工等。其次充分依靠产业联盟，凝聚产业界在技术标准、法律法规、测试规范等方面的共识，促进联合研发、示范验证和产业推广。此外，推动企业加强信息公示和用户教育。鼓励媒体机构加大科普宣传，增强公众认知和使用信心，优化外部环境。

执笔人：马　源　董筱曼（北京大学）

第七章

智能互联趋势下机床产业的变革与政策建议

机床是工业母机，代表着国家工业化能力和科技发展水平。在智能互联时代，机床已不再仅仅是一个生产物品的工具，不再是单独运作的机器，而是可联网的智能加工终端，是智能工厂的核心环节，是工业互联网的重要载体。传统机床变成智能、可联网后，机床的功能得到极大延伸和改进，同时也促进了制造业生产方式、研发方式、商业模式发生巨大变革。在大数据、物联网、人工智能技术加快与制造业融合大背景下，我们必须抓住机遇，大力发展新一代智能机床，从根本上改变我国在基础装备上受制于人的局面。

一、新一代智能机床的主要特征及其带来的变革

机床按智能化程度大小可分为新旧两代。早期低智能机床主要以装载封闭式总线模式的数控系统为主要特征。德国西门子、日本法那科等跨国公司都有自己的数控系统，同时有强大的功能部件研发和整合能力，在机床产业还没有进入高智能时代前一直处于产业主导地

位，垄断了全球高端机床市场。封闭式总线数控系统改变了机床靠工人手动操作的状态，使机床的加工质量、精度和效率有了大幅度提高，实现了机床自动化。但这种数控机床智能化水平仍然较低，运算能力低，更不互联，数控机床在加工物品的同时并不生产数据，也仍然是一台单个的机器。

最近10年间随着互联网技术在工业中加速应用，机床实现了联网，也开始生产数据，数据经过分析处理后又可以帮助机床实现功能优化，基于网络人们可以在远程对机床进行控制，机床与机床之间、机床与其他生产设备如生产线上的机器人等通过网络实现了协同和交互，用户也可随时参与机床设计进而实现产品定制化。这种基于互联网应用的机床可称为新一代智能机床。机床之所以能做到更高智能化，最重要的是用基于PC的开放式智能操作系统替代了原有封闭的总线式操作系统。PC平台和开放架构更符合互联网思维：由于设备之间的通信协议是标准的、开放的，所以数控系统相当于一个开放的平台，可以接入用户及供应商，可以接入不同来源的设备，可以根据需求的变化增加接入的设备，系统的延展性更好，更新换代的速度更快。

新一代智能机床发展及其应用会带来重大系统性变革。

变革一，推进制造业服务化。机床企业由产品制造商变成系统解决方案提供商。有了智能机床，机床生产商可采用租赁经营模式，不再只销售机床，还可在线出售加工能力，由卖产品转为卖服务。用户不用再购买机床，节省了设备投入成本，可根据加工需要随时租赁机床厂或第三方的机床加工能力，按需支付机床使用费，机床资源得到充分利用。提供加工服务的机床企业可进一步增加和提升服务内容，如可向中小企业提供模具和产品设计、加工设计、生产线改造、智能工厂建设等系统性服务，增值服务创造的价值到一定阶段会超过机床本身进而会成为机床企业的主要收入来源。

变革二，优化了生产方式，推动形成智慧工厂。数控机床一旦实现智能化升级和网络化互联，以机床为基点的新系统就呼之欲出。如基于云计算平台，企业可挖掘利用机床“生产”过程中沉淀下来的数据，为用户创造更多的价值，更方便地为用户提供工业服务。如远程诊断、车间信息系统和在线工厂等。一旦进一步通过网络把多台智能数控机床连接在一起，一个智慧工厂的雏形便出现了。有网络权限的管理人员可以在移动终端或电脑上，从远程通过互联网掌控车间内所有机床的实时状态，甚至可以通过手持移动终端（如智能手机）下达指令，安排车间的生产计划，并控制机床的操作。

变革三，打造出基于加工服务的产业生态，有助于形成自主的工业互联网平台。机床企业把数控系统、管理系统、研发平台、供应链等都可放到云上，建立一个工业云平台，在这个平台上实现了创新链、资金链、供应链、信息流、人才流的大范围共享、共生、交互、协同，进而形成了一个以加工服务为中心、以加工数据为纽带的产业生态，从根本上改变了传统的工业生产组织方式和产业分工体系。当云平台上搭载的功能越来越多，如将来甚至有了交易功能，上云的企业也越来越多时，这个平台很可能成长为产业共用平台，即工业互联网平台。

二、我国有望在机床产业智能化变革中抢得先机

这是由我们当前的独特优势及现有主导者变革惰性决定的。在发展新一代智能机床上，我们有三个独特优势。其一，这一轮基于 PC 平台设计的数控系统是国内企业率先实现的，已有先发优势，这与我国互联网技术发展迅速、信息技术人才多、国家对制造业智能化发展

支持大等有很大关系。其二，国内大中小企业的加工需求和智能化需求大。国内规模较大的一些制造企业，尤其在长三角、珠三角一带，纷纷加快了制造业的智能化升级步伐，对智能机床、机器人需求大，尤其需要能快速响应、性价比优势较明显的智能装备。市场调研发现，大量中小企业比较喜欢租赁机床和可联网的机床，这有利于降成本、减人员，并可及时得到服务。很多中小企业甚至提出希望将模具设计、加工等环节全部社会化，自己只集中精力做力所能及且更擅长的产品设计、市场开发等环节，希望尽量减少重资产投入，尽量减少在加工环节的高端人才投入，这恰恰是发展智能机床的重大契机。其三，国内大数据、云计算、图形仿真、人工智能、新一代移动通信技术（5G）等发展迅速，对机床智能化提供了强大支撑。如目前已有企业开始将5G通信技术用于企业内机床数据的无线传输和运动控制，这让率先实现工业4.0的德国企业已经受到很大威胁，德国国内已有专家提出，“在智能机床时代，德国企业因为通信技术相对落后，很可能会输给中国”。

现有产业主导者的惰性给中国企业提供了反超的机会。外国数控巨头就是在这个阶段遇到了巨大障碍。它们的数控系统大多还是嵌入式或包括嵌入式的系统，虽然加上网卡也能够上网，但是联网的设置非常复杂，还需要对整个系统软件进行修改。即使联上网以后，也因为嵌入式芯片的计算处理能力有限，无法支撑高级的网络应用。从技术上讲，这些巨头也能开发基于PC的可联网数控系统。实际上它们现在也在往通用计算机系统上转型，但没有想象中的那么简单。嵌入式系统中的软件与PC平台之间存在兼容性障碍，不能把原来的软件算法直接嫁接到PC平台上，所以转型就需要推倒原来的系统架构重新开发。但同时，巨头过去已经取得市场优势地位，原先的软件、算法都是它们积累多年的技术优势，为维护这种优势就不断让升级换代的系统兼容过去的系统，想要彻底放弃没有那么容易。例如，西门子最新推出的840D是基于PC的芯片，但是因为有技术兼容的历史包袱，一步不可能跨出很远。最典型的是840D的PLC（可编程逻辑控制器）仍然采用传统的方式，需要有单独的芯片承载，因为这是它传承多年的一个产品。推倒重来，意味着现存巨头们的新系统将需要再度经受市场的验证，长期积累在原来系统中的经验会大量丧失。因此，在巨头的优势还存在的条件下，如果没有足够的远见和壮士断腕的意志，没有勇气去冒既有市场份额和利润突然下降的风险，就难以研发出革命性的新技术，即使出来了也缺乏内在动力去推广应用和实现自我替代。这反过来却帮助市场后进者超越既有的领先者。

三、加快发展新一代智能机床的建议

发展新一代智能机床是中国机床工业自改革开放以来难得的一个重大机遇。它的意义不仅是能为中国机床工业提供一个自主、可用的数控系统，更重要的是以其改变工业模式和制造方式的潜力，为中国向新工业革命的迈进开创了一条路径。我们需要在主要依靠市场机制促进产业创新的同时，在研发、推广应用等方面给予政策支持。

其一，给创新者较充分的时间和足够包容。我国机床产业总体上是落后的，想利用智能化实现反超，挑战巨大。不仅要克服基础性短板，如功能部件仍然不过关、精度可靠性指标落后等，要让机床肌体强壮，还要跨界创新，大量集成过去装备制造业所不熟悉的互联网、通信、大数据、仿真等技术，赋予机床以智能。为此必须给创新者留出时间，不轻易否定。对一次甚至是多次重大失败也要给予足够宽容，对探索不同技术路线要包容，鼓励技术颠覆。

其二，在研发上鼓励跨界创新。机床重大专项应更大力度向智能化领域倾斜，吸收更多跨界的专家、科研人员参与机床重大专项评审、讨论、研发，支持跨学科、跨专业、跨行业、跨企业组织研发体系。

其三，支持重点机床企业转型发展。国内主要机床企业在向智能化转型过程中普遍遇到了体制机制落后、机床基础性技术能力偏弱、智能化人才短缺、后续投入不足等问题。应加快这些企业自身改革，不能寄希望在落后的企业体制上能长出有持续竞争力的智能化能力。下决心推进国有机床企业混合所有制改革和分离办社会、处置僵尸企业、三供一业改革等，使这些骨干企业能轻装上阵、再发新枝。

其四，从需求侧入手，支持智能机床推广应用。为安全起见，军工等重要敏感性行业应使用本国智能机床。对用户与机床企业联合开发、自己率先应用首套装备等这种研用一体化的做法和实践可给予更多支持。对中小企业租赁机床、机床企业出租机床等可考虑在税收、融资等方面给予支持，增强中小用户黏性，帮助机床企业减少重资产投入风险。

最后，强化制造业数据管理和安全利用。智能机床产生大量蕴含经济价值的生产数据，其中有些还涉及客户需求信息乃至用户个人隐私，如果管理不当会损害用户利益，这也是很多企业不敢大面积使用智能机床的一个担忧。这一方面可充分发挥市场作用，鼓励机床企业通过合同与客户协商明确数据产权、流通、使用和销毁条款，解除客户担忧；另一方面，要发挥好政府在数据法规制定、个人信息保护、加强市场监管、数据备份和网络安全漏洞检测通报等方面的作用，确保数据安全存放和公平使用。

执笔人：张永伟　路　风（北京大学）

第八章

智能互联趋势下服装制造产业的变革与政策建议

一、服装行业概况

中国是世界上最大的服装生产国、消费国和出口国。整个产业链比较完整，核心能力体现在生产加工领域，但是研发和设计方面的能力则相对薄弱。据国家统计局数据显示，2010～2016 年我国社会消费品服装类零售总额由 5874 亿元增长到 14433 亿元，复合增长率为 16.16%。2017 年上半年服装行业规模以上企业累计完成服装产量 147.48 亿件，服装类零售额累计 7172 亿元，出口达到 709.3 亿美元。2016 年中国服装销售百强企业前十名依次为：海澜集团、雅戈尔集团、红豆集团、杉杉控股、波司登、济宁如意集团、太平鸟集团、伟星集团、巴龙国际集团、浙江森马服饰。

二、服装行业的新格局和新趋势

（一）基于智能互联的新参与者不断涌入服装行业

随着互联网技术在服装行业的快速推广和深入应用，基于智能互联技术的新兴服装企业、服装品牌纷纷涌现。本研究将这些新兴服装角色分为以下四类（见图1）。

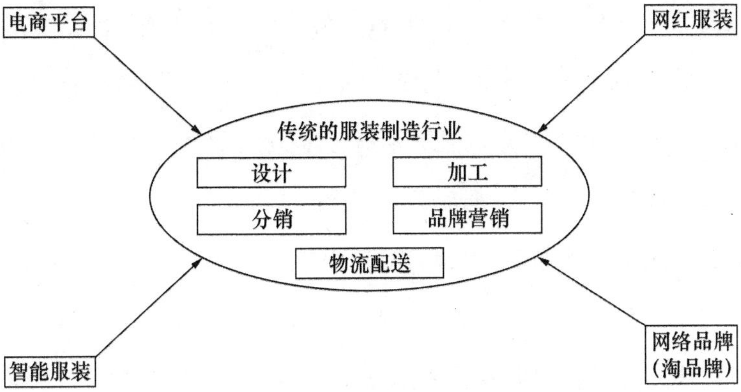

图1　服装行业的新参与者

1. 独立的电商平台进军服装领域，并且推出自己的成衣品牌

譬如电商巨头亚马逊以前是纯粹的交易平台，服装企业可以在该平台上销售自己的品牌。但是，亚马逊于2017年9月4日在英国首先推出了自己的成衣品牌Find，将服装时尚业务拓宽到新的领域。2017年3月份，京东商城将原隶属于服饰家居部门的服饰业务单独拆分，正式把服饰作为一个独立事业部门来经营。拆分后的大服饰事业部包括服装部、服装自营部、运动健身部、鞋履箱包部、奢侈品珠宝部、钟表业务部、国际品牌部、大服饰自有品牌等八大业务部门及相关支持团队。

2. 基于互联网社交群的网红品牌层出不穷

明星涉足品牌服饰屡见不鲜；但是如何将一位素人打造成网红，然后再利用网红效应来推销服饰则是一门新兴的商业模式，譬如杭州的如涵公司，其市场团队首先会根据网红社交媒体粉丝数据快速定位潜在签约网红。对已签约网红进行粉丝维护、内容策划、广告营销、形象公关等服务，进一步提升红人人气，并根据红人形象与定位，为其设计从电商、广告代言到游戏、综艺、影视等泛娱乐领域的整体营销方案，帮助其进行社交资产的商业变现。虽然网红经济已成常态，但行业级的网红仍将是服装行业的趋势之一。在刚刚过去的一年里，不少服装品牌的老板、创始人纷纷开始自己做起了网红：卡宾先生（杨紫明）、七匹狼周少雄、凡客陈年、茵蔓方建华、韩都赵迎光，以及淘宝网红标杆张大奕等都成为服装行业不可不知的“网红”人物。尤其是卡宾先生，不仅在2016年底代言拥有180多年历史的法国奢侈品品牌Christofle，成为该品牌2017年中国品牌大使，还首次跨界出演网剧并担任艺术总监，进军影视圈，被相关人士称为“设计界的老干部、影视圈的新司机”。

3. 扎根于互联网空间的网络品牌（淘品牌）纷纷涌现

网络品牌是指在线下基本没有实体销售，只存在于淘宝、京东等平台的线上品牌，譬如韩都衣舍、茵曼、衣品天成、凡客诚品等。这些品牌倾向于快时尚、小批量、多批次现货采购，注重品牌形象设计和宣传，生产多采用外包模式。

4. 基于智能互联的智能服装开始出现

在传统的服装上安装传感器和蓝牙模块，可以监测行走、坐卧、心率、血压、体温等体征，成为智能服装。未来集成太阳能充电的运动衫、纳米涂层的防脏服装或是能控制手机等设备的智能服装，将越来越多地出现在市场中。深圳智裳科技有限公司是国内领先的智能服装高科技企业，旗下莱仕特智能服装品牌开创了行业先河，并发布了国内第一款智能服装。莱仕特第一代智能夹克一经发布便获得数万用户广泛认可，并荣获中央网信办授予的创客先锋奖。产品目前已经遥遥领先于行业，并先后研发出了心率+心电图的智能健康衣、旋磁理疗预防乳腺疾病的智能内衣、自发光变色的智能面料、智能恒温+

GPS 多功能智能模块、智能服装辅料等五大智能服装方案，可广泛应用于诸多产品。

（二）线上渠道逐步占据主导地位，线下渠道逐步实现角色转型

1. 线上渠道正日益成为服装行业的销售主要途径

线上渠道是指服装企业利用互联网来拓宽自己的销售渠道，包括电商平台、自身的官方在线商城、APP、微信电商等（图 2）。据中国电子商务研究中心监测，2016 年纺织服装电子商务交易总额为 4.45 万亿元，同比增长 20.27%，占全国电子商务交易总额的 20.23%。其中，纺织服装企业间（B2B）电子商务交易额为 3.45 万亿元，同比 21.05%；服装家纺网络零售总额合计为 9850 亿元，同比增长 18.53%，占全国实物商品网络零售总额的 23.51%。据国家统计局资料显示，2016 年社会消费品服装类零售总额为 14433 亿元。换句话说，线上渠道占服装类零售总额的近 70%。

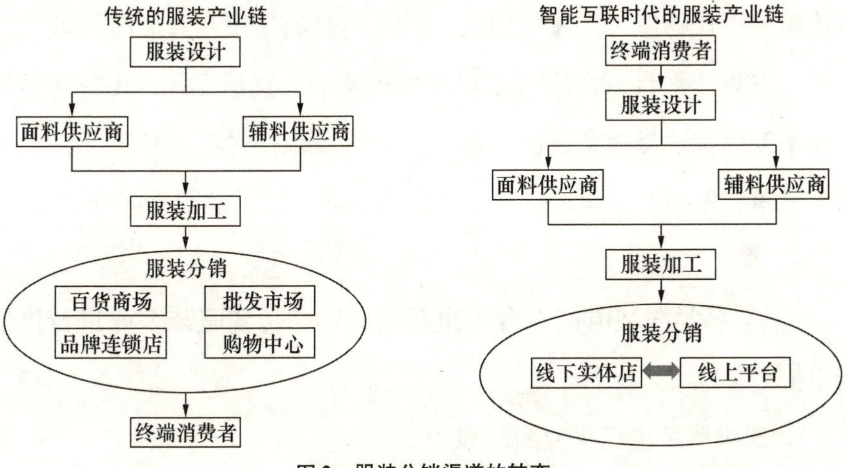

图 2　服装分销渠道的转变

从企业层面来看，森马服饰 2014～2016 年间电商的增速达到 80% 以上，2016 年线上销售占总收入的 21%。太平鸟在 2014～2016 年间

电商复合增速达到52%，2016年线上收入占比达16%。截至2017年9月30日，拉夏贝尔实现营收62.32亿元，相比去年同期增加7.7%。线下共有9258个零售网点，在以天猫为主要渠道的线上收入达7.95亿元，同比增长50.9%，占总营收的12.8%。目前，拉夏贝尔已实现线上线下同款同价。

淘宝、天猫、唯品会、1号店、京东、亚马逊等独立型电商平台正日益成为服装企业销售的重要渠道。阿里巴巴纺织服装产业带（商圈）涉及全国70多个产业集群（专业市场），入驻中小企业近90万家。2017年天猫“双十一”大促销中，海澜之家实现4.07亿元，太平鸟8.08亿元，森马8.21亿元，骆驼5.36亿元，韩都衣舍5.16亿元，伊芙丽2.83亿元……

2. 线下渠道的角色正在转型

服装企业为了更好地适应新的行业趋势和技术潮流，正努力向线上和线下的无缝对接转型，拥抱“新零售”，即实现“线上平台+线下体验+现代物流”的零售模式。越来越多的传统品牌服装企业在线上做品牌集合平台，在线下布局实体体验店，然后采用VR等高科技手段帮助顾客选择适合自己的款式。顾客可以通过线下体验，在线上购买下单，服装企业快速生产配送，实现线上线下的同质同价。

（三）各类服装电商平台力量凸显，协助传统服装企业进行价值链重构

1. 三类服装电商平台的凸显

服装电商平台是指本身不从事服装的生产和销售，而是将主要精力放在平台相关利益者的连接上，促进平台相关方的对接、交易和协作。目前服装电商平台模式主要包括三种（见图3）。第一类是连接普

通终端消费者与品牌服装企业之间的交易平台（C2B），如淘宝网、天猫、京东、唯品会、苏宁易购等；第二类是连接服装商家（品牌店、贸易商、网店等）和服装生产厂家的交易与协作平台（B2B），譬如辛巴达、中国服装网、衣联网、中国绸都网、批来批往等；第三类是连接普通终端消费者与服装生产厂家之间的交易平台（C2M），譬如量品、必要商城等。

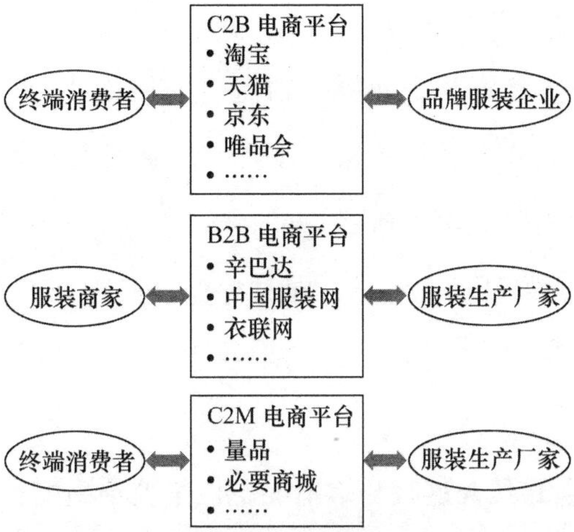

图 3　服装电商平台的分类

2. 服装电商平台协助传统服装企业进行价值链重构

电商平台不仅仅将自己定位于纯粹的交易平台，而且充分利用自己的先天平台优势，借助大数据和现代物流技术，帮助传统的服装企业进行价值链的重构。

（1）利用大数据资源帮助传统服装企业进行新品设计和研发。2017 年“双十一”期间，天猫的商品企划平台通过大数据帮助鄂尔多斯了解用户喜好和需求，让鄂尔多斯推出适销对路的产品。结合天猫提供的大数据分析建议，鄂尔多斯旗下 Blue Erdos 品牌推出了更加适合年轻人的、更高性价比的产品。

（2）协助传统服装企业打造智慧门店，打通线上线下无缝对接。

譬如，2017 年拉夏贝尔、马克华菲、GXG、ONLY、GAP、优衣库等品牌的线下门店都安装了具有智能穿衣导购功能的“魔镜”，这种魔镜加载了天猫新零售智能搭配技术，并打通了品牌天猫旗舰店。消费者只需选中心仪的衣服来到魔镜前一照，大屏上就能自动显示出与这件衣服关联的更多搭配方式，大大提升了门店关联推荐的效率，弥补门店货品款式的不足。如果消费者看中关联商品，可以通过扫描二维码在天猫旗舰店一键下单。

（3）帮助传统服装企业提升物流供应链能力。譬如，2015 年 12 月 29 日，京东与李宁签署战略合作协议，京东将为李宁提供产品到门店的整体物流解决方案。此次双方的强强联合，将让李宁在库存配置、运营效率等方面得到全面优化，同时为李宁实施 O2O 战略提供了物流供应链保障。

（四）线上的私人定制开始出现，且呈现不断增长的趋势

传统的服装行业采取的是大规模批量生产和大平台销售的经营模式，但是现在个性化的私人服装定制正成为服装行业的一个发展潮流和趋势。越来越多的服装制造企业开始为客户提供个性化服务，通过智能互联技术来更好地满足客户需求。传统的服装产业链条是：面辅料供应商——服装加工企业——经销商、渠道——客户。现在的服装产业链条是：客户需求——经销商/第三方平台/服装企业平台——服装加工——物流配送——客户。客户成为整个产业链的起点和中心（如图 2 所示）。客户可以自己选择所喜好的服装款式、颜色、面料等，设计师的大部分工作都可以由客户自己来完成，私人订制的趋势日益明显。山东红领集团、浙江衣邦人公司都是努力在这个方面提升自己的服务特色。

（五）传统服装企业大力布局智能工厂

服装生产设备全自动化是实现智能化的基础，而我国服装制造业的部分生产设备仍未达到全自动化，一些中高端自动化缝制设备仍以进口为主，我国在智能制造方面还存在较大差距。目前我国服装制造业部分企业在服装智慧工厂、服装智能工厂方向开始起步。山东青岛红领集团在2003年开始尝试大规模服装定制业务，公司进行信息化建设，通过经销商合作进行C2M全球接单，缩短交货周期。其创新了超柔性生产模式，为大规模服装定制提供了可能，成果较为显著。除此以外，越来越多的企业开始向“智能化”方向前进。工信部公布的63家2016年智能制造示范点中，亦有3家纺织服装企业及1家缝制机械企业，分别是宁波慈星股份有限公司针织品智能柔性定制项目、浙江报喜鸟股份有限公司服装大规模个性化定制项目、泉州海天材料科技有限公司纺织服装网络协同制造项目和北京大豪科技股份有限公司缝制设备远程运维服务项目。而在2015年智能制造示范点中，青岛红领集团的服装个性化定制项目和山东康平纳集团有限公司的筒子纱染色项目均榜上有名。目前，我国应用较多的服装自动化设备有自动裁剪机、自动铺布机、自动平缝机、自动包缝机、自动整烫机、自动吊挂系统等。

三、服装行业新趋势背后的原因分析

上述服装行业出现的新格局背后有其社会和技术发展的必然逻辑。本研究认为，随着消费者需求的多元化发展，服装企业利用多种移动智能端口来更好地了解顾客需求，并利用先进的数据网络系统、智能制造系统和云计算等智能互联工具来最大限度地满足顾客，进而实现自身的价值（见图4）。

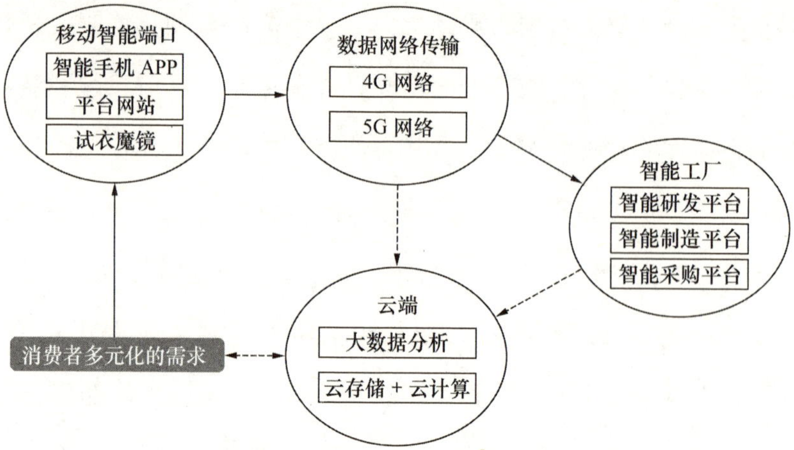

图4　服装行业发展趋势背后的技术演变

1. 消费需求呈现多元化趋势

个性化、时尚化、注重性价比成为消费的主潮流。随着互联网、电子商务、移动社交的普及，时尚行业消费者需求结构发生非常大的变化，从以往追逐有普遍共鸣的时尚产品，到追求多样化、个性化时尚，需要更快、更新、更个性化的服装。针对消费者行为的改变，服装制造企业需要丰富产品结构，提供多样化的产品系列，并在兼顾质量和价格的情况下，加快供货速度。消费需求的变化也在加速时尚周期，每一款时尚产品在市面上流行的时间越来越短。目前，一些快时尚品牌已经能够做到两周一次更新门店商品波次。个性化订制的需求越来越大，快时尚和个性化并存。

2. 移动智能端口越来越丰富，能够有效地激发、识别、把握消费者的多元化需求

根据国际数据公司（IDC）发布的数据来看，全球智能手机的出货量在2014年为13亿部，2015年为14亿部，2016年为14.7亿部，

2017 年为 14.6 亿部。智能手机的推广为人机互联、人人互联打下了坚实的基础。以智能手机、PAD 为载体的各类试衣顾问 APP 层出不穷。通过这些 APP，消费者可以更好地认识符合自身的潜在需要并得以满足；而消费者在 APP、平台网站、试衣魔镜等端口上进行搜索、比较、购买服装的任何痕迹都可以通过技术手段来进行信息捕捉。智能端口成为连接消费者和服装企业的有效工具，打破了传统的信息不对称问题。

3. 通信技术的快速发展

2013 年 12 月 4 日，工业和信息化部向中国移动、中国联通、中国电信正式颁发了 4G 业务牌照，标志着我国进入 4G 时代。图片、视频、数据的传输速度大大提高，速度比过去的 3G 快 3 ~ 5 倍。在 4G 的支撑下，大数据时代随之而来，物联网、云储存、社交网等应用迅速推广。5G 是第五代移动通信技术，其技术商用正逐步推进。

4. 智能服装生产的技术日益成熟

在工业生产领域，网络化和智能化极大地提高制造系统的柔性化、自动化和智能化水平，使整个生产系统具有更完善的判断与适应能力，提升现代制造业的工艺水平和技术。这种变革使传统的自动化控制系统和装备生产转向数字化、智能化、网络化。服装制造企业的智能化体现在研发设计的智能化、加工生产的智能化和采购物流的智能化等方面。智能服装工厂的出现能够帮助企业实现服装的私人定制，或者快速的小批量加工，能够有效地满足消费者个性化、时尚化的着装需求。

5. 基于云端的大数据和云服务不断涌现

在现代智能互联技术的支持下，消费者在各种移动端口的购物数据、各个服装企业的生产数据都可以通过通信网络传递到云端，形成动态的大数据。企业可以通过大数据在云端的存储、分析和预测，更加准确地识别、把握消费者的偏好，进一步改进企业与消费者之间的互动方式，提升生产效率和盈利水平。

四、政策建议

（一）必须加强对服装电商平台的反垄断，来保障服装企业和消费者的权益

随着网络销售平台的兴起，线下实体服装店的销售呈现下滑趋势，越来越多的服装企业依赖电商平台的渠道进行销售。服装电商平台的网络外部性、集聚效应、赢家通吃的特点导致服装电商平台在与传统服装企业谈判的过程中处于优势地位，具有很多的谈判话语权，并逐步形成垄断地位。据媒体报道的阿里京东“二选一”、菜鸟顺丰数据接口关闭、微信封杀淘宝客等行为就已经涉嫌垄断。

（二）改变传统服装行业的低端制造划分，提升国家的支持力度

服装行业不应该只定位于传统行业，而应该向新材料、新技术应用与中华文化时尚行业方向延伸。国家一直努力扶持国内高科技企业的发展，并给予相应的各类创新补贴，但是服装行业却没有享受到应有的政策红利。经调研发现，很多服装制造企业都在转型升级，不断加大在智能研发、生产、供应链等领域的经费投入。

（三）在服装领域需要加强对消费者个人隐私的保护

随着越来越多的消费者开始接触试衣顾问 APP、私人定制软件 APP、门店的试衣魔镜、电商交易平台等智能互联工具，社会大众购

买自己心仪的服装变得越来越快捷、便利，但与此同时，用户的个人数据和隐私的保护问题也逐步凸显出来。国家有必要从制度层面给予保障，确保消费者的权益不受侵犯。

执笔人：马晓白　吴剑峰（对外经济贸易大学）

第九章

智能互联趋势下自行车产业变革与政策建议

作为"互联网+"交通领域的新模式，共享单车以其随取随还、无桩共享、经济便捷的优势，赢得了公众青睐，短短两年间实现了广泛部署和高速发展，为解决公众"最后一公里"出行难题提供了创新方案，为传统产业注入"互联网+"思维提供了创新典范。针对"互联网+"带来的产业融合变革，要坚持鼓励创新、包容审慎的监管理念，动态完善政策和制度供给，为新模式发展营造良好的市场环境。

一、共享单车模式全方位重塑了传统自行车产业生态

共享单车利用新一代信息技术实现了海量自行车资源的大范围、高效、精准匹配，满足了大众随时随地的骑行需求，直接改变了百年来自行车产业一直以"品牌制造商→中间渠道商→自行车购买者"为特征的产品供销模式，正在形成以"代工制造商·平台运营商·自行车使用者"为特征的租赁运营模式，产业生态正在深刻重塑。

一是推动自行车产品从劳动密集型向技术密集型升级。随着小汽

车不断普及，自行车在交通出行中的地位日益边缘化，虽然相关制造企业加快向运动车、儿童车、电动车转型，但行业规模见顶，利润薄弱，产品仍以劳动密集、贴牌生产、委托加工为主。据工业和信息化部统计，2016 全年我国生产两轮脚踏自行车 5303 万辆，同比下降 5%，主营业务收入完成 638 亿元，同比仅增长 0.3%。相对而言，为了让用户骑行轻快和抵抗风吹日晒，部分共享单车运营企业广泛集成各类新设计、新技术、新材料，通过优化车身结构、采用轻质的钪合金或碳纤维车身、无链条式传动装置，让骑行更省力舒适；通过研发智能车锁和定位系统，实现自行车的远程定位、开锁闭锁和计费扣费；还采用防爆实心轮胎、汽车级蝶刹系统等提升车辆安全性，让骑行安全性更高。一系列创新元素的引入，推动自行车由劳动密集型向技术密集型方向升级，甚至带动单车标准的创新。

二是加速自行车产品的泛在化联网和在线化运营。传统上，自行车产品一直定位于普通消费品，由制造企业生产出厂后，通过中间零售渠道商，销售到千家万户，供个人日常代步使用，产业供销模式一成不变。但共享单车运营企业通过对投放到市场上的自行车，安装具备位置定位功能的“北斗 + GPS”卫星导航芯片、具备双向通信功能的物联网芯片，进而实现对分散在各区域的自行车状态的实时感知和泛在联网。在此基础上，再运用云计算技术搭建出后台运营平台，收集车辆状态、用户信息、骑行轨迹、支付信息等各类数据，进而采用大数据技术实现对个体使用习惯的精准挖掘和群体使用行为的宏观分析，不断降低共享单车的在线化运营成本。

三是加快自行车业态的服务化转型和平台化竞争。传统自行车业态较为成熟，制造企业数量多，产业集中度低，以自行车价格竞争为主，产业附加值不高，如凤凰自行车 2014 年、2015 年毛利率仅 8% 左右。共享单车模式的出现，改变了自行车供给侧与需求侧分离的状态，它通过搭建运营平台，一端向广大用户提供随时随地的单车分时租赁服务，收取押金和每次骑行租赁费用，另一端借鉴互联网“后向收费”模式，通过大数据挖掘、面向骑行目的地的商业导流等方式获得收入。为了在短期内壮大用户规模，提升用户骑行黏性，确立市场先发优势，当前共享单车企业博弈普遍免费给用户骑行，或者采用月卡、季卡等形式降低骑行费用，平台化竞争态势激烈。本质上看，这一商业模式的要点是创新了自行车租赁服务模式，也借助信息技术为培育大数据服务奠定基础。

四是形成以单车运营企业为主导的新型产业组织。我们注意到，在资本力量的推动下，一批共享单车平台运营企业快速崛起，如领先企业摩拜、ofo投放的车辆均接近1000万辆。共享单车的大批量采购，一方面强化了单车运营企业的谈判地位，传统自行车制造企业如凤凰、飞鸽、富士达等，为了获得巨量代工订单，争相压低报价，据报道每辆共享单车的代工利润已低至8元；另一方面，用户租赁骑行习惯一旦形成，公众对购置自行车的需求锐减，这势必会推动传统自行车制造企业加速蜕变为代工企业，而传统自行车销售渠道也将失去客源，产业转型阵痛已经凸显。

二、共享单车模式为传统产业转型升级提供了借鉴

近些年来，受要素成本上升、资源环境约束和市场空间收窄等限制，传统产业继续沿着原有路径发展已难以为继。共享单车通过引入新技术和创新服务模式，改变了产业发展方向，为传统产业的智能化、服务化和绿色化发展提供了创新借鉴。

第一，集成新技术新材料是支撑传统产业智能化升级的关键要素。传统产业要实现从低端到中高端的升级，就必须面向市场需求，强化技术集成创新，大幅提升产品的信息技术含量和信息附加值。共享单车根据运营要求、安全需要及用户反馈的骑行感受数据，提出了新的自行车设计方案，倒逼车身、辐条、轮胎、刹车、车锁等各环节的大面积、体系化创新，尤其是增加了车辆定位、电子围栏、移动应用程序等方面的功能应用，使车辆由过去的“傻终端”变成了一个可互动的“物联网终端”，源源不断地向平台运营企业提供宝贵的在线运营数据和用户反馈数据，这为改善车辆性能、实施滚动创新和迭代升级提供了导引，为制造向智造的智能化迈进提供了方向。

第二，依托网络信息技术开展智慧运营是传统产业服务化转型的重要途径。当今时代，数据资源日益成为最为重要的生产要素。自共享单车推向市场以来，主要参与企业和投资者纷纷把共享单车定位于移动用户访问、汇聚网络流量的一个新入口，积累广大用户本地骑行规律和习惯的一个新载体，这一模式的意图是运用云计算、大数据等数据处理和分析技术，来洞察用户个人的潜在需求，并把潜在需求变成现实的商业消费，以及向政府相关部门提供用户末梢交通的时段分布特征、潮汐规律等趋势信息。而在没有联网和在线运营之前，传统产业是没有办法掌握用户侧信息的，也很难衍生出一批数据服务的新业态。

第三，基于分享经济思维开展产品租赁是传统产业绿色化发展的可行模式。最近几年，分享经济风靡全球，它驱动了资产所有权和使用权的分离、推动了消费方式的革新。共享单车就是其中一类模式创新，它抓住我国10亿移动宽带用户的庞大骑行需求，将物联网技术整合进自行车，精准掌控每一辆单车的状态，倡导供给侧与需求侧的精准对接、弹性匹配和共享利用，提高了资源使用效率。2017 年中国主要城市骑行研究报告（第三季度）数据显示，北京、上海、广州等地的骑行订单量越高，同期城市交通拥堵延时指数越低，表明共享单车在一定程度上缓解了城市拥堵，促进了绿色出行。

三、共享单车模式凸显传统产业转型升级的新挑战

创新引领的产业转型升级，不仅要求外部基础环境和配套设施完善，而且由于新业态摆脱了产业一贯的、业界熟知的发展路径，也必然会对现有政府管理和公共服务体系提出新挑战，结合调研情况来看，至少带来四个方面的新要求。

一是现有网络能力尚无法满足自行车的定位和联网需求。完善的网络基础设施是支撑产业转型升级的前提，是孕育创业创新的温床。据调研，目前共享单车在推广过程中，出现了一些“痛点”，比如用户骑行到郊区、地下场所或其他偏僻地段，因网络信号覆盖空白或不足，出现车辆定位不精准、开关锁不及时、找车时间成本高等新问题，这反映出网络覆盖广度、密度和支撑能力还存在不足，需要与电信企业一起协商解决。可以预见，随着互联网、大数据、人工智能和实体经济深度融合，线下孤立的硬件都将逐步联入网络，这对网络覆盖的广度和深度、海量设备的链接能力、低成本低功耗部署等提出更高要求，特别是在中西部偏远农村地区，这一问题也将更为突出。

二是自行车道路和停放空间等供给相对不足。作为新业态，共享单车给用户带来便利的同时，也出现了车辆占道、乱停乱放等新的管理难题。当前，共享单车企业在 APP 中虽然要求用户将车停放在“规定区域”之内，并通过技术手段和信用惩罚机制加以管控，但无序停

放依然存在。对此各方认识不同，一种观点认为目前城市交通以汽车为主，缺少慢行交通道路和停车空间，路权分配不足，导致机动车道、人行道等挤占成为大概率事件；另一种观点认为共享单车企业竞相投放，超出城市容纳极限，为此要限制单车投放量，加大运维人员配备，同时倡导用户文明骑行。究其根本是如何创新管理思路，既要为新业态提供发展空间，又要兼顾好各方利益，加快制度供给创新。

三是属地化管理体制亟待完善。《关于鼓励和规范互联网租赁自行车发展的指导意见》中，城市人民政府是属地管理的责任主体。但调研发现，一方面，部分地方政府没有明确主管部门，企业诉求反馈不畅通，出现问题协调难度大；另一方面，部分地方政府却在落实属地管理责任时，设置较多的管理细则，在车辆投放、车辆没收、罚款额度等方面各不相同。据统计全国约有 40 个城市禁止投放，甚至完全禁止进入。另外，以前部分地方政府通过指定、特许经营等模式，安排相关企事业单位提供有桩自行车租赁服务开始陷入“鸡肋”状态，成为新业态发展的阻力。

四是多方协同的治理体系有待进一步健全。新模式往往带来一些新需求，如何最大限度地包容新业态、释放市场活力，需要把握好监管底线。以共享单车为例，对于用户押金管理，目前已明确要严格区分自有资金、用户押金和预付资金，确保资金安全，同时对高信用用户免收押金。但近期部分单车运营企业倒闭，用户押金退回出现困难，说明在这方面仍有改进空间。再如，单车使用过程中的事故责任如何确定是一个重点问题，禁止 12 岁以下儿童骑行虽然在一定程度上规范了车辆使用，但骑行过程中的权责关系仍需明确。此外，对于新旧业态替代带来的产业冲击、就业波动等，则对政企协作和协调应对提出更多需求。

四、加强政策供给支持新模式发展的建议

以创新驱动产业转型升级和促进传统产业焕发新的蓬勃生机，是实现新旧动能接续转换的当务之急。十九大报告提出要“推动互联网、大数据、人工智能和实体经济深度融合”“支持传统产业优化升级，加快发展现代服务业”。从共享单车模式的创新路径看，方向是面向市场需求，集成新技术、培育新模式、形成新业态，让“老产业”焕发出“新活力”，关键是坚持包容审慎理念，以科学合理的监管，加强政策和制度供给，构筑鼓励创新、支持创新环境。相关建议如下。

一是完善网络基础环境，深挖网络提速降费潜力，大力推广物联网使用。泛在先进、优质低价的基础设施是支撑产业转型升级的基石。建议进一步加大提速降费力度，全面建成固定全光纤网络，推动4G网络无缝覆盖，提高业务承载能力和应用服务水平。立足满足现阶段各传统垂直行业对大链接、广覆盖、低功耗、低成本接入的旺盛需求，加快部署窄带物联网（NB-IoT）。发挥5G高速率、低时延、高可靠、低功耗的技术优势，力争全球率先实现商用部署。此外，要推动物联网与移动互联网、云计算、大数据、人工智能等的融合创新，强化物联网技术在各行业领域深度应用。

二是加大城市慢行道路和停车空间供给，妥善处理好车辆投放与城市管理矛盾。目前爆发出来的共享单车乱停乱放现象，集中在地铁站、医院、学校、商场及各类大型活动空间周边，除了倡导用户文明骑行、实施信用激励外，还需要在城市道路规划与设计方面，对自行车友好，在路权分配上给予倾斜。在制度方面，在城市交通体系中为

自行车出行留下空间。对于各地限制投放数量的做法，建议与企业建立沟通机制，充分运用共享单车运营大数据，针对不同区域、不同城市的特点，科学研究投放量调控和分配机制，并根据交通规划进行动态调整完善。

三是健全属地管理，构建包容开放政策环境。适应新产业、新业态、新模式成长的规律和需求，创新政府管理思维，站高一步，以试验、试错的眼光看待新业态，给创新留足观察期和成长空间。一方面，要持续推进简政放权、放管结合、优化服务，结合本地交通实际，确保《关于鼓励和规范互联网租赁自行车发展的指导意见》中的举措落地，加快完善属地管理机制，畅通政企沟通渠道；另一方面，要主动适应新业态发展需要，在政策上积极拥抱创新，最大限度减少对市场主体的不当过度干预，特别是在出台本地管理细则前，要切实加强政策出台前的公平竞争审查，营造宽松包容、公平公正环境，激励更多主体主动投身创业创新。

四是探索多方协同治理模式，化解和防范各类潜在风险。对于创新引发新旧业态冲突、政府管理滞后和骑行责任分担等新挑战，把责任单方面归于某一方，都是不明智的做法，需要统筹多方力量共商解决方案。对于政府部门，要把握好监管底线和安全阀，鼓励加快车辆标准化建设。对于企业，要严格区分自有资金、用户押金和预付资金，确保用户资金安全，发挥自身技术和数据优势，积极采用电子围栏技术引导用户停车，建立信用奖惩机制，分享相关总量运营数据给政府部门，为优化城市交通规划、提升治理能力提供定量数据支撑。对于个人，要遵守交通规则和良俗公德，倡导文明用车，提升安全意识，共同打造和维护好新业态发展的良好环境。

执笔人：马　源

第十章

移动支付产业变革及政策供给建议

支付是现代经济活动链条中不可或缺的一环，承载着资金流转的基础性功能。随着现代信息技术的发展，电子商务的广泛渗透，“互联网＋”等各项政策的利好推动，各类新兴支付方式迅速兴起，成为带动消费、便利民生的推动力量。此时的支付业务，已不仅仅是经济活动的支付通道，而是通过提高交易效率和拓展支付场景，开始主动影响经济交易，支付在经济活动中的附加价值得以不断显现，在金融服务链条中的地位、作用和角色也在发生显著变化。

一、现代化支付体系建设完成，电子商务及O2O业务助推移动支付产业快速发展

（一）奠基：现代化支付体系的建设和完善

根据国际清算银行工作组（BIS-CPMI）的定义，支付是指“完成付款人向收款人转移可以接受的货币债权的过程”，可将支付理解为由社会经济活动所引起的债权债务与货币的转移行为。简单来说，支付描述的是交易双方的资金转移行为。为实现债权债务与货币的转

移，大部分国家和地区对支付业务作出了一系列技术和制度安排，统称为支付体系。支付体系是由支付工具、支付服务组织、支付基础设施和配套法律法规构成的有机整体。

我国支付体系的发展大致经历了四个阶段。（1）改革开放之前，我国支付业务以现金和转账方式为主，中国人民银行兼具中央银行和商业银行双重职能，实行全国大联行的三级手工联行清算体制。（2）改革开放初期开始，我国启动了电子化支付清算进程。1989 年，电子联行系统正式开始建设，并于 1991 年投入运行，开启了我国异地跨行支付清算业务处理电子化的序幕。（3）20 世纪 90 年代初期开始，中国人民银行实施电子联行"天地对接"工程，实现了支付系统无须人工干预地进行对接，我国联行清算系统步入现代化。同时支付法规体系逐步完善，业务规则进一步明确。（4）21 世纪以来，我国现代化支付系统建设速度加快，中国银联跨行支付系统和商业银行行业支付系统相继建成运行。非现金支付工具开始应用并快速普及①。

我国现代化支付体系的形成和完善，特别是支付清算基础设施的平稳有序运行，为各类非现金支付业务的持续发展奠定了重要基础。中国人民银行数据显示，截至 2017 年底，我国非现金支付业务笔数达到 1609 亿笔，金额达到 3760 万亿元，10 年间分别增长 7.7 倍和 4.9 倍②，带动我国跃居成为全球第三大非现金支付市场③（见图 1）。

---

① 励跃主编：《中国支付体系》，中国金融出版社 2017 年版，第 4～6 页。

② 中国人民银行："支付体系运行总体情况：2009～2017 年"。

③ Capgemini，BNP Paribas，World Payments Report 2017，https：//www.worldpaymentsreport.com.

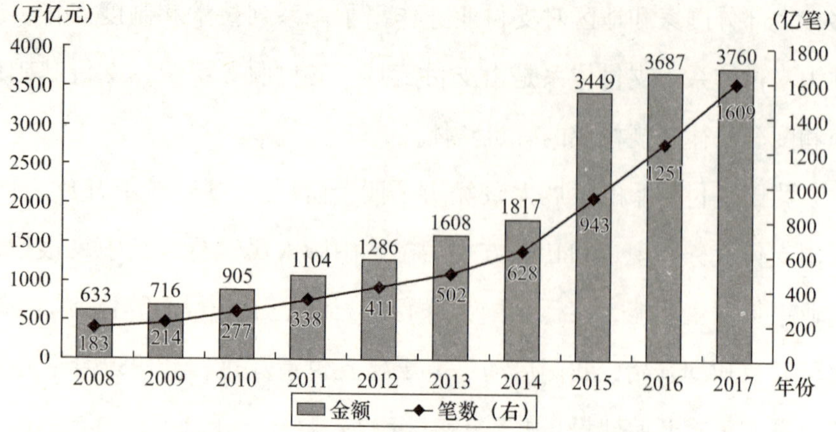

图1　2008～2017 年我国非现金支付业务发展情况

资料来源：中国人民银行。

（二）萌芽：电商需求驱动远程支付方式崛起

支付业务原本是商业银行的传统中间业务，但非银行机构提供零售支付业务也并非 21 世纪才出现的新现象。早在 20 世纪 50 年代，美国就出现了非银行金融机构提供的信用卡服务，而邮局办理的汇兑业务更是拥有近 200 年的历史沿革。

随着全球互联网和移动通信技术的长足发展和普及，经济活动步入远程化、数字化、虚拟化的新阶段，交易主体对支付服务的诉求开始发生变化，对高效、便捷支付方式的需求显著提升。在这一背景下，全球支付产业结构呈现出新的特征和趋势，其中最为重要的是，非银行支付服务机构的快速崛起，在支付产业链上下游的参与程度明显提高。

非银行支付机构，也是我们一般所说的第三方支付机构，最早是作为在银行、用户（消费者和商户）之间提供资金划转服务的中介组织。美国最早的第三方支付机构 PayPal 于 1998 年 12 月初见雏形。我国首家现代意义上的第三方支付机构首信易支付，诞生于 1999 年，是最早在跨银行跨地域之间提供多种银行卡在线支付的网上支付服务平台。

2000年前后，随着电子商务的兴起，网络购物场景中C2C支付需求大量涌现。2003年，支付宝推出“担保交易模式”，有效解决了线上交易买卖双方的信任问题。2003年10月，支付宝发生第一笔交易，远在日本的某用户通过支付宝的交易担保机制在淘宝网上卖出了一台二手相机，成为支付宝的第一个客户[①]。14年后，2017年的“双十一”当天，全球消费者通过支付宝完成的支付总笔数达到14.8亿笔，支付峰值达到25.6万笔/秒，再次刷新纪录[②]。可以说，非银行支付机构的兴起，有力助推了中国电商产业的蓬勃发展。

随着电商交易对支付成功率要求的不断提高，2010年，快捷支付模式应运而生[③]。快捷支付使用的是银行专门为第三方支付设计，在原有的代扣接口上包装出来的快捷支付接口。它克服了网关跳转模式的诸多弊端，极大地提高了支付成功率，也为支付习惯向移动端的迁移奠定了坚实基础。如果没有快捷支付模式，支付的移动化迁移过程不会像今天这样顺利，其在移动支付的发展历程中可称作具有里程碑意义的创新。

（三）腾飞：线下场景助推移动支付渗透率提升

伴随着移动通信技术的不断发展，智能手机等硬件设备的大规模

---

① 廉薇、边慧等：《蚂蚁金服：从支付宝到新金融生态圈》，中国人民大学出版社2017年版，第4～5页。

② 《“双十一”狂欢下，电商和金融深度融合》，http://news.sina.com.cn/o/2017-11-12/doc-ifynsait7573465.shtml。

③ 廉薇、边慧等：《蚂蚁金服：从支付宝到新金融生态圈》，中国人民大学出版社2017年版，第35页。

普及，电子支付业务逐渐从 PC 端向手机端迁移。移动支付，特别是移动远程支付，是在互联网支付基础上演变与发展出来的新兴渠道，是互联网移动化趋势在支付行为和习惯中的典型表现，本质上是 PC 端网络支付的自然延伸。

纵观移动支付的发展历程，其中一个尤为重要的时间节点是 2014 年，可称得上是“移动支付元年”。2014 年春节，融合中国传统习俗和支付属性的微信红包横空出世。刷屏抢红包、发红包，为远方的亲朋好友送去佳节祝福，成为过去几年普通中国百姓在春节期间的必备社交娱乐活动。用户参与抢红包需绑定储蓄卡，由此带来了新增银行卡绑定量的激增，在红包这一“现象级”产品的带动下，微信支付开启了移动支付的又一新篇章。2017 年除夕，微信红包收发总量达到 142 亿元，三年内增长了 700 倍。腾讯移动支付峰值达到了 20. 8 万笔/秒，比 2016 年的 15. 8 万笔/秒提升了 32%。2018 年春节期间，7. 68 亿人使用微信红包传递新年祝福，收发红包总人数同比增加约 10%。

在 2014 年，移动出行市场成为移动支付率先落子的场景。在这一年中，打车软件“滴滴”“快的”快速培育打车软件使用习惯，同时因为可以使用微信、支付宝扫描司机的二维码，支付车费，也使得移动支付开始从原来的网购、转账、缴费等线上场景，向线下生活服务类场景大面积铺开。随后，在服务电商支付需求之外，移动支付市场的广度和深度也在不断扩展，渗透至多元化的线上及线下交易场景，催生出多样化的创新增值服务。移动支付开始变得无处不在、随时随地，渗透到生活的各个角落，成为消费者日常生活中不可或缺的交易工具，“支付改变生活”已不再是一句口号，创造了巨大的社会民生价值。

二、移动支付市场规模快速增长，手机支付逐渐替代传统卡基支付成为主流

（一）移动支付业务快速增长，商业银行交易金额高，第三方支付高频、小额特征明显

当前，中国移动支付业务持续保持快速增长。中国支付清算协会数据显示，2012～2016年间，国内商业银行移动支付业务从5.35亿笔增至257.10亿笔，金额从2.31万亿元增至157.55万亿元（见图2）。同期，第三方支付机构移动支付业务从21.13亿笔增至970.51亿笔，金额从0.18万亿元增至51.01万亿元①（见图3）。

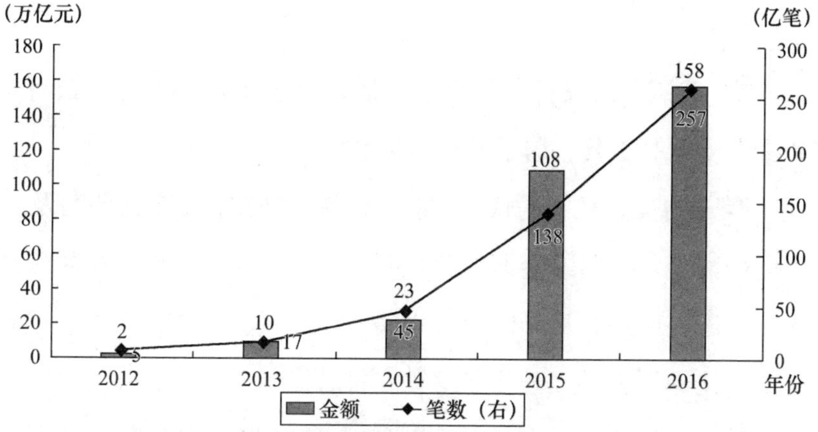

图2　2013～2016年商业银行移动支付业务发展情况

资料来源：中国人民银行、中国支付清算协会。

从商业银行和第三方支付机构数据对比来看，从笔数上，第三方支付机构处理的移动支付笔数是商业银行的近4倍，但从业务金额来说仅为商业银行移动支付规模的1/3左右，商业银行在交易规模上仍

① 中国支付清算协会：《中国支付清算行业运行报告》（2013～2017年），中国金融出版社。

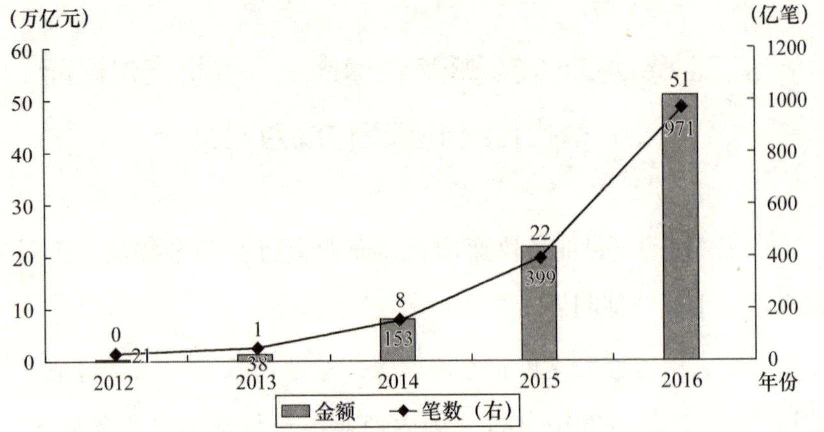

图3　2013～2016年第三方支付机构移动支付业务发展情况

资料来源：中国人民银行、中国支付清算协会。

占主导地位，充分体现出第三方支付机构移动支付业务小额、高频的零售支付业务特征。

（二）我国移动支付业务高速发展，已逐步代替现金、银行卡刷卡、个人支票等工具，居于世界领先水平

1. 第三方支付机构的快速发展，促使移动支付业务逐步普及

受中国银联、蚂蚁金服、腾讯财付通[①]等企业多年来深耕细作的影响，中国人已经非常习惯使用移动支付工具。当前，中国直接跳过了“个人支票”阶段，迈入了移动支付时代。

如前所述，快捷支付为支付业务向移动端的转化奠定了坚实基础。除了支付方式上的便捷度之外，应用场景的选择、用户和商户习惯的培育，也是移动支付普及过程中的重要环节。

首先，第三方支付机构的出现，体现了我国支付产业分工专业化

① 腾讯财付通（Tenpay）是腾讯旗下的第三方支付平台，是中国首批获得央行颁发的支付业务许可证的非银行支付机构。2013年，财付通联合微信共同推出微信支付（Wechat pay），是集成在微信客户端的支付功能，本身并不是支付牌照持有主体。

的趋势，并推动了支付产业链专业化程度的不断提高。在整个支付体系中，第三方支付从交易体量上仍是通道型、补充性业务，定位于小额、快捷、便民，但在相当大程度上满足了市场多样化的需求，在我国金融改革与创新浪潮中，贡献着积极的力量。

其次，第三方支付促进了前端支付市场竞争，对零售支付体系的整体效率产生了深远影响。竞争的加剧带来了支付成本的降低，拓宽了支付工具和方式的选择范围。同时，第三方支付在多个领域对银行零售支付业务形成竞争，加速银行脱媒化，倒逼银行改进服务，在产品和模式上创新转型。可以说，第三方支付充分发挥了“鲶鱼效应”，从整体上激发了市场创新活力，促进了市场效率的提升。

最后，第三方支付机构大幅促进了普惠金融水平提升。提高普惠金融水平在过去10年中已经成为许多国家的重要政策目标之一。世界银行数据显示，2011~2014年间，全球仍有20亿成年人没有银行账户[①]。而无法从银行等正规金融机构获得支付服务的群体，可以从替代性支付服务机构，也就是我们说的第三方支付机构，获得支付工具，办理支付业务。第三方支付对于发展普惠金融的积极意义是许多发展中国家鼓励、支持非银行支付业务发展的重要原因。

未来，随着移动互联网在人们日常生活中的全方位渗透和普及，移动支付仍将是非现金支付产业创新发展的重点方向。各类市场主体积极拓展移动支付应用场景，通过与不同行业主体深化合作，增加服务功能、优化业务流程、降低综合费率、提高优惠补贴等措施，在衣食住行、生活缴费等高频需求领域之外，加速推动移动支付向投资理财、医疗健康、教育培训、文化产业等高附加值的行业领域渗透，搭

① 《全球还有20亿成年人生活在没有银行账户的世界里》，http://www.jiemian.com/article/264301.html。

建更为广泛的移动支付服务生态圈。

2. 条码支付业务创新，成为移动支付应用主流模式之一

条码支付是中国市场中出现的较为独特的产物，通过二维码与智能手机相结合，以一种成本极低的支付方式快速打通线上线下。2011年，条码技术开始在支付行业得到早期应用，尝试将支付业务由线上延伸至线下。2014 年 3 月，中国人民银行曾因技术安全问题叫停了支付宝和财付通的条码支付业务，但是从后面市场推广速度来看，发展极为迅猛，持续分流 POS 刷卡支付市场。随着令牌化技术的完善，条码支付安全标准得以提升，以及条码支付业务客观上确实对于便民支付起到了积极作用，可以成为银行卡收单业务的有效补充。2017 年 12 月 27 日，中国人民银行颁布《条码支付业务规范（试行）》，在肯定了条码支付业务模式的同时，明确条码支付资质和限额要求，进一步规范条码支付业务发展。

条码支付改变的是交易的发起和验证方式，将原来的“刷卡”行为变成了“扫码”行为，通过条码的入口，就能够完成线上到线下的转化。核心优势是成本低廉、便捷性较高、对硬件设备要求较低，有摄像头的智能手机都能支持扫码功能。

如果单纯从成本和费率角度来看，相较于统一定价的 POS 刷卡，条码支付也具有诸多优势。比如，条码支付模式中，对商户收取的费率较低，在客户可刷卡、可扫码的情况下，商户对于扫码支付必然会有倾向性选择。此外，部分个体商户自行张贴二维码，通过转账方式收款，这种情形下，商户仅需支付提现手续费，为交易金额的 0.1%，远远低于刷卡交易的商户结算手续费费率。

二维码本身的技术原理并不复杂，推广成本也比较低，但是二维码技术在金融支付领域的应用，可以说对中国线下零售支付市场的格局带来了重大影响，也开辟出了与世界其他国家不同的支付创新发展路径。目前，条码支付仍定位于小额、快捷、便民领域应用。

据艾瑞咨询统计，2016 年线下扫码支付业务规模约为 6500 亿元，占线下非现金支付市场的份额约为 1.9%①，仍然存在巨大的发展空间。2017 年以来，银联和商业银行纷纷布局二维码支付产品，第三方支付机构也在持续挖掘和拓展线下高频、高黏度的扫码支付场景。未来，随着应用场景与移动支付技术的更加深度融合，可以预见的是，线下支付市场博弈还将更加激烈，竞争格局也仍处于动态演进中。

三、移动支付产业将向规范化、科技化、生态化和国际化方向不断发展

（一）强监管成为常态，网联平台建设推动清算市场秩序进一步规范

一方面，行业进入政策全面消化和落实期，随着 2017 年互联网金融专项整治工作延期一年，细分领域的各项监管措施密集出台。在对政策的全面落实和执行过程中，支付业务的合规和稳健发展是未来的主旋律。同时，监管手段持续创新，有助于调动机构合规经营的积极性。以备付金管理、跨机构清算、无证经营支付业务为三大整治重点，对支付机构和商业银行的处罚力度不断增强，检查和处罚频率不断提升，市场退出机制初见端倪，行业发展环境得到持续净化。

非银行支付机构网络支付清算平台（网联平台）的建设及上线运行，是我国非银行支付产业发展中具有重大意义的事件。在商业银行

① 艾瑞：《2017 年中国第三方移动支付行业研究报告》。

体系中，通过清算系统对系统参与方进行管理，并实行有效的风险监测和控制措施，是支付业务监管的重要抓手之一。此前，在非银行支付机构所开展的各类新兴支付业务中，一直未能建立起统一的清算主体和机制，支付机构通过与银行多头直连，从事跨行清算业务。网联平台为支付机构提供集中、统一、透明的资金清算服务。同时，网联平台作为提升监管有效性的重要手段和工具，一方面，将从根本上理顺后端清算流程，让前端支付业务回归本源，聚焦于改善用户体验、提升支付效率，推动形成支付市场的良性竞争和创新格局；另一方面，监管机构能够及时、全面掌握非银行支付体系中客户资金的流向，为各项监管措施的执行和落实提供了强有力的抓手。

（二）金融科技推动支付业态全面升级

不断变化的数字化格局和消费者对新事物的开放态度促成了金融科技在支付领域逐步应用，对支付业态产生了深刻影响。一是金融科技提升支付结算产品创新活力。金融科技将安全芯片等生产要素与互联网、物联网、云计算等生产条件引入了传统的支付清算产品体系，使信息技术从提升支付清算效率的手段转变成推动产品创新的动力。二是金融科技提升支付清算风控精准度。新业态的发展使支付业务的边界更加模糊，服务方式更加虚拟化，经营环境更加开放，支付风险呈现隐蔽性强、传染性高、危害性大的特点，传统的风控手段已经难以奏效。作为金融科技的细分领域，监管科技的应用可以更好地感知风险的态势，更准地甄别风险隐患，更快地采取风控措施，建立与支付创新相匹配的高效风控机制。三是金融科技提升支付清算服务的普惠程度。以移动互联网与智能终端为代表的金融科技不仅丰富了支付服务内涵，而且在一定程度上消除了因使用成本、文化程度、地域限制造成的鸿沟，为突破普惠金融发展瓶颈提供了科学合理的数字化解决方案。四是金融科技提升支付清算业务处理效率，聚焦体量庞大的客户群，已经成为当前支付清算发展的重要方向。金融科技可以有效地满足长尾客户的新需求，适应互联网渠道交易高并发、多频次、大流量的新特征。一方面，利用互联网、物联网打造平台经济模式，可充分整合产业链上下游优势资源，简化供需双方的交易中间环节，从而便利资金供需匹配，提升资金融通效率；另一方面，利用云计算技术构建跨层级、跨区域的分布支付体系，可按需分配、弹性扩展资源，最大限度提高支付业务的响应速度和支撑效率。

（三）移动支付对传统商业模式的转型升级助推作用突显

随着互联网和移动通信基础设施的不断完善，移动支付已成为创新最为活跃、产品最为丰富的零售支付方式，越来越多的新技术、新应用结合移动支付“落地开花”，移动支付因其丰富的应用场景，快捷和便利的支付方式，已深刻影响客户交易习惯，支付信息的外延不断扩大，移动支付日益成为相关行业主体和资本争夺的热点领域，推动产业链分工不断细化、跨行业渗透日益深化。对传统商业模式进行改造的同时，也催生出新的经济增长点。比如，如果没有移动支付方式的普及作为前提条件，共享单车、无人货架等新兴业态就不会出现。在“互联网＋”的时代背景下，移动支付日益发展成为一种底层技术和基础设施，支付从渠道蜕变为转型升级的主体，以此为基础进行跨界融合，各个业务领域的边界变得不可分割，最终引发传统商业模式和组织形式等领域的改变。在互联网支付发展初期，线上线下的边界非常清晰。随着移动互联网快速发展，消费者行为习惯向移动端迁移，用户对移动设备高度依赖，目前的数字经济形态从 O2O 模式（Online to Offline）向 OMO 模式（Online Merging Offline）的转变趋势不断显化，竞争核心开始逐渐转向对传统商业模式的升级，以及对新兴场景的生态化再造，而移动支付正是这种变化的重要连接点和切入点。线下企业需要将客流量转化为有效数据，支付平台在聚合与导入用户，积累、挖掘并分析消费数据，以此推动支付＋营销、支付＋金融等模式发展方面，具有先天的优势。从线上交易到线下消费体验、线下营销到线上交易等模式，同样在移动支付的支持下得到迅速推广。这也恰好能够解释为何众多不同传统行业领域巨头，比如万达、顺丰、美的、海尔等，纷纷在互联网支付领域进行布局。而线上的传统互联网支付巨头，如腾讯财付通、支付宝等，也开始密集地向线下产业进军，不断拓展和创新增值服务的新版图，比如停车缴费、公共交通、共享单车、智慧零售等模式，都是拓展多元化线下支付场景，渗透变革传统商业模式，服务小微零售业态的趋势和价值的集中体现。

（四）“轻载体”模式或将为移动支付创新提供更多想象空间

当前，大数据、云计算、物联网、机器学习、生物特征识别、区块链等新兴技术，正在不断涌现并日益成熟，有望推动支付清算领域新一轮的创新浪潮。技术和金融的结合，不再是将金融业务简单“搬”到电脑、手机上，而是深度嵌入金融服务的各个流程和环节，从前端产品营销、用户服务，到后台风险控制、合规管理，体现出各类技术的综合性、一体化应用趋势。在移动支付领域，生物特征识别、物联网技术或将成为“爆款级”创新的技术基础。在未来“万物互联”的环境中，辅助以“人脸识别”等生物特征作为验证手段，移动支付或将逐渐摆脱智能手机、智能手环、智能手表等硬件设备的束缚，向“无感支付”的方向纵深发展。以腾讯在停车场缴费场景中推出的

“智慧停车服务”为例，基于微信的开放和支付能力，将用户车牌号与微信账户进行绑定，停车服务方利用车牌识别，锁定微信车主用户，结合免密代扣功能，实现出场缴费自动扣费，整个流程省去了入场取卡、出场付现金找零等耗时烦琐的环节，甚至无须拿出手机扫码付款，提供了一种全自动智能停车体验。

（五）移动支付国际化步伐明显提速

作为直接面向终端消费者的零售支付行业，是我国金融业双向开放的排头兵，也是推动金融双向开放纵深发展的重要领域。随着国内零售支付市场的日趋饱和，市场格局和产业细分基本稳定，国外零售支付市场将成为新的竞争版图。移动支付行业“走出去”包含三个层面：一是支付服务自身的国际化布局。随着出境、留学人数的不断增长，国内移动支付市场主体海外拓展的步伐不断加快，服务触角从东南亚、中国港澳台、日本、韩国等国家和地区，向欧洲、美国等市场延伸，在便利国人境外消费的同时，通过为境外商户开展全方位合作，提升商家的服务能力。比如，微信支付在中国香港引入了内地已经成功实践的“支付 + 会员”模式，帮助商家识别消费者，提升精细化运营水平。二是技术能力的对外输出。我国支付技术的创新迭代速度快，业务体系弹性较强，能够较好地满足多样化、高并发、大流量的支付服务需求，对外输出技术产能的优势明显。国内市场主体通过投资入股、合资新设等方式，与境外支付服务机构开展战略合作。三是移动支付标准的对外输出。移动支付标准体系的输出，将是未来市场主体参与国际竞争的“制高点”。在标准建设方面，中国银联的芯片卡标准成为亚洲支付联盟（APN）的跨境芯片卡标准，牵头与国际芯片卡及支付技术标准组织 EMVCo 建立《EMVCo 用户出示二维码模式技术规范1.0版》，成为全球第一个二维码标准，为基于银联卡网络扩展新兴移动支付业务开辟了道路①。

四、促进移动支付产业发展的政策建议

（一）加强顶层规划设计，完善金融支付领域法律法规框架

相较于快速发展的前端市场现状，支付领域基础性制度建设严重落后于产业实践。建议尽早出台《支付结算条例》，改变目前支付领域法规的法律层级仅为部门规章、法律效力不高的现状。通过出台支付领域的管理条例，加强实名制体系建设、消费者权益保护、个人隐私保护、资金流通安全等方面的规范，提高监管标准，使银行和支付机构在完备的法律和制度体系下接受监督，为防范支付领域金融风险提供法律保障

（二）适度放开清算市场，合理促进清算行业竞争与发展

2015年国务院印发《关于实施银行卡清算机构准入管理的决定》，2018年3月，中国人民银行又明确外商投资支付机构的准入和监管政策，为扩大我国金融对外开放，促进支付服务市场健康发展营造良好政策环境。随着我国对外开放程度的不断提高，由二代支付系统、银联、网联构建的支付清算基础设施的“有效供给”仍然不足。从国际经验上看，支付中心与清算中心的职能是可以分离，而清算职能则往往是由政府下属企业与市场力量共同承担的，而小额清算领域更是如此。通过业务及技术革新顺应消费转型升级趋势，非银行支付机构满足了社会公众多样化的支付需求，在小额零售支付服务领域发挥了重

① 范一飞：“我国支付体系发展与展望”，载《中国金融》2017年第12期，第11~14页。

要补充作用。建议监管层也应审慎考虑允许具有先进技术和丰富经验的业内领先机构参与其中，将小额清算职能部门让渡于市场机构。

（三）践行数字普惠金融，推动移动支付在公共民生领域应用

建议监管层面加强统筹协调，促进交通、金融行业开放融合。推动移动支付在文教领域取得更加广泛应用，支持金融支持教育信息化发展。推动移动支付在肉菜市场等日常服务场所扩大应用，为人民群众日常消费解决找零和钞票鉴别等问题。进一步促进移动支付在公共服务事业的应用，为市民和社会公众办理水、电、气、有线电视、物业管理等相关业务提供高效、便捷的服务。拓展移动支付在医疗卫生机构的服务应用，实现在线预约挂号、健康档案查询、医疗费用结算等功能。逐步推动移动支付在就业、财税、工商、食药监以及市政管理、政务服务等领域应用，将移动支付应用纳入各地政府相关信息惠民工程实施，在电子商务示范城市创建、智慧城市建设等工作中加以推广。建议国家进一步支持移动支付在民生领域的应用及发展，促进移动支付技术与产业的结合，更好地服务实体经济，有效促进新旧动能加快转换。

（四）大力支持移动支付“走出去”，服务“一带一路”倡议

为维护我国移动支付产业国际竞争力，鼓励移动支付服务积极走出国门，主动参与国际市场竞争。建议加强与“一带一路”沿线国家的政策沟通，健全完善合作监管机制，出台政策鼓励中国企业牵头制定国际支付行业标准，推动移动支付标准和技术输出，协助“一带一路”沿线国家支付体系建设，推进互联互通，促进金融市场稳定高效运行。建议非银行支付机构可参照《跨境贸易人民币结算试点管理办法》提供跨境人民币支付服务，依托移动支付随时、随地高效便捷的

优势，服务跨境贸易，推动人民币国际化。鼓励国内支付服务市场主体主动融入“一带一路”倡议，积极谋篇布局，为“一带一路”沿线国家民众提供多样化、多渠道支付服务，提升普惠金融发展水平。

（五）加强金融科技运用，推动移动支付业务不断创新

鉴于生物识别、条码技术的不断成熟和应用，一是建议国家有关部门出台针对性的鼓励或指导措施，促进非银行支付机构及其他金融服务机构运用人脸识别、光学字符识别（OCR）、二维码等技术手段嵌入到开户和日常业务办理等所需身份信息验证中，丰富支付机构及其他非银行金融服务机构的客户身份验证方式，提高验证准确性，降低风险。二是建议国家及有关部门建立银行数据库、政府数据库、商业数据库等合法、有效信息平台间的信息共享机制。在数据共享范围、数据共享渠道等上加大措施，为支付机构以及其他金融服务机构开展业务所需的信息真实性验证提供准确、快捷、安全的验证渠道。三是建议国家及有关部门，对银行业金融机构联网核查公民身份信息系统管理进行优化，对合法开展金融服务的其他机构开放接口，以便更加准确核实客户身份信息。此外，除了对违法违规市场主体施加负向激励之外，对积极运用金融科技促进支付行业健康发展的机构，宜考虑从制度建设、行政和财政支持方面，给予促进其发展的有利条件和适度支持，提升政策的正向激励效果。

执笔人：江　阳　孙　霄　杜晓宇　吴永强
巴洁如　杨　扬[①]

① 本章执笔人单位均为腾讯集团。

第十一章

大数据金融信息服务业的发展趋势与政策建议

大数据金融信息服务业是指运用大数据、云计算、人工智能等新一代信息技术，通过对微观信息的分析挖掘，来缓解长期困扰金融业的信息不对称问题，进而降低金融服务成本、提高金融交易效率、助推普惠金融的新兴服务业。随着万物互联和智能化进程深入推进，大数据金融信息服务业面临难得的发展机遇，但也面临数据开放、信息安全、数据寡头、潜在利益冲突等问题，建议抓住高度重视金融信息服务业的战略影响，促进其健康发展，更好地服务实体经济和金融转型，同时要做好监管，防范风险和保护消费者权益。

一、新时期大数据金融信息服务业的发展背景

大数据金融信息服务业的产生背景是新一代信息技术在经济社会各领域的广泛应用，积累起涵盖个体各方面行为的海量大数据，这为精准分析和管控风险提供了前提，由此而催生出以金融信息服务为主的新型业态。

（一）金融效率不高和覆盖不足对金融信息服务提出强劲需求

党的十九大报告提出要“增强金融服务实体经济能力”“守住不发生系统性金融风险的底线”。全国第五次金融工作会议要求“全面提升服务效率和水平，把更多金融资源配置到经济社会发展的重点领域和薄弱环节，更好满足人民群众和实体经济多样化的金融需求”。不过，当前金融体系服务实体经济效率不高、金融可及性不足、金融风险防控压力大；人民日益增长的多样化金融服务需要与金融发展不平衡、不充分之间的矛盾十分突出。究其原因是金融服务对小微企业、弱势群体的覆盖面不够，信息掌握不充分，导致服务成本、风险大，不良资产和坏账比率高。而随着大数据、云计算等技术的快速发展，可以显著降低服务边际成本和缓解双方信息不对称程度，让市场机制得以正常运转。

（二）新一代信息技术为金融信息服务发展提供了关键条件

在过去20年里，随着互联网在电子商务、交通物流、金融支付、在线采购等领域的深度应用，互联网企业已陆续积累起海量的客户数据和商家数据；尤其是2007年移动互联网和智能终端的引入以来，我国4G移动上网用户突破10亿户，与个体相对应的社交信息、购物信息、位置信息、浏览信息等被进一步采集，驱动全社会数据总量以每两年翻一倍的速度在增长。加之在摩尔定律作用下，云计算和大数据分析成本则呈现指数级下降，这使得针对个体用户或产业链上商家的精准分析和信用评价成为可能，进而衍生出大数据金融信息服务。如银行在贷前获客、贷前信审、贷后管理、反欺诈等环节已经广泛运用大数据，进行风险揭示和预警；保险行业已有50余家机构与第三方社会化云平台合作，在有效降低运营成本，促进产品创新方面取得成效。

（三）国家大力支持为大数据应用提供了政策环境

国家高度重视发展大数据在推动经济转型发展、重塑国家竞争优势和提升政府治理能力等方面的战略重要性，明确提出大力支持大数据、云计算等信息服务业的培育和发展。2015 年 8 月，国务院发布《关于印发促进大数据发展行动纲要的通知》（国发〔2015〕50 号），明确提出“鼓励企业根据数据资源基础和业务特色，积极发展互联网金融和移动金融等新业态”“鼓励互联网企业运用大数据技术建立市场化的第三方信用信息共享平台”等。同年，由中国人民银行等十部门发布《关于促进互联网金融健康发展的指导意见》指出“推动符合条件的相关从业机构接入金融信用信息基础数据库，允许有条件的从业机构依法申请征信业务许可”。2018 年 2 月，中国人民银行批准了百行征信有限公司（筹）的个人征信业务申请，包括腾讯在内的 8 家试点征信机构各占 8% 股权。总体上，针对大数据金融信息服务的监管环境不断完善，行业规范性要求也在不断提高。

二、大数据金融信息服务业的主要作用

大数据时代诞生的大数据金融信息服务业，均由金融科技公司构成。其作用突出表现在以下四个方面。

（一）成为普惠金融助推器，提高金融服务可获得性

普惠金融是为广大中小微企业、低收入人群等弱势群体提供的负责任、成本可接受的金融服务。过高的金融服务成本要么使普惠金融可望而不可及，要么使需求方陷入“债务陷阱”。传统金融体系始终之所以不能满足普惠金融的现实需求，原因有两点：一是信息不对称

带来的高风险。截至2017年3月末，中国人民银行征信系统收录自然人9.21亿，其中有信贷记录的仅为37%（美国为92%）。对于高度依赖征信数据的银行来说，无法知晓高达2/3群体的还款能力、无法避免信贷风险。二是服务成本高。中小微企业、农户等群体具有面广量大、分散小额、需求高度碎片化等特点，在传统信贷技术条件下，做一笔5亿元的贷款与50万元的贷款流程基本相同，经营成本大体一致，因此银行本能地会更加偏好大企业、大项目。金融信息服务机构利用移动互联、大数据、生物识别、人工智能、云计算等技术，可以帮助金融机构准确识别风险，提升其风险定价能力，将规模化供给与碎片化需求相匹配，从而降低金融服务门槛，扩大金融服务覆盖面。

（二）提升金融效率

大数据金融信息服务业为金融机构及各类类金融组织提供的多种大数据应用技术，如评分模型、风险标签、实名认证、人像比对、银行卡姓名核验、手机号核验、身份证核验、策略引擎、线上动态反欺诈模型等，可以帮助解决金融交易各个环节的痛点，大幅度提升运营效率。首先，大数据金融信息服务业可以在客户授权的情况下为金融机构爬取信息，多维度分析客户，实现客户精准定位和精准营销，深入挖掘潜在客户，拓展金融机构的客群。其次，帮助中小金融机构克服获取客户难、经营风险大、产品创新弱、经营成本高等痛点问题。最后，大数据金融信息服务业可以推动金融机构的商业模式创新。通过帮助大型金融集团搭建电网移一体、线上线下融合、集团旗下多种金融产品互动的产品销售平台、数据经营管理平台和创新服务平台，打通各专业公司的个人账户，打造面向客户的综合服务能力。

（三）为防范各类经营风险提供技术支持

传统的风控评价手段以FICO评分为主，其基本思想是把借款人过去的信用历史资料与数据库中的全体借款人的信用习惯相比较，检查借款人的发展趋势跟经常违约、随意透支甚至申请破产等各种陷入财务困境的借款人的发展趋势是否相似。金融信息服务公司为各类金融机构、网贷平台提供多维度APP管理、征信及贷款申请核查、贷后管理、催收与不良资产处置、资产负债管理等重要环节的配套服务，提高在线实名开户的准确度，及时发现套现、替他人信用卡还款、骗取奖励等违法违规行为，有效防范团伙骗贷，黑中介、多头借贷（据统计线上小额借贷交易中多头借贷占比高达30%）、借贷逾期等信用风险。同时可以提高内控效率，及时发现操作失误、销售误导、信息泄露等不合规行为，有效管控经营风险。

（四）提高金融监管效率

金融业是外部效应和信息不对称性均十分突出的特殊行业，为此需要政府管制，但监管当局对金融交易信息的把握能力和反应速度有限，限制了金融监管的效率。大数据金融信息服务业，至少可以从以下三个方面为提高金融监管效率提供服务。第一，帮助金融监管机构运用现代信息技术，构筑立体化、全流程、大数据驱动的风控体系，在线快速、准确识别不同金融机构的经营风险，搭建有效的金融风险预警机制，进而由传统的被动防御风险转向主动防范化解风险。第二，帮助金融监管部门利用现代信息技术手段来提升合规审计效果，检验监管政策和措施的落实情况和有效性，促进金融机构业务的合规开展，规范投资者的交易行为。第三，提高金融知识教育的效率。通过在各类APP平台设立投资者教育专栏，提供防范理财风险、判断平台安全等知识的普及教育，可以有效提升金融消费者和投资者的风险意识和自我保护能力。

三、我国大数据金融信息服务的发展历程、趋势及问题

我国大数据金融信息服务业是从刚刚起步开始进入快速发展阶段，从趋势看，小微、个人借贷仍是主战场，且将推动金融业进一步变革，涌现出一批依托数据优势的大型平台。与此同时，还存在着发展不充分、不平衡等问题。

（一）主要发展历程

综合考虑技术储备、政策环境、标志性产品、代表性机构等标准，我国大数据金融信息服务业的发展历程可划分为两个阶段：萌芽阶段和起步阶段。

第一阶段：萌芽阶段（2015 年之前）。一方面，大数据技术从概念走向实践，从技术导入期步入产业运用期。这一阶段，大数据技术已经开始在信贷决策和风险控制中得到有效使用，如 2011 年成立的阿里小贷主要基于平台沉淀的各类行为数据，来向商户提供贷款，是早期大数据技术用于信贷决策的典型体现。另一方面，大数据金融信息服务业的政策环境也在逐步完善。2013 年 11 月，中国人民银行发布《征信机构管理办法》，明确企业征信机构实行备案制，个人征信机构实行审批制。得益于征信业放开特别是企业征信业的实质性放开，一大批企业征信机构得以备案成立，为大数据金融信息服务业迈入起步阶段奠定了基础。

第二阶段：起步阶段（2015 年至今）。2015 年是大数据金融信息

服务业发展历程中具有里程碑意义的一年，标志着大数据金融信息服务业由萌芽阶段迈入起步阶段。2015 年 1 月，中国人民银行发布《关于做好个人征信业务准备工作的通知》，标志着个人征信业务实质性放开迈出了至关重要的一步。1 月 28 日，大数据金融信息服务业的标志性产品芝麻信用上线，它开启了基于大数据的大数据金融信息服务得以被社会大众、金融机构和类金融机构大规模运用的先河，极大地提高了大数据金融信息服务业的受认可度。5 月 15 日，微众银行推出“微粒贷”，它开启了金融机构向同业输出大数据金融信息服务的先河。此后，涌现出一批具有一定影响力的大数据金融信息服务机构，一类是脱胎于原有大型互联网企业及其所属金融服务板块，如芝麻信用、腾讯征信；另一类是近年来出现的不属于原有大型互联网企业体系的新创金融科技公司，如百融金服已经与多家银行、消费金融公司和保险公司开展合作。

（二）供给主体与需求主体情况

海量数据和大数据技术是大数据金融信息服务供给主体的核心能力或资源；需求主体则是各类金融服务机构。目前情况如下。

从供给侧看，主要包括五大类从业主体。一是大型互联网企业的金融板块。典型代表是蚂蚁金服、京东金融、腾讯金融板块、百度金融板块。它们依托于大型互联网企业的平台支撑，具有相对更强的技术和资金实力，在其覆盖的垂直领域拥有海量数据，在当前大数据金融信息服务业中居主导地位。二是新创金融科技公司。典型代表是百融金服等金融科技公司。与第一类主体相比，新创金融科技公司在资金实力、数据总量、相关垂直领域数据深度等方面相对逊色，但也具有独立性更强、创新动力更强、数据维度广等潜在优势。三是电信企业的大数据公司或部门。典型代表是中国联通大数据公司和中国电信天翼大数据，它们在特定领域已积累了大量数据（如通信基本数据、通信娱乐、交互行为、位置轨迹数据），在通信类数据方面的数据总量和信息价值密度方面具有优势，已开始与金融机构合作，提供大数据金融信息服务。四是转型的传统征信或信用评级企业。典型代表是上海资信和中诚信征信。这类主体积累了丰富的征信或金融信息服务经验，所累积的信息的价值密度高，在个人信息保护方面标准较高，但是在数据广度、大数据技术能力和机制灵活性方面存在一定劣势。五是转型的传统金融机构。典型代表是平安科技。这类主体脱胎于传统金融机构，具有金融机构的基因，在把握金融机构需求，服务金融机构智能化转型方面具有独特优势。不过，在数据中立性方面存在一定劣势。

从需求主体看，多元化趋势日益明显。目前，大数据金融信息服务业的需求主体包括六类：银行、消费金融公司、保险机构、类金融组织、金融管理部门和金融消费者。其中，前四类为金融服务供给主体。一是银行或存款类金融机构。快速发展的消费金融或个人金融，对大数据金融信息服务业提供营销获客和风险管理服务的需求与日俱增，主要是大中型银行的信用卡业务部门，以及获客渠道较少和风险控制能力较弱的中小银行。二是消费金融公司。与银行相比，消费金融公司并不掌握贷款客户的账户流水信息，风险监测和控制能力较弱，对依托金融信息服务实现控风险、降成本和精准营销的需求更为强烈。三是保险机构。大数据金融信息服务在保险销售、承保、定价、理赔等环节的运用将有助于降低营销成本和提高风险识别能力，提供更具个性化的产品服务，还可以帮助保险机构在营销时防范骗保风险。四是类金融组织。绝大部分提供信贷服务的类金融组织，既缺海量数据，也缺大数据技术能力，其营销获客（贷款类客户）和风险控制对大数据金融信息服务业的依赖度很高。五是金融管理部门。随着金融风险，特别是非法集资风险的网络化，原有监管模式已经存在较大缺陷，金融监管不得不更多使用监管科技进行风险监测和预警，从而对大数据金融信息服务业产生了较大需求。六是金融消费者。作为个人或企业的金融消费者也已经成为大数据金融信息服务业的重要需求主体，一个典型例子是智能投顾直接为金融消费者提供投资决策咨询服务。

（三）未来大数据金融信息服务业发展趋势

近几年，大数据金融信息服务业市场规模的快速增长得益于金融行业的持续扩张。由于金融服务领域仍有较多空白，金融业风控水平还不高，大数据金融信息服务业仍有很大的发展空间。具体来看，大数据金融信息服务业将呈现以下几个发展特点。

一是继续发挥数字优势，寻找更多的价值创造。大数据金融信息服务机构或金融科技公司的核心优势在于拥有海量、多维、动态大数据的收集和处理能力。例如，京东金融每天新增数据量达到200TB（相当于2万个10GB U盘的存储量）。在发掘数字红利的过程中，不同规模的金融科技公司将有不同的选择。对于大型公司来说，将更多地寻求提升综合金融信息服务能力，力求覆盖大数据生产的全流程（包括数据采集、数据清洗与整理、交易数据记录、数据加工、专项数据跟踪等），并通过加大研发力度，抢占技术领先的高地；对于中小型金融科技公司而言，将在自己擅长的领域深耕细作，在征信、评级、加密、电子签名、数据与平台安全、金融纠纷处理等多个金融交易环节中找到自己的位置，加大同金融机构的合作，力争做到行业领先。

二是小微、个人借贷服务仍是主战场。未来金融信息服务业仍将依托普惠金融服务，重点解决融资难的问题，重点发掘长尾客户，加大金融服务的普及程度，推动金融服务的跨业融合。在监管力度日益加强的情况下，网络小贷服务平台正在全面向合规信贷产品转型。相对于高利率的现金贷类产品，合规贷款产品对于信用风险评判的要求更高，同时对客群质量的要求也会提升。金融科技公司将进一步提升基于大数据技术的精准获客服务能力，完善模块化审批系统，帮助网贷平台快速提升自身风控水平，提升审批效率，降低风险损失，快速完成转型。与此同时，通过减少覆盖风险需要的成本、寻找成本和交易成本，特别是通过交易平台（如网商平台、物联网）的供应链条控制风险，可以有效降低客户的融资成本。

三是影响和推动金融业变革。以大数据、云计算为基础的金融科技仍然将保持快速发展，将继续深度影响乃至重构金融服务供给、金融机构和金融市场。第一，进一步全面改造传统金融的业务模式和组织体系，提升效率，降低成本。第二，金融科技对金融机构的冲击，从对银行、保险为主，逐渐拓展到券商、各类金融交易平台、非银金融机构和类金融机构。第三，弥补传统金融短板，特别是普惠金融方面前景广阔，发展将更为迅速，助力金融公共服务均等化。第四，对金融改造逐步进入到本质创新，如私人发行的数字货币。第五，金融科技发展日益使得金融产品、业务、流程碎片化，把传统金融机构产品链肢解和外化为多个垂直的产业链，使金融服务成为社会化的合作过程，分享传统金融机构的价值创造。第六，金融和科技相互作用增强。金融市场特别是资本市场将推动金融科技公司快速发展，金融和技术结合促进科技进步和市场应用。

四是大平台和行业细分并存。金融科技公司中，BAT这样的大平台具有先发优势，产业链布局广，在基础层、技术层及应用层都有布局，围绕大平台外围存在大量专业化公司。金融信息服务业快速发展，由于技术多样化和更新的迅速、技术应用的广泛性，垂直领域的行业细分不断加深。在不同的细分领域，有处于相对垄断的独角兽公司，也有充分竞争、专业化很强的大量中小型公司。金融科技公司大部分都是创业公司，淘汰率高、变化快，优秀的创业公司具备成熟的团队和业务模式、先进的技术和健康的现金流，受到资本方的高度认可，具有较高的估值并不断获得融资扩大业务规模，短时期内成长为独角兽公司，另一些公司则可能失败或落伍，这导致行业内的公司格局呈现快速的变化。

五是逐步纳入金融监管体系。大数据金融信息服务业由于监管的真空经历了一段时间的无序发展，出现了一些披着金融科技外衣从事非法金融活动的案件，和一些由于缺乏监管、难以把握业务边界造成的风险事件。2016年以来，金融监管转向从严监管、全面监管，金融科技的各类创新产品和业务模式向传统金融监管靠拢是大势所趋。同时，金融科技也逐渐改进监管和司法，形成监管科技和司法科技，健全整个生态体系的执行落地。

（四）存在的问题

总体而言，近年来大数据金融信息服务业取得了快速发展，在金融各行业、各类金融供给主体都有不同程度的运用。不过，仍然存在着较为突出的发展的不充分和不平衡问题。一是发展不充分问题仍然存在。尽管大数据金融信息服务业已经在服务消费金融或个人金融上取得了积极成效，但由于小微企业数据没有云化，且高质量公共数据开放度低，在公司金融方面仍然存在较大短板，尚难以有效支持以有限责任的企业而非小微企业主为融资主体的融资。二是面临公共数据开放度有限的约束。尽管大数据金融信息服务业可以通过沉淀在网络或互联网平台中的行为数据、经营数据，对客户进行多维画像，但仍难以获得各政府部门掌握的价值密度更高的公共数据。三是个人信息安全存在明显隐患。当前，由于监管体系不完善、公司内部控制不严，大数据行业以及大数据金融信息服务行业在个人信息安全保护方面存在一些不规范甚至违法违规的现象。一旦发生重大风险事件，既影响社会和谐和金融稳定，也将恶化大数据金融信息服务业的发展环境。四是行业内机构间发展失衡。一些金融科技巨头借助丰富的产品线布局，汇聚了大量金融数据，客观上形成了数据寡头。这种数据垄断比技术垄断更加难以突破。不公平竞争和垄断都不利于形成良好的行业发展生态。五是存在潜在利益冲突的隐患。一些大数据金融信息服务机构，要么本身就从事金融服务，要么其评分模型高度依赖于关联方的业务闭环，在数据采集和提供金融信息服务时存在一定的利益冲突隐患。

四、规范和促进我国大数据金融信息服务的政策建议

科技和金融业的深度融合催生了大数据金融信息服务业这一新兴行业，对于弥补传统金融的短板，优化金融产品供给，满足多样化的金融服务需求具有重要意义。建议在确保金融业安全、风险可控前提下，一方面，促进其健康发展，更好地服务实体经济和金融转型；另一方面，防范风险、保护消费者权益、保障市场公平。

（一）把大数据金融信息服务业发展作为一项国家战略，提供良好的制度环境

对于大数据金融信息服务业，不是要不要发展、要不要控制发展速度的问题，而是积极支持、有序引导、完善监管的问题。建议将大数据金融信息服务业发展作为一项国家战略，确立发展目标和基本原则，在支持创新与有效监管间把握平衡。建议加强金融科技人才培养，整合高校、企业、社会资源，推动建立健全多层次、多类型的金融科技人才培养体系。鉴于大数据金融信息服务公司大都是创新型、轻资产、高成长公司，缺少传统抵押品，发展初期现金流不稳定，建议开发相适宜的融资产品给予支持。尤其要充分利用资本市场，鼓励设立一批投资于金融信息服务业的创业投资基金、风险投资基金，支持金融信息服务公司快速成长。此外，建议结合“一带一路”倡议，统筹布局，通过融资政策等方式支持大数据金融信息服务企业“走出去”。

（二）应对金融信息服务影响，加强和改进金融监管

金融监管应确立更好地服务实体经济的监管理念，持开放态度并积极引导，应对新的金融业态、模式、风险形式和机制做出相应调整。一是对金融信息服务业务落实全面监管。基于金融信息服务业的经济特性，完善现有监管框架和内容，从机构监管逐步转向功能和行为监管，实现全面和一致性监管，保证监管的实时性、安全性、高效性。二是有效管控金融信息服务带来的风险。高度关注其是否强化了羊群效应和市场共振，是否增大了系统性风险。金融监管应在宽容创新的基础上，制定一套完整规则并持续改进，准确识别风险点，守住不发生系统性金融风险的底线。三是平衡金融创新和金融风险。借鉴英国、新加坡等国经验尝试建立“沙盒监管”（Sandbox Regulatory）体系，以平衡金融创新和风险，缓释监管立法和改革滞后造成的风险。

（三）推动大数据金融信息服务公司与监管部门和金融机构的合作

应用监管科技推动监管变革，提升监管的能力和效率，在监管部门主动应用金融科技之外，更多需要与金融科技公司沟通、合作。金融科技公司有技术和数据优势，可以在数据搜集、风险建模等方面帮助监管提升监管能力。例如，加强各方信息共享，发挥社会第三方力量，建立跨行业、跨领域的金融风险动态监测平台和预警、处置机制。借鉴发达国家模式，支持和引导金融机构、大数据金融信息服务公司与监管部门合作，建立金融行业信息共享机制，建设金融行业大数据平台，恪守公平、公正、公允的第三方数据平台身份。构建符合中国特色、更加开放的政府征信 + 市场化征信的多层次社会信用体系，吸收金融科技公司参与。加快推动行业反欺诈、黑名单等信息共享平台，保护行业内公司的合法权益，为优质客户提供更为高效和更全面的金融服务。

（四）国家层面加强信息安全立法和保护，细化行业和地区标准

我国对于信息和数据保护基础薄弱，意识不够，和发达国家相比还存在很大差距。要进一步明确和细化网络安全的法律规定和监管规范，在《网络安全法》和公安部等级保护制度之下，制定各行业和地方的标准规范，针对各种具体情形做出明确规定，使法律能够真正落地，并通过监管要求驱动企业做好用户数据保护和数据安全管理。加强数据治理监管，应从多个方面引导金融机构做好数据治理工作，包

括企业级数据标准建设、数据质量管理、数据生命周期管理等，促使数据在保险机构内部通常流动，充分发挥其价值。要防止数据垄断，对这些数据的公共属性和使用，做出明确界定。对中国公司和服务于中国客户的外国公司一并纳入监管，做好数据出境管理，防止数据外流及对国家安全造成不良后果。

执笔人：朱鸿鸣　马　源

第十二章

发展智能医疗变革我国医疗模式

人工智能（AI）技术不断突破，赋能消费升级后对人类的生活方式正在产生重大影响。医疗是其中的一个重点领域。医疗的核心解释是诊病、治病，属于专业知识与从业者经验密切结合的行业。因此，人工智能在医疗行业的应用与其他领域不同，目前是以辅助为主，还不能对专业医生形成替代。即便如此，AI 医疗依然具备广阔的发展前景，在医疗影像识别、慢病管理、健康管理、医院信息化、医疗数据处理、远程诊疗、移动医疗、药物研发等医疗产业链的重要节点屡屡取得突破。我国已经涌现了一大批将 AI 技术应用于医疗领域的供给方，这些新兴力量与传统医院、医疗从业者的合作不论是广度还是深度都在迅速拓展，给就医群众、医疗从业者、医务管理者等个体的利益相关方创造了价值。我国拥有巨大的 AI 医疗消费市场，AI 医疗企业快速发展，行业生态呈现逐步完善的态势。在 AI 推动下，我国医疗模式正在酝酿大的变革。而且，AI 技术具有相通性，AI 医疗技术的发展也将对其他领域的 AI 技术突破产生巨大带动作用。但作为以 AI 技术为主导的新兴行业，不可避免地遇到了传统医疗基础设施和监管体制的问题，同时也有不能回避的从业资质、行业标准、医疗伦理等难题。

一、人工智能医疗发展迅速

（一）全球人工医疗市场规模增长较快

顾名思义，AI医疗就是将人工智能技术应用于医疗领域，鉴于AI在医疗的应用主要以辅助性为主，是赋能不是替代，因此业内也有称之为医疗AI。用AI技术诊病、治病具有很大的想象空间，相关领域从20世纪70年代就开始技术研发、80年代从事商业化探索，但真正从实验室走向百姓生活是近几年的事情。信息技术、移动通信技术快速迭代，互联网基础设施不断完善，移动智能设备大面积普及，为AI医疗规模化发展提供了基本条件。例如美国虚拟问诊服务领域的最大公司Teladoc成立于2002年，用了10年左右的时间才获得资本市场的支持，在2011年得到1800万美元的资本投资，在2015年成功上市。Teladoc被称为“美国远程问诊领域最先爬上岸的公司”。随着市场规模的大幅扩展，更多的AI医疗企业在2011年以后走上了战略性融资之路。

综合埃森哲管理咨询公司（Accenture）、麦肯锡公司、世界著名市场研究与咨询机构Tractica、全球领先的市场调查服务商GMI（Global Market Insights）、中国数字医疗网等国内外研究机构的结论：全球AI技术在医疗领域应用的市场规模将从2016年的不足10亿美元较快增长至2025年的100亿美元以上，甚至有可能达到250亿美元。中国将是全球AI技术在医疗领域应用的大国，中国AI医疗的市场规模预计将从2016年的96.61亿元增长到2018年的200亿元，未来的年复合增长率有望超过45%。

（二）我国AI医疗行业呈现出较快成长势头

根据各种公开资料，本报告列举了286家涉足AI医疗的企业，仔细研究后发现：我国AI医疗企业发展潜能不可小视，整体布局初步形成，产业生态正在完善。

一是我国AI医疗企业颇具发展潜力。随着AI技术的不断进步，时间和空间不再是就医的主要限制因素，性能稳定、种类多样、形态各异的AI医疗终端产品将越来越多地走进我们的工作和生活，以智能终端为载体的医疗、医药、医保、医养等软件系统应运而生。无疑，AI医疗有着巨大的应用前景，我国目前的市场应用仅仅是冰山一角。可预期的未来吸引了越来越多的企业迈入AI医疗市场，涌现出了一大批充满活力的先行者。公开资料显示，报告列举的286家AI医疗企业主要包括三类：第一类，初创型企业，天生即是AI医疗从业者。这一类企业的创业者中很多是海外学成归来的年轻人，所学专业多与AI或医疗相关。第二类，升级型企业，本为传统的医院、医疗服务、医疗相关软件开发、医药制造、医疗设备制造等行业企业，快速向AI医疗行业升级，逐渐形成涉及AI医疗的新业务。例如一些互联网医院、AI医疗终端服务商等。在最新成功融资的AI医疗企业中就有此类的佼佼者。第三类，跨界型企业，虽然没有涉足医疗以及与医疗相关的行业，但拥有AI技术、数据、资本、市场等优势，因此出于战略布局的考虑深入跨入AI医疗行业。例如阿里、腾讯、百度等。三类企业中都有佼佼者，多数充满活力。

二是我国AI医疗初步形成了以北京、长三角、珠三角为主的区域布局。我国AI医疗行业发展具有自发属性，自然形成的区域布局已经显现。286家企业中，注册地位于北京市的最多，有95家，占比为33.22%。注册地位于长三角的企业共有82家，占比为28.67%。位于上海市、浙江省、江苏省的企业分别有40家、27家和15家。注册地位于珠三角广东省的企业有62家，占比为21.68%。注册地在北京、长三角、珠三角的AI医疗企业共有239家，合计占比为83.57%。其余47家企业分布在四川省、湖北省等12个省市。上述省市中，北京（95家）、广东省（62家）、上海市（40家）、浙江省（27家）、江苏省（15家）、四川省（11家）分布较多，其余省市均低于6家（见表1）。

表1　286家AI医疗企业的区域分布　单位：家

省、市	数　量	省、市	数　量
北京市	95	天津市	3
广东省	62	福建省	3
上海市	40	山东省	3
浙江省	27	湖南省	3
江苏省	15	安徽省	2
四川省	11	陕西省	2
湖北省	6	河南省	2
重庆市	5	黑龙江省	2
辽宁省	5		

资料来源：作者根据相关公开资料整理。

三是产业生态渐渐完善。286家AI医疗企业中，按照主要业务类型可以分为16个细分领域。制造领域最多，有65家企业从事智能医疗终端制造+智能服务，在生产家庭用各类终端智能医疗设备的同时，依托数据流为使用者提供智能管理服务；有43家从事专用智能医疗设备制造，有别于专用传统医疗设备的是，新型设备承载了AI技术；有33家企业从事智能医院解决方案，致力于依托AI技术提升医院的内部管理水平，助力传统医院升级为智慧医院；有30家企业从事生物基因开发，主要包括基因检测、基因干预、生物传感、生物制药等；有29家企业从事医疗影像，辅助医生识别和筛查，提升诊断的准确率和效率；有19家企业从事健康管理智能化解决方案，主要为养老、保健、保险、医药等非诊治、诊疗环节的智能化、智慧化服务；有13家从事医院网络化平台服务，主要是指互联网医院等网络平台业务；有11家从事医疗大数据服务，从海量的药方、诊断书、病理、样本、案例等资料中提取有用的数据，形成脱敏数据库，为医生、医院提供数据服务，为患者提供诊疗大数据服务；有9家企业从事重大疾病精准治疗，主要是指利用人工智能技术诊断、治疗肿瘤、呼吸道等重大疾病，实现早期诊断、个性化治疗，提升准确率、降低痛苦度；有9家企业从事医疗大脑综合智能服务，利用自身的数据、技术、资本优势，打造医疗数据大脑，为医疗行业、患者提供智能服务；还有17家企业从事医学智能服务平台、健康管理智能化平台、医药智能化解决方案、医疗智能化服务平台、医疗智能搜索、智能医疗生态等业务，分别涉及智能医疗教育、与健康相关的网络服务、智慧医药、医疗资源网络、医疗行业搜索引擎、产业生态投资运营等。16个细分行业拉长了AI医疗行业的产业价值链，拓展了生态图谱。每一个细分行业均是AI医疗产业生态中不可或缺的组成。而且，从行业现状和趋势看，市场主导下的行业发展将日趋细分化，产业生态还将持续完善（见表2）。

表2　　286家AI医疗企业的细分行业分布　　单位：家

领域分布	数量	领域分布	数量
智能医疗终端制造+智能服务	65	重大疾病精准治疗	9
智能医疗制造	43	医疗大脑综合智能服务	9
智能医院解决方案	33	医学智能服务平台	6
生物基因开发	30	健康管理智能化平台	4
医疗影像	29	医药智能化解决方案	3
健康管理智能化解决方案	19	医疗智能化服务平台	2

续表

领域分布	数量	领域分布	数量
医院网络化平台服务	13	医疗智能搜索	1
医疗大数据服务	11	智能医疗生态	1

资料来源：作者根据相关公开资料整理。

二、人工智能医疗正在推动我国医疗模式大变革

本报告所指的AI医疗企业是一个广义的范畴，包括与AI医疗相关的各业态，是从产业生态的角度开展研究，并不局限于产业链。报告选取的286家企业中，第一类、第三类来自于医疗及其相关行业之外，占据多数。这些企业的目标客户群有单位，也有个人。单位包括医院、制药企业、药品物流企业、医疗保险企业、医学科研和教学机构以及养老、护理机构等；个人中除了患者，还有需要健康管理的各类人群，例如老年人、孕妇、儿童、日常锻炼者，等等。第二类企业是传统医疗及相关企业升级而成的，主要是设备制造类、中小型民营医院，不是医疗行业的核心成员。但升级的方向也是从根本上改变传统产品和服务。改变的主动力往往产生于行业外。这些以来自于传统医疗行业之外为主的AI医疗企业为行业内的传统单位提供AI产品和服务，可以优化流程、改善效率、提升诊疗准确度和治愈率等，这些变化综合起来正在改变医疗的理念、手段和医患各方的行为方式。新兴对传统的颠覆正是在彻底的改变中产生的。虽然AI医疗带来的改变刚刚显现，尚未普及，但颠覆还是可以预料的。

（一）患者去医院按照诊疗流程就医是传统的医疗模式

简单的一句话，概括了长期延续下来的医疗模式，其中包括多层

含义。一是诊病、治病只能找医生。医生是掌握专业知识的专业人员，必须拥有从业资格才能行医。病人可以找懂些医学知识、有些治疗经验的非医生私下看病，但正式的诊病、治病只能找拥有从业资格的医生。二是找医生只能去医院。医生拥有了从业资格并不能随地行医，必须在取得执业资格的场所行医。这个场所就是医院。传统医院是实体，要有执照、有场地、有设备、有人员等等各类资源，还要符合医疗行业的各项标准。三是去医院必须遵循医院的就医流程。患者去医院看病必须遵循从挂号开始的一整套诊病、治病流程，包括挂号、问诊、检查、交费、取药等，住院也有一套具体流程。各医院的流程大同小异。四是传统医疗生态基本固定。传统医疗生态中的主体主要是围绕实体医院和患者开展活动的，因此分为三大类：一类是医学科研和教学机构、医药和器械物流企业、设备制造企业等，这些主体与医院合作，满足医院服务于病患的诊病、治病需求；一类是保险机构等，直接为患者服务；还有一类是制药企业、可移动终端医疗设备制造企业，客户群包括医院和患者。由于医生与医院密切相关，一些以医院为客户的主体，往往与医院里医生的关联度更为密切。医疗模式基本不变，就意味着我国医疗体制机制已经稳定，因此医疗生态也基本固化。

（二）传统医疗模式存在诸多问题

1. “人”的因素对诊病、治病效果影响大

医疗标准化程度高，尤其是西医。但医生属于个性化群体，医生的水平高低不齐。而且，医生必然会受到“生物钟”的影响，疲惫状态下的判断力下降也是不争的事实。

2. 传统诊病、治病流程造成人力、时间和数据浪费

首先，必须去实体医院就医，就给患者造成了诸多不便。我国地

广、人多，医院的分布不可能均衡，高水平的医院、医生是短缺资源。患者有就医的选择权，但好医院、好专科医生的选项少，大多数患者需要长途跋涉、长时间等待才能找到理想医院的理想医生诊治。小病大治、大病久治、有病乱治的情况经常发生。其次，传统医疗流程浪费人力、时间和数据。病人浪费人力和时间是显而易见的事情。看看大医院里挂号、叫号、取药等窗口前排的长队就可以理解。其实，医生的工作量同样很大，要手工书写、手工输入各种医疗信息。繁杂的初级劳动必然会降低医疗的效率。此外，医疗数据资源的浪费也很严重。难以计数的医疗数据分散在医疗生态的各个节点处，无人集成、无人挖掘，仿佛数据垃圾，成为医疗行业的最大浪费。

3. 传统医疗模式下的医疗生态很难进一步完善

传统医疗模式下，实体医院因资源短缺和资源垄断成为行业的核心，虽然是服务行业，但服务能力不足。由于行业的开放度不够，生态内的其他主体基本是围绕医院提供产品和服务。只有一些小型化、便捷式的医疗设备制造企业、保险公司之类的可以直接面向消费者。传统医疗生态虽然稳定，但并不完善，因此医疗服务不足。在国家统一的医疗监管制度下，实体医院的垄断力以及对其他相关主体的影响力都很难弱化，因此生态内各主体之间的链接较为稳定，消费者、医生、市场化主体所希望的改变在推进过程中存在很多困难，生态的进一步完善难度较大。

（三）AI医疗让传统医疗模式变革成为可期

AI是技术，AI医疗就是新技术时代的模式创新。AI医疗将“人”的需求作为服务核心，正在通过AI技术深化医疗的专业化分工，并在创新过程中让模式变革成为可能。

1. AI 医疗依托技术进步激发了“人”对医疗的潜在需求

在没有信息技术、移动通信技术的时代，诊病、治病过程中的人也会有各类改善医疗服务的想法。病人希望就医能够打破时间、空间的限制，希望医疗技术更好，希望治疗时间缩短；医生希望去除各种烦琐的人工操作环节，节省出更多的时间用于学习和救治，也希望能够随时获取所需的医疗信息用于诊断；等等。因此医疗智能化一直是“人”的理想。现在，技术条件越来越成熟，很多理想正在逐步转化为现实。医疗的外行和产业生态内非核心主体想要在医疗界取得突破性发展并不容易，AI 医疗企业仅有技术是不够的，还要让技术转化为市场价值才行。因此满足“人”对医疗的需求是 AI 医疗企业不约而同的市场化选择。也正是因为此，AI 医疗更多的是面向“人”的智能化，这是与传统医疗行业之间的本质不同。传统医疗生态中的主体不具备满足“人”的需求的技术条件和制度条件。报告选取的 286 家 AI 医疗企业可以列为 16 个细分领域，全部是以“人”的需求切入医疗的，而且将“人”的需求从医生、患者拓展至有医学需求的更广泛的人群。可以说，AI 医疗激发了所有人对医疗服务的智能化需求。

2. AI 医疗深化了医疗行业的专业化分工，极大地提高了医疗效率

AI 医疗对传统医疗不是替代。AI 在交通的发展显著快于医疗。AI 交通是以替代为主，共享单车替代家用自行车，滴滴打车等具有共享理念的平台与传统出租车行业存在市场竞争。AI 医疗是不同的，是对传统医疗的辅助。辅助的实质是医疗行业专业化分工的逐步深化。外来者或业内处于非核心地位的主体虽然在医学方面没有优势，但有 AI 技术领域拥有各自的优势，将优势与需求相结合，逐步形成了全新的医疗细分行业。例如，立足医疗影像领域的企业专注于影响识别，实践证明，AI 读片快于人读、准于人读，医疗影像得以较快发展；立足医疗大数据服务的企业专注于帮助医生从繁杂而有程序化的人工操作中解脱出来，采用智能化的技术采集诊断书、病例、样本等以纸质资料或医院电脑存储的海量数据，并形成有价值的医疗大数据，实践同样证明这项工作给医生、患者、医院带来了切实的效益，并因此得以发展起来；医院网络化平台服务，通常被称为互联网医院，专注于平台的打造，将医疗资源集聚网络平台，解决了医疗资源缺乏地区、经济不发达地区的患者问诊大城市名医的难题，而且也是实现分级诊疗的一个有效途径，目前的发展速度也很快。16 个细分领域中的每一个均是如此。这些行业以前是没有的，现在产生了，而且有着极大的发展前景，今后还将不断成熟和细化。

零氪科技就是一家面向医疗机构大数据服务的 AI 医疗企业，目前成为医疗大数据服务新业态的领先者。零氪科技成立于 2014 年 12 月，通过对百万肿瘤患者病例数据的处理，将全国上千个专科医生的肿瘤诊疗数据和最后患者的治疗结局都聚集在一起，形成可复制的临床诊疗经验来辅助基层医生做出更准确的决策，使医生的能力和经验得到更快速地提升，从而使患者得到更准确的诊断结果和更适合的治疗方案。零氪科技通过将患者真实的病例数据和算法模型应用于肿瘤治疗，构建精准的诊疗模型并提供数据支持，创新研发 Hubble 人工智能辅助决策系统，仅“肺癌淋巴结跳跃转移风险预测”模块，就可避免肺癌病人由于误判而导致提前 8 ~ 10 个月的复发，每年能让近两万病人的生命再延长 8 ~ 10 个月；Hubble 系统“AI – 肺结节智能诊断”模块全自动地识别 CT 影像中所有的结节，识别率达 91.5%。零氪科技凭借技术优势和专业化服务，业务范围已经覆盖全国 31 个省市超过 500 家三甲医院，覆盖肿瘤病种 50 余种。零氪科技的技术创新成效获得了资本市场的支持，目前已经完成第三轮融资。

3. AI技术主导下的需求升级和生态细分正在改变医疗的行为方式，并逐步对传统的医疗模式产生冲击

AI医疗不同于AI交通等，并非完全直接面向消费者，需要首先改变传统医院，因此普及的速度较慢。但医生和消费者的医疗需求升级正在发生，越来越多的细分辅助领域正在产生并走向成熟，现在的AI技术已经足以改变医疗的行为方式。首先是简单的医生输入智能化、医生看片智能化、医院管理智能化、健康管理智能化、药物研发智能化、医疗数据智能化，等等，这些智能化发生在“人”的身边，最初只是对某个环节产生影响。当影响的环节越来越多并从片断化的存在转变为链状、网状关联存在的时候，医疗的行为方式与现在是完全不同的，医疗模式将发生巨大变革。从现在的经济社会发展程度想象未来存在难度，但可以肯定的是，智能医疗模式能够有效解决“人”对医疗的非理想影响、资源浪费、生态不完善的难题。现阶段，医疗的行为方式已经开始改变，虽然根本性的变革还没有发生，但AI医疗已经对传统医疗的多个单环节产生了巨大冲击。

推想科技是一家成立于2016年1月份的高科技企业，目前已经成为我国AI医疗影像的领跑者。推想科技已经与全国80余家国内顶级医院开展合作，已服务45万例患者，申请7个专利、4个PCT。其中核心医学影像深度学习技术已在美国、日本、欧洲、以色列、印度等国家和地区转换成为国际专利。推想科技在实践过程中，将AI阅片与人工阅片进行了对比，结论见表3。

另一家专业从事AI眼底筛查服务的企业实践同样可以证明AI医疗影像对传统医疗模式的冲击。Airdoc成立2015年，是AI眼底影响领域的领军企业，在美国和中国多个城市设有分支机构。Airdoc的业务流程见图1。

表 3　推想科技 AI 医疗影像业务的工作实践

	人工阅片	AI 阅片
阅片方式	医师逐张查看，凭借经济进行判断	机器完成初步筛选、判断，交由医师完成最后判断
约片时间	长，医师查看一套 PET 影像需要 10 分钟以上	短，AI 能够快速完成初筛
准确率	个体差异较大，阅片依靠个人经验，且长时间阅片易疲劳影响准确率	一张图片医生根据经验重点区域观察，而机器可以完整地观察整张图片
客观性	主观性无法避免	较为客观
记忆力	知识遗忘	无遗忘
建模条件	较少信息输入即可快速建模	建模需要更多的信息输入
信息利用度	信息利用度低	信息利用度高
重复性	重复性低	重复性高
定量分析难度	定量分析难度高	定量分析难度低
经验传承	知识经验传承困难	知识经验传承高
成本	耗时、成本高	成本低

图 1　Airdoc 眼底影像业务流程

2018 年对推想科技和 Airdoc 而言开局顺利，两家企业均顺利完成了 B 轮融资，作为行业领先企业参与建设的眼底和肺结节标准数据库取得突破性进展，向今后的审批上市迈出了关键一步。

三、人工智能医疗发展面临三大难题

AI 医疗几乎与 AI 交通等同时起步，但发展明显滞后。AI 医疗并非完全直接面向消费者是一个主要原因，根源在于传统医疗模式比传统交通模式等更难突破。AI 医疗发展面临现实难题，关键在于以下三个方面。

（一）我国智能医疗的信息基础偏弱

医疗实现智能化必须建立在高信息化程度的现实基础之上，只有实现医疗的万物互联，AI 技术才能在医疗领域拥有用武之地。仍以 AI 交通为例，共享单车智能系统的重要载体是智能手机，消费者的手机上只要有应用软件，对准共享单车的二维码一扫，就可以解锁单车并完成交易。智能手机人手一部，二维码每车一个，两者之间的即时连接实现了人与车之间的智能互联。每一辆单车都在共享单车运营系统的掌控之中，通过智能化的载体，人与系统之间轻松实现联通。因此，AI 交通的实现可以建立在智能手机普及的基础之上。AI 医疗就没有这么简单了，对医疗信息基础的要求非常高。

1. AI 医疗的载体仅有智能手机是远远不够的，还需要更多的智能终端，但我国 AI 医疗载体应用不足

AI 对医疗的作用是辅助，诊疗、治疗离不开人，不论是面对面医疗，还是远程医疗，不论是人看片，还是 AI 看片，医生都要根据具体的检查结果做出判断并给出治疗方案。越是重病、难病需要检查的项目越多、越专，一部智能手机目前发挥的作用主要是数据联通，各项检查需要专门的设备进行。专业性强的大型设备由医院等机构配置，测量血压、心跳、血糖等简单操作可以由便携式、可穿戴式的终端设备完成。我国智能医疗制造的技术水平无法与世界一流相比，高端医疗设备主要以进口为主，便于个人、家庭使用的终端设备普及度不够。能在家里用上智能医疗终端设备的多为富裕人群、更年轻化的人群，还有大量的需要智能医疗、智能健康管理的人群没有经济实力配置全套终端，或者是不会个人操作，不利于 AI 医疗的万物互联。

2. AI 医疗的信息系统远比 AI 交通的运营系统复杂，我国还没有具备综合集成能力的 AI 医疗企业

与共享单车的运营系统相比，AI 医疗信息系统要具备更多的功能，包括医学影像识别、基因检测、医疗信息集成、深度学习、数据交互、语音录入、导诊、医患视频等等。以深度学习为例，深度学习对共享单车的运营系统重要性偏弱，但对智能导航系统就非常重要。一套智能导航系统在被大量用户长期使用几年之后，路线规划、用时预测的准确度都大大提升。无人驾驶也是离不开深度学习的，需要经过大量的“经验”数据来完善“驾驶大脑”。AI 医疗更是如此。好的医生需要大量的临床经验，临床专业的本科就读时间比其他专业多一年，多出的一年就是用于临床实习。与之类似，AI 医疗也需要海量的应用积累。AI 交通的信息系统开发可以由企业主体针对各自的业务领域独立完成，消费者将 APP 下载到手机上根据需要综合使用就可以。但 AI 医疗则需要一个更高级的信息系统对不同应用功能的子系统进行整合，才能成为医生诊病、治病的合格助手。医院是各类海量医疗信息的汇聚节点，比较适合成为 AI 医疗信息系统的开发运营者，但目前还没有走到这一步。首先，我国医院的信息基础极为薄弱，现在应用的计算机硬件、管理系统软件多数已经过时，根本无法承担大数据集成功能；其次，医院也有严格的保密要求，最简单的保密措施是切断医院内网系统与外网的连接，但这样做就等同于切断了数据来往云端的道路；再次，医院网络化平台服务商运营的互联网医院具备 AI 医疗信息系统整合的雏形，但商业模式并不清晰，还有很长的路要走。

（二）我国智能医疗的大数据管理尚处于初级阶段

大数据是 AI 医疗的重要资源，设备和终端是获取数据的硬件，通过处理数据给出医疗辅助结论的过程是要通过软件完成的。AI 医疗软件走向成熟是类似于人的心智的成长历程，需要不断获取大量的医疗数据，在数据分析的过程中累积经验、纠正偏差，这就是所谓的深度学习。AI 医疗精准度与数据量成正比，AI 硬件获得病人数据越多，AI 软件的进化越快，AI 医疗的精准度越高。因此用传统医疗管理医疗数据的方法根本无法满足 AI 医疗发展的需要。

1. 我国没有建立起医疗大数据安全保护与医疗开发应用的协调机制

这个问题在其他国家同样存在。医疗大数据涉及患者隐私问题，并且关系到国家生物基因安全。因此医疗数据的开放涉及法律法规和国家安全的重要层面。一方面要充分利用，另一方面又要安全保护，医疗大数据的矛盾性是个全世界的难题。我国政府对医疗大数据的开放应用是持支持态度的，先后出台了《关于积极推进“互联网＋”行动的指导意见》《促进大数据发展行动纲要》《关于促进和规范健康医疗大数据应用发展的指导意见》和《“健康中国 2030”规划纲要》等政策，明确提出要“将健康医疗大数据应用发展纳入国家大数据战略布局”“建立健全健康医疗大数据开放、保护等法规制度”“充分释放数据红利，激发大众创业、万众创新活力”。方向已经明确，只是保护与应用的协调机制还没有建立。当前我国医疗大数据制度更倾向于保护。《中华人民共和国网络安全法》《人口健康信息管理办法（试行）》《人类遗传资源管理暂行办法》《信息技术安全　数据出境安全评估指南（草案）》等等，对如何保护医疗数据提出了明确要求。AI医疗的兴起，让医疗大数据保护的责任主体不再局限于医院、医生，而是扩展到了网络平台的运营者、智能服务的提供者、智能设备的制造商等。除了这些刚性要求外，很多传统的大医院、医学研究机构可以接受AI医疗企业的辅助性服务，但对相关数据的开放共享持有保留态度。知名大医院、大医学研究机构的门诊量巨大、疑难杂症多、就诊程序规范、医学设备先进，因此数据质量也远高于基层医疗机构。AI医疗企业十分渴望从知名大医疗机构获得高质量医疗数据来加速深度学习的进程，但现实难度较大。

2. 我国医疗大数据体系不健全

我国人口多、民族多，拥有全球最为丰富的医疗数据资源，但对医疗数据信息的整合远远不够。医院的信息化硬件薄弱，软件信息系统相对于硬件就更为弱化。一家医院内部的医疗信息尚无法做到系统集成，更不要说分散在近10万家医疗机构中的海量医疗数据集成。除了医疗信息基础设施水平的客观因素外，医院等医疗机构在主观上也不支持数据开放共享。例如影像诊断，很难实现一家诊断多家共认。患者转诊后，都需要重新拍片。其实，很多医院用的设备都是相同的。此外，门诊量大的确能够提供大量宝贵的数据资源，但造成医生工作负担重也是现实。不论是医生个人还是医院都没有足够的精力和时间进行数据的集成工作，宝贵的数据资源反而成了信息垃圾。

（三）我国医疗制度创新滞后于AI医疗行业发展

制度创新滞后于行业创新是个重要问题，但也是正常的。行业创新源自市场，政府难以预见到市场的变化，制度创新还要慢于政府对行业创新的认知。了解制度滞后的情况主要还是为了促进 AI 医疗今后的健康发展。

1. 我国 AI 医疗标准建设滞后

医疗标准完善，但 AI 在医疗领域的应用标准多为空白。空白区主要分布在与诊疗相关的环节，包括医疗影像、生物基因开发等，都存在这个问题。由于 AI 医疗产生了新的业态，新业态的管理标准也很缺乏，例如医疗大数据服务、医院网络化平台等的从业标准、监管标准等。此外，标准不统一也是一个难题。AI 医疗有一个特点，不同地区的人群存在基因差异、不同医院有学科特色，在一个地区或一家医院适应的 AI 系统到了异地之后往往需要重新学习之后才能达到标准。医疗领域的这种差异性给 AI 医疗标准的统一化、标准的检测等都带来了难度。

2. 我国 AI 医疗审批原则有待明确

美国 FDA 的制度跟进速度比较快，早在 2016 年就针对 AI 医疗审批给出了政策性框架：（1）低风险普众健康产品的法律规范；（2）医疗器械监管的法律规范；（3）医疗设备准入临床实验的适应性设计规范。为了支持 AI 医疗发展，FDA 还在 2017 年成立了数字化医疗和 AI 技术审评部，打破 FDA 内部壁垒，专门研究规划 AI 医疗设备的监管和审批。FDA 的基本原则可以总结为：传统的审评方法已经不适用于 AI 医疗的监管，应适应 AI 技术的特点改变审批方法，集中资源审评高风险类。例如 FDA 尝试“上市后临床（Pre-cert Program）”的新审批模式。2016 年，美国国会出台《21 世纪治愈法案》（*21st Century Cures Act*），就提出了利用“真实世界证据”取代传统临床试验。这种先上市再审的模式符合 AI 医疗必须通过临床深度学习的特点。没有临床的大量经验，AI 医疗产品或服务很难达到预期的目标。如果客观强调前端临床审批，则不利于 AI 医疗产品的成熟与完善。目前，FDA 的做法是“降低门槛”，即将申请的 AI 医疗设备定位为Ⅱ类，而非更严格的Ⅲ类，在事实上加速审批。但申请者必须证明申请上市的器械与现在美国市场上一种或多种相似器械对比后“同样安全有效”，并提供支持“等价器械”的相关文件。例如对医疗软件，FDA 启动医疗器械独立软件预认证试点项目（Pre-Cert for Software Pilot Program），着重评估企业在软件设计、开发和验证等方面是否出众。如果 FDA 确定器械不是等价器械，申请者可以递交另一份含有新数据的 510（k）文件，提出重新分类请求。FDA 希望这种基于企业的预认证可以简化审批资料和环节，甚至可以取代上市前审批。正是基于上述开放式原则，不断有新的 AI 医疗产品获得 FDA 的审批。对于已经上市的医疗器械，FDA 要求企业提供医疗设备报告（Medical Device Reporting，MDR）。如果医疗事故发生，或者器械不正常工作，企业需要向 FDA 上交报告。另外，FDA 还会在 5 年内对企业进行抽查。美国 FDA 要求 510K 提交注册时所需文件列表见表 4。

表 4　　美国 510K 提交注册时所需文件

编号	文件名	中文名	简　介
1	FDA form 3514，CDRH Premarket Review Submission Cover Sheet	FDA 表格 3514	政府表格，填一些基本信息
2	Medical Device User Fee Cover Sheet	申请缴费凭证	缴费凭证，申请费 2000 多美元，但是如果申请 denovo 申请费为 2.4 万美元
3	510k Cover	封面	公司信函纸，公司高管签名
4	Table of contents	目录	
5	Indications for Use Statement	适应症和试用范围	预期用途、工作原理、装配图、结构示意图等

续表

编号	文件名	中文名	简　介
6	510k Summary	510k 概述	这是对外公开信息，FDA 网站上可以查到的
7	Truthful & Accuracy Statement	证明所提供材料真实无误	公司信函纸，公司高管签名
8	Financial Certification & Disclosure Statement	财务信息	如果有临床实验结果需要提交相关财务信息
9	Declarations of Conformity & Summary Reports	性能标准	阐述达到某些标准，比如 ISO××××
10	Executive Summary	产品综述	
11	Device Description	产品介绍	
12	Substantial Equivalence Discussion	实质相等性比较	和市面上的产品比较
13	Proposed labeling	产品标识	企业包装标识、使用说明书、包装附件、产品标示等
14	Sterilization Shelf Life	除菌方法	硬件产品才需要
15	Biocompatibility	生物相容性	硬件产品才需要
16	Performance Testing	性能测试	实验室，临床测试等
17	Electomagnetic Compatibility and Electrical Safety	电磁安全	硬件产品才需要
18	Software Level of Concern	软件风险程度	FDA 划分软件风险程度有低、中、高三类。主要是陈述如果软件出了问题而导致的后果的严重性
19	510K Statement for Predicate Product	市面上已有产品介绍	
20	Hazard Analysis	危害分析	
21	Software Requirement Specfications	软件使用要求	关于软件开发的文档和风险规避
22	Software Design Specfications	软件开发参数	关于软件开发的文档（软件架构等等）

续表

编号	文件名	中文名	简　介
23	Software Development Life Cycle Documentation	软件生命周期	关于软件开发的文档
24	Traceability Analysis	可追溯性分析	开发、测试等一系列的可追溯性，文档是否完整
25	Validation plans	检验计划	
26	Verification reports	硬件检验计划	硬件产品才需要
27	Validation reports	检验报告	
28	Safety Test reports	安全测试报告	
29	Revision Level History	修订历史	
30	Operating Manuals	使用说明	
31	Standards Data report for 510K (FDA form 3654)	FDA 表格 3654	

目前，我国 CFDA 也在尝试推进 AI 医疗产品的审批工作，加速用于审批的标准数据库的建设。但总体看，我国 CFDA 的审批与美国 FDA 相比更趋严格，对 AI 医疗设备的审批仍然沿用最严格的Ⅲ类标准。AI 医疗企业多数处于创业期，在软件注册、临床实验、后期评审等方面都缺乏经验，需要专业指导。

3. 我国 AI 医疗细分出的典型新业态缺少系统的监管体系

目前需要重点关注的典型新业态有医疗影像、医疗大数据服务和医院网络化平台服务三大类。这三类新业态对传统医疗体系的冲击较大。例如医疗影像，能够提升医生看片的速度和准确度，但责权利边界并不清晰。如果发生医疗纠纷，医生、医院、医疗影像企业分别担负什么责任？患者付费，付给了医院，医疗影像企业如何利益共享？医疗影像的工作属于基本的医疗检测范畴，患者在目前免费的情况下肯定是乐于接受的，但免费是不可持续的，医疗影像企业未来的商业模式如何设计？其实，类似于医疗影像的科学检测在医疗领域早就开始应用了。例如血液检测化验，很久以前都是人工通过显微镜操作的，但现在仪器检测已经相当普遍了，患者都在为仪器检测付费，医保对于仪器检测和人工检测同样有效，医院与设备制造商之间形成了利益分享机制，关于责任界定也没有出现大的争议。医疗影像辅诊病与血液检测化验有一定的共性，责权利界定问题应该可以突破，只是目前缺少系统性的设计。医疗大数据服务的情况类似于医疗影像，同样存在责权利界定的难题，只是医疗大数据服务的“责”更多是指数据安全，目前也缺少系统性的解决方案。医院网络化平台服务与前两类新业态不同，是指互联网医院，涉及的问题更为敏感。相关政府部门对互联网医院出台了一些监管政策，例如最新出台《关于促进“互联网＋医疗健康”发展的意见》，明确允许依托医疗机构发展互联网医院。一些地方也相继开展了试验性探索。例如银川市，立足地方立法权优势，积极推进互联网医院的发展，在出台了一系列制度政策的同时，与2018年5月正式上线了银川互联网医院监管平台，为新兴行业的监管提供了实践经验。银川市开展互联网医院试点以来，行业运行健康平稳。但目前的突破是地方突破、单点突破，全国性的放开还需要进一步深化医疗体制改革。

四、政策建议

在万物互联时代，我国发展AI技术拥有市场优势。由于AI具有技术相同性，我国完全可以将已经打下较好产业基础的医疗领域作为技术比肩世界的突破口。AI医疗的发展涉及已经固化的医疗管理体制，利益相关者有广大民众也有强大的医疗机构，因此市场化的难度要大于 AI 交通等。我国传统医疗模式存在很多问题，改变现状很难，但 AI 技术的应用和普及为变革提供了新的视角。我国更应该从促进 AI 技术创新、变革传统医疗模式的角度出发，出台相关政策支持 AI 医疗发展。

（一）加速医疗领域的互联互通

一是引导并支持医疗机构提升信息化基础设施水平。针对目前医疗机构信息化基础设施薄弱的局面，出台相关的医疗机构信息化标准，引导有实力的大型医疗机构加大对信息化建设的软件、硬件投入，可靠开展“医疗信息化下基层”活动支持基层医疗机构提升信息化水平，同时推广智能可移动、穿戴式医疗硬件的普及工作。二是及早布局全国医疗大数据信息体系建设。在全国范围内选择重点医疗机构，试点建设医疗数据平台，尝试数据的互联互通互认，并逐渐形成体系化发展。实现医疗大数据的标准化，鼓励第三方主体为平台建设提供专业化的医疗大数据服务和医院智能化服务。三是考虑选取综合能力较强、大数据优势明显的 AI 医疗企业重点攻关医疗大数据安保系统。在严密政府监管、强化企业自律的同时，借助第三方的专业实力保护医疗市场数据案例。例如选择从事医疗大脑综合智能服务的大型互联网科技企业。

（二）完善监管的制度体系

AI 医疗监管关系到民生，需要审慎推进，但也要保持一定的开放度。建议相关监管部门联合研究制度创新。一是从完善 AI 医疗产业生态的角度出发，明确好 AI 医疗各主要利益相关方的责权利问题，将政府监管的重点提升至有可能产生重大风险的层面，对于其他问题严格企业自治、鼓励社会共治；二是重点解决焦点问题，包括敏感医疗数据的使用制度、互联网医院的监管制度、AI医疗促进分级诊疗的实施办法、远程医疗处方药的管理制度等；三是鼓励AI技术应用于医保管理，可参考美国大数据应用对医保控费的经验，拓展AI医疗企业的商业模式；四是启动将AI医疗纳入医保体系的研究，对此可参考银川的经验。

（三）创新CFDA审批模式

在AI医疗迅速兴起的时代，CFDA审批模式创新是必然的，目前从数据库的建设方面已经有进展，但还不够。CFDA关于AI医疗的审批创新可以在结合中国医疗体制特点的情况下，考虑AI医疗与传统医疗的差异，充分参考美国FDA的做法。关键在于审批的原则、定类标准、检测标准几个方面，对新兴AI医疗企业开展业务辅导也很关键。相关审批部门可充分听取AI医疗领先企业的建议，整体创新突破。需要明确的一点是，CFDA的审批进程不应落后于FDA太多。我国的AI医疗企业正在全力发展，不能因为行政审批设置行业发展的障碍。而且，获得FDA审批的AI医疗产品很可能很快进入我国市场，不利于本土AI技术的创新。

执笔人：周健奇

第十三章

从互联网医疗看监管制度改革创新

互联网医疗是指运用互联网技术提供健康教育、疾病防治、在线开方等服务，以及人工智能技术辅助诊断的新型医疗模式。它打破了传统医院“围墙”界限，扩大了服务半径，为拓宽基层就医渠道开辟了新路径。近期，我们调研了北京、银川等 10 多家互联网医疗机构，发现互联网医疗成为创新热点，但配套制度尚不健全，亟待加快监管创新步伐。

一、互联网医疗是与传统医疗服务优势互补的新模式

随着居民对健康需求攀升，近年来患者由农村向城市、由基层医院向三级医院转移态势明显，凸显优质医师资源短缺和分布不均衡。互联网医疗机构为医师和患者提供了跨地域“屏对屏”就诊模式，与传统“面对面”就诊模式形成互补，并在多个方面初步探索出独具特色的医疗模式。

互联网医疗机构成为医师与患者撮合平台，扮演着新型医疗组织的角色。传统医疗以“医师——医院（诊所）——患者”的形式呈

现，其以医院（诊所）为中心、在固定地点、患者挂号找医师进行面诊。互联网医疗采取“医师——网络平台——患者”的组织模式，一边吸引各地医师，另一边吸引各地病患，由医师在线提供医疗服务。对比传统医院，平台方提供的是“医疗信息网络服务”及其他如网络支付等，或者说医患接洽的网络空间，是一种不同于实体医疗机构的线上新型医疗组织。

互联网医疗机构与传统医疗机构一样，需要加强医师执业资格注册审查和日常管理。我国《执业医师法》要求医师需通过国家考试，取得资格证和执业证书。互联网医疗平台对入驻医师设置条件，如主治医师及以上职称、工作年限超过 5 年等，同时要求提供医师资格证、执业证书、身份证，以及银行卡信息（业界称“三证一卡”）。平台方还会与原执业机构进行核实，组织模拟考试进行专业测评，以把好入口。目前少数平台的入驻医师均近 20 万，接近全国执业医师 6%。此外，平台方还在探索建立医师信用体系和黑名单制度。

互联网医疗机构定位于健康咨询、常见病和慢性病的复诊等方面，与传统机构形成线上线下互补。医疗服务包括诊断、检验和治疗等。随着远程医疗发展，诊断环节已可搬到网上。对于皮肤病等常见病，可通过远程观察给出治疗方案。对于在医院首诊过的心脑血管、糖尿病、癌症等过亿的慢性病患者，可通过网络与医师建立联系得到长期随访和复诊。对于血液病、骨科等病种，可结合当地医院出具的血检、尿检、彩超、核磁等结果，预约一线专家远程会诊，减少交通食宿陪护成本。特别是，网络平台具有覆盖面广、推送精准的优势，在患者健康教育和医疗咨询方面具有明显优势。

互联网医疗机构通过提供人工智能辅助诊断系统、大数据分析方案等为传统医疗体系赋能。医师水平主要取决于知识学习和经验积累，偏远地区医师技能参差不齐。随着辅助诊断技术突破，如在食管癌早期筛查、肺结节、糖尿病性视网膜病变等方面，人工智能系统的检测准确率已达到90%、95%和97%以上，部分企业已与基层医院合作降低误诊率。此外，医疗平台汇聚起百万级医师、亿级患者病例及反馈信息，为利用大数据技术开展疾病分析、监测、预防及政策制定提供了数据支撑。

二、互联网医疗监管制度进展及其面临的挑战

医疗监管制度源于医师、医院和患者之间存在严重的信息不对称现象。为保障医疗安全，现有医疗监管体系以医疗机构为抓手，督导其落实医师管理、诊疗行为规范和医疗质量管理责任。但互联网医疗以新型组织模式出现，它冲击了监管抓手和属地监管制度，机械套用无异于削足适履，监管制度跟进重构已势在必行。

从前期探索来看，国家系列政策试点为监管互联网医疗提供了经验准备。远程医疗方面，2014 年国家卫计委《关于推进医疗机构远程医疗服务的意见》提出支持一方医疗机构邀请其他医疗机构，运用信息化技术提供诊疗支持，并要求完善医疗质量与医疗安全保障措施，实现优质医疗资源下沉。多点执业方面，2014 年国家卫计委《关于印发推进和规范医师多点执业的若干意见的通知》明确多点执业资格条件，如中级医师资格和 5 年执业经历，探索备案管理，明确人事管理和医疗责任边界；这为医师参与互联网医疗提供了可能。分级诊疗方面，2015 年国务院办公厅《关于推进分级诊疗制度建设的指导意见》提出以常见病、多发病、慢性病分级诊疗为突破口，利用信息化手段促进医疗资源纵向流动。上述政策表明国家开始重视制度建设和利用

信息化技术，推进医疗资源下沉和配置效率提高。

但我们也注意到，互联网医疗的医患分离和线上虚拟的特点，存在着被不负责任的医师滥用乃至钻空子的可能。如何对互联网医疗平台上产生的诊疗行为、电子处方、医疗质量、事故纠纷、隐私保护等进行规范，同时激励其创新发展，都还缺乏细则或要求。主要体现在以下几点。

一是在监管对象上，互联网医疗平台属性及其管理政策尚处于空白。对于医师，按照《执业医师注册管理办法》，医疗平台要求医师提供各类证件自我证明，并未与国家注册医师库对接校核。对于医疗平台，其兼具医院部分功能但又不同，实践中这些平台取得的资质有两类：一是电信管理部门颁发的互联网信息服务许可，二是药品监管部门颁发的互联网药品信息服务许可。就医疗监管而言，若参照《医疗机构管理条例》提出的医院选址、服务半径、病床编制、器械配备等条件进行监管，又与网络平台的虚拟性不匹配。

二是在监管重点上，针对在线诊疗的执业规则、质量监管和数据安全等监管细则亟待出台。目前，国家只允许实体医疗机构之间开展远程诊疗。互联网医疗机构以提供健康教育、在线咨询、远程诊断信息化服务等为主，也有一些打擦边球的情形，如提供“轻问诊”、慢性病管理等，关于是否放开诊断处方权成为业界关注点。与之相伴随的是，还要参考《医疗质量管理办法》《医疗事故处理条例》等，建立质量管理、责任划分及纠纷解决制度。此外，患病记录、电子处方等泄露风险随之伴生，个人隐私保护成为新问题。

三是在监管机构上，现有属地监管为主的管理体制无法适应医师、平台、患者相互分离的组织模式。过去，属地化的医疗监管机构承担着医师注册、医院设立、质量监督、纠纷处置等职责。对于互联网医疗来说，医师、平台、患者在地域相互分离，甚至企业注册地、服务器放置地、运营团队所在地也相互分离，现有各管一片、协同不足的监管体制必须随之调整。此外，考虑到互联网医疗还涉及信息服务、药物、工商、价格、内容、安全等部门的职责，强化跨部门协同也成为监管所需。

四是在监管手段上，现行线下实地稽查无法对互联网医疗机构的线上活动做到全程监管。过去，医疗监管部门通过发布诊疗指南、操作规范、行业标准等来规范医疗活动，依托数据采集、现场抽查、执法监督等行政手段，推动企业落实责任。对于互联网医疗，尽管各类主体在诊疗环节发生的各种行为，可以用数据记录和留存下来，但监管部门尚缺乏手段，相对于医疗平台讲，明显处于信息劣势，亟须提升对医疗大数据的分析监管能力。

三、银川互联网医疗监管实践与主要经验

受地理位置、经济基础和人口规模等制约，宁夏医疗资源总体匮乏，基层服务能力明显不足。2016 年银川市政府基于自治区立法权，在国内率先放开在线诊治和开具处方，并出台 10 份文件进行规范，这一制度突破吸引了国内企业纷纷入驻银川。实地调研来看，银川制度创新主要如下。

一是明确了互联网医院的合法地位和设立条件，规范了医师执业要求。《银川互联网医院管理办法（试行）》将医院分为两类，即无实体的“互联网 + 医疗”模式、依托线下公立医疗机构的“医疗 + 互联网”模式。对于前者，设立条件包括拥有网络平台、具备优质医师库、提交信息网络拓扑图，且必须将运营数据存放在智慧银川大数据

中心。到2018年3月，共有11家企业获批《医疗机构执业许可证》。医师执业方面，要求5年以上经验、中级及以上职称、有互联网医院处方权。目前通过互联网医院在银川备案的医师已达2.05万名，为宁夏执业医师总数的1.4倍，成为宁夏医疗资源的有力补充。

二是抓住互联网平台，明确诊疗范围，突出诊疗质量和安全保密等监管重点。《银川互联网医院管理办法（试行）》允许开展健康咨询、常见病多发病诊治、慢性病及康复医疗等活动。要求对注册医师进行评级管理，评级结果与职称评聘挂钩，且建立医师医疗治疗档案公示制度，形成优胜劣汰机制。对于诊疗活动，要求网络上公示医师、药师和收费标准；并对诊疗过程全程视频录像，录像资料保存3个月以上，病历资料保存至少30年。对于数据安全，《银川市互联网医院数据安全保密管理制度》提出了详细管理要求，尤其强调按密级实行数据分级分类、脱敏管理。

三是构建以卫生行政部门监督为主，多部门协同监管的工作机制。为防控医疗风险，银川要求互联网医院在本地注册、服务器在本地设置、在本地有运营团队、医师在本地注册，只有患者不局限于银川本地。这一制度虽然降低了医疗活动监管难度，但限制了全网医师为宁夏患者提供服务的渠道。在分工落实上，卫生行政部门落实主体监管职责；其他部门依照职责做好工作，如行政审批局负责互联网医院及其医师资质的登记备案；人社部门负责医保对接与管理等。

四是开发针对互联网医院的在线监管平台，支撑全周期动态监管。银川要求互联网医院把诊疗服务全过程（医保、医疗、医药）数据，以及患者健康档案数据全部存储在大数据中心，并按照权限，向各个监管部门开放端口。由此，监管部门在事前可以做到提醒，如监控医院资质、医师备案等17项指标，实时确保合规性；事中实时管控诊疗行为中的在线问诊、处方规则、超量处方、药品限制等 46 个指标规则；在事后回溯各类数据，对医疗活动进行评价和纠纷解决提供支撑。

五是运用商业保险、风险防范基金等举措让医师无忧、让患者放心。针对可能出现的不良事件或医患纠纷，《银川互联网医院医疗风险防范管理办法（试行）》要求医院注册资本金不低于 1000 万元，为每位医师购买执业责任险，保额不低于 20 万元，让医师安心执业。同时，还把互联网医疗服务纳入医保范畴，如线上挂号、诊疗所发生的费用，均可用本人医保账户资金支付，激励参保人员在线就医。需要指出的是，银川还安排财政资金发起设立了互联网医院医疗风险防范基金，为医院购买执业责任险，保障事故快速处置。

监管创新为银川发展互联网医疗提供了激励和关键保障。一年来，超过 4.2 万名本地患者接受了在线医疗服务，1600 名患者接受了一线专家远程诊疗，仅异地患者就医交通成本一项就节省数千万元。此外，还提升了基层医疗机构（如彭阳县）服务能力，为分级诊疗机制提供了资源支撑。

四、构建适应互联网医疗新模式的监管政策建议

互联网医疗释放了优质医疗资源供给潜力，让医疗服务触手可及，成为当前“互联网+”创新的热点领域，如 2015～2017 年我国融资笔数由 32 笔增至 64 笔，进入 2017 年“独角兽”名单有 3 家，全国互联网医疗用户已达 2 亿户。但监管制度跟进不足，其中既有担心互联网医院冲击实体医院的成分，也有担心难以监管的顾虑。实际上，

在线诊疗的全流程可记录、可追溯性，为监管制度创新提供了更好条件；一旦监管跟到位的话，甚至要比传统模式效率更高、质量更好、安全更可控。

建议按照“积极支持，创新监管，有序推进，提高质量”的思路，把互联网医疗视为整个医疗供给体系的新生力量和重要组成，允许在医疗资源相对短缺的区域率先试点，鼓励围绕痛点开展模式创新。监管上要基于银川经验，选择互联网医疗平台为切入点，重塑包容审慎的新制度。推进上要立足医疗服务事关人命的基点，把住医疗质量底线和医疗安全红线，防止一放就乱，无序发展。质量上要坚持“以患者为中心”，遵循国家标准和行业规范，尊重患者权利，不断提高就医满意度。建议如下。

第一，在监管对象上，明确赋予互联网医疗机构合法地位，让医师多点执业更便利。本质上讲，互联网医疗机构只是撮合医患信息的中介平台，其对入驻医师的约束力没有传统医疗机构强，既不能按照传统条件或标准来管理互联网医疗机构，也不能只将其作为信息服务平台由通信部门监管。建议参照《医疗机构管理条例》，研究设立与实体医疗机构相并列的“医疗信息服务机构”大类，赋予其合法身份，提出配套设立标准。同时，进一步简化多点执业条件，促进资源流动，健全医师与互联网医疗机构的劳动关系，鼓励通过商业保险或其他风险防范机制消除后顾之忧。

第二，在监管重点上，着力围绕提高医疗质量展开，落实平台责任和多方治理。患者需要的是由医师和平台联手提供的“质优价廉”的医疗服务。在医师监管方面，应督导互联网医疗平台严把入口关，建立信用动态评价机制、防止刷单机制，推进黑名单的跨企业共享，让违规者寸步难行。在平台监管方面，设定平台运营的最少必要功能，如身份鉴权、诊疗异常干预、处方规范、全程录像、存储安全、隐私保护等，落实质量管理责任。提前考虑并预防网络平台“赢者通吃”后操纵医疗服务价格、侵害医师与患者权益的行为。此外，还要推进医疗校验结果的跨地域互认工作。

第三，在监管机构上，加快转变理念，优化职能配置，强化条块协作。随着未来跨区域诊疗量越来越大，医疗平台企业注册地的监管事务越来越重，尤其是涉及医疗事故纠纷时，当地监管部门需要牵头组织，对接医患所在地监管部门。一方面，要处理好地方监管责任与部门能力匹配情况，健全跨地域协作机制；另一方面，还要与电信、药品、内容、价格、安全等部门合作，加强相互通报和监管对接，提升监管合力。长期看，互联网医疗市场会集中到少数几家覆盖全国的大平台，要加强国家层面的机构职能配置，防止地方监管要求碎片化，制约创新发展。

第四，在监管手段上，树立以新手段监管网络平台的思维，以大数据技术手段来监管医疗活动。与其他“互联网+”业务一样，监管部门在放开准入的同时，必须先做好事中事后监管准备，其关键是如何做到常态监管、及时监管、全周期监管。可通过政府购买服务等，与技术实力强的企业合作，开发建设监管平台，依法对接互联网医疗平台，采集必要监管数据。平台也要落实国家相关诊疗指南和操作规范等要求，设置监管规则，提升对医师在线诊疗全流程的监测干预能力。

第五，在政策支持上，多措并举打消医患双方对互联网医疗的疑虑和戒心。首要任务是让互联网医疗与传统医疗机构享受同等医保待遇，但要防止医保套利行为。其次，推进政府数据开放，包括研究将国家执业医师数据库定向开放给医疗平台，与医师自我提交的证件相对比，提高平台审核效率和准确性。再次，通过商业保险、医疗风险防范基金及其他风险规避机制，增强医师和患者信心。

执笔人：马　源　马　骏

企业变革趋势篇

第十四章

智能互联趋势下的企业变革趋势展望

随着“互联网+”浪潮的进一步深化，以智能硬件为主要载体、以物联网技术为支撑的智能互联时代即将来临。我们认为，智能互联是“平台经济”“共享经济”和“智能硬件”的结合：平台经济的核心理念是依托互联网平台及时对接供需信息、减少信息不对称，这一点是互联网经济的基本特征，从互联网1.0时代起就广泛应用；共享经济是平台经济的升级版，核心是将“所有权”与“使用权”分离，在不改变所有权的前提下，通过互联网平台匹配供需、实现使用权的转移或共享，从而盘活社会闲置资源，这一点在交通出行（如滴滴顺风车、Uber）、住宿（Airbnb）等领域发展的尤为成熟；智能硬件是智能互联平台的“触手”，在为客户提供服务的同时，通过智能硬件获取客户的使用数据，并依靠大数据技术对数据进行分析处理，进一步把握客户需求、提升服务水平、开拓新的业务领域，从而产生持续的创新动力，这一特点可类比智能穿戴设备。智能互联企业结合了这三者的优点，通过平台匹配供需、通过共享让智能硬件运动起来并获取海量动态数据，从而实现与客户的互动、为客户提供更好更合适的服务。

智能互联时代的企业生产和经营与传统模式完全不同：一是产品从硬件为主转变为软硬件并重；二是企业与用户的关系从一次性交易转变为长期服务；三是大数据成为企业的核心资产；四是企业之间的竞争演变为产业生态圈的竞争。因此，智能互联时代的企业在外部的产业结构和内部的企业组织两个层面都将发生重大的变革。

一、提升效率、创造价值、盈利明确的商业模式是智能互联平台企业站上风口的前提

（一）商业道德：平台与共享理念有效盘活闲置资源、提升社会效率

智能互联平台的“平台经济”和“共享经济”属性，缓解了供需双方的信息不对称、盘活了闲置资源、提升了社会效率，这种互利共赢的商业道德是推动智能互联平台持续发展的根本前提。通过“所有权”与“使用权”的分离，资源需求者无须购买整个资源，只需花费较低的成本以租赁（或购买服务）的形式获得一定时间内的使用权，从而减少了无效支出；资源所有者可以通过向其他用户分享资源使用权而获得一定的收益。在这一过程中，资源的所有者和使用者的效用都得到提高，同时又提升了资源运转效率。这一商业道德，已经在“共享经济”的滴滴顺风车、Uber、Airbnb 等表现得十分充分。

作为智能互联时代排头兵的共享单车行业，则尚未形成纯粹的“平台”属性——他们既是资源的所有者，又是平台的提供者。尽管短期来看共享单车企业似乎加深了社会资源闲置的程度，但从全产业链和全生命周期来看，随着时间推移和存量自行车的报废，共享单车的发展将促使消费者在自购和共享中做出选择，共享单车减少资源闲

置的作用将逐步体现。因此，共享单车平台可以看作共享经济的一种特殊模式，从长期来看依然盘活了闲置资源、提升了社会效率。

（二）商业模式：智能硬件获取海量动态数据，围绕用户痛点创造产业蓝海

1. 发展初期提供中介服务，收取佣金分成

从商业模式上来看，智能互联企业在发展初期，可以依靠“共享经济”理念，以中介的角色匹配供需双方信息、撮合供需双方完成交易、提升供需双方的效用，并以佣金、中介费的形式抽成获取收入。参考滴滴打车的案例，通过匹配供给和需求端的信息，减少资源闲置，同时在每次交易后按比例抽成实现盈利。

共享单车企业同时作为资源所有者和交易撮合者，其“分时租赁”收入可以分为两部分：一部分是作为单车的所有者，在每次服务后收取的使用权转让费用；另一部分是作为平台的提供者，在每次匹配供需后，抽取的中介费分成。

仔细分解共享单车企业的成本收入结构，在业务发展初期，其成本主要包括智能硬件（共享单车）的生产和运维成本、平台推广成本、技术开发与更新成本等；收入主要来源是上述“分时租赁”收入。此外，“押金”也是共享单车行业的一个不容忽视的资金存在。作为资源所有者，为充分保障所有权与使用权的分离、规范客户行为，共享单车企业向用户收取一定数额的押金。押金是一种“动产质权”，提高了用户损毁、盗窃共享单车的成本，降低了共享单车企业的经营风险和运维成本。同时，押金交由第三方托管，其利息收入也是共享单车企业的重要收入来源。因此，在业务发展初期，共享单车企业即可通过提供“分时租赁”服务和押金托管获取稳定现金流。

2. 未来依靠对数据信息的挖掘创造价值

真正促使智能互联企业走向风口的，并不是简单地以平台形式提供的中介服务，否则智能互联与“Web1.0”时代的电子商务平台就没有根本性的差别了，消费者“共创共享”才是促进智能互联企业产生变革的根本因素。

充分运用用户数据挖掘用户需求，是推动智能互联企业持续发展的根本动力。随着运营过程的深化，用户使用数据量将会快速积累，在获取用户授权后，智能互联企业对用户数据进行深入分析与挖掘，从而精准定位用户的需求与偏好。

变平台为渠道，是推动智能互联满足客户个性化需求的基础要求。靠PC机抢夺搜索资源的营销方式是第一代互联网时期的做法，靠整合分享是移动互联网时代的做法，而在智能互联时代，智能硬件和平台必将是互联网运营商实现引流和黏人的最重要的载体。通过数据挖掘获取用户偏好后，智能互联企业通过平台有针对性地向用户提供即时有用的信息和推介，在这一过程中，用户还可以实时向平台反馈诉求和体验。

生态圈建设是智能互联发展的必然趋势。在满足了用户的个性化需求后，智能互联企业运用大数据技术，为不同类型的用户提供定制化的需求场景，并与外部供应商合作，通过平台引流为用户提供全生态闭环服务。这一互动过程从根本上改造了企业价值链，完成了由平台提供者和用户共同实现的经营效率的提升和商业模式的创新。平台公司将依托于自己掌握的海量用户数据成为生态圈的绝对主导，如何应用好这些数据资源，更好地把握用户需求、提升市场竞争力甚至优化社会管理，是智能互联企业的发展方向，也将是其核心竞争力。

用户成为数据供应商，持续的交易数据是保证用户黏性的基本原材料。过去，交易是一次性的，在产品卖出去以后，交易就结束了，企业无须也难以知道产品卖给了谁。在智能互联时代，使用产品，意味着企业和消费者之间的互动关系才刚刚开始——单次交易变成了长期依赖，客户变成了用户和供应商。单次交易额不再重要，持续的强连接以及这种连接实现的交流互动才是根本。越频繁的交互，意味着用户对平台的依赖，平台获取越多数据，也就越能为用户提供定制化产品和服务，进一步提高用户的依赖度。

将平台变成渠道，将消费者变成长期的供应商和客户，运用消费者数据开发定制化需求并提供场景化服务，才是智能互联商业模式的精髓，也是推动智能互联走向崛起的核心动力。这一商业模式清晰、盈利方向明确，对于价值链的改造能力可以带来无限的想象空间，足以吸引各类资本的关注，一时间成为各类资本竞相追逐的风口。

具体到共享单车企业来看，在短期内是通过提供单车的分时租赁服务实现盈利，单单从短期模式来看，就足以持续产生稳定现金流，盈利模式十分清晰，可以预见在不远的未来即可实现盈利。但更为重要的是其长期发展潜力。长期来看共享单车企业将在获取用户授权的前提下，通过对用户信息资源的挖掘和运用，依靠 APP 的流量入口，整合用户的各类场景化消费需求（如购物、医疗、通勤、金融等），联合外部供应商为用户提供全生态的定制服务。因此从短期和长期来看，智能互联企业都具备成为“风口”的各项要求，也正因为此吸引了大量资本的拥趸。

二、产业结构：以平台企业为核心的生态圈竞争

在产业结构方面，从纵向上看，智能互联企业通过源源不断获取

的客户数据准确把握客户需求，联合上下游企业为客户构建消费生态圈。平台企业由于掌握了用户数据，在生态圈中占据绝对的核心地位，相对于其他企业将具有越来越高的议价能力，对上下游产业会带来深刻的影响。从横向上看，智能互联企业依托广泛的互联网终端，面向最广大客户提供相对同质化的服务。因此在行业内平台企业的竞争将衍生为生态圈之间的竞争，谁先构建起全面、高效、满足用户多样化需求的生态圈，谁就将获得主动权。

（一）纵向：以平台企业为核心构建生态圈，从供应链走到生态链

平台企业围绕用户需求，联合相关企业构建生态圈。智能互联企业通过撮合供需双边市场效应和集群效应，获取到动态的用户使用数据，基于大数据技术，智能互联企业能够精准识别不同用户群体的需求并针对性地开发定制化产品，联合（或直接收购）相关企业提供场景化的全生态服务。对于共享单车企业来说，在掌握了海量的用户出行数据后，将通过数据挖掘分析出不同用户群体的出行偏好，联合相关企业如网约车、购物、金融等行业，共同构建封闭的生态圈，共享单车平台自身变为流量入口，为用户提供场景化的服务。

平台企业掌握核心资产与话语权，成为上下游企业的“基础设施”。在智能互联生态圈中，“二八定律”决定了只有掌握用户数据和流量入口的智能互联平台才会拥有最大的话语权，其他企业将依赖智能互联平台这一“基础设施”开展业务。第一代 PC 互联网时代的 BAT 三家巨头、第二代移动互联网时代的小米等都走过了类似的发展轨迹：依靠自身的核心资产构建起巨大的生态圈，为生态圈内的上下游企业提供基础设施服务。第三代智能互联网时代也势必会产生类似

的格局。

智能硬件生产商优势不再，成为代工厂和运维方。随着用户对资源的消费需求由“占有”变为“使用”、从购买产品变为购买服务，智能硬件的生产商不再直面客户，品牌对于消费者的影响力减弱。随着具有典型互联网模式、对用户偏好和需求有充分掌握的平台公司崛起，产业重心从劳动密集型的硬件生产方向技术密集型的服务提供方转移。因此，具有网络和数据集成能力的硬件和软件服务平台将成为产业的“规则制定者、流程管理者和价值分配者”，以数字为中心的“平台层”将逐步获得对以产品为中心的“物理层”的支配性地位。

具体到共享单车行业，单车生产厂家从直接向客户提供个性化产品，转变为智能互联企业的代工厂和维修厂，在供应链中的话语权大大降低。单车生产厂家需要针对新的定位开展转型，以提升自身在供应链中的地位与话语权。其可能的方向，一是通过改进材料、提升技术，减少单车损毁率和故障率，从而降低共享单车企业的运维成本，提升自身的市场竞争力。二是关注细分市场的客户需求生产差异化产品，如在提供基本出行服务的共享单车产品之外，关注客户的健身、体验等方面的需求，这些细分市场是共享单车所未能覆盖和难以覆盖的，因此针对这些细分市场依然存在对“所有权”的需求。三是把握“互联网 +”的赋能机会，探索新材料、数据化、模块化、智能化等发展方向，参与供应链体系的构建，尽可能避免被边缘化和去品牌化。

智能互联平台作为生态圈核心，承担引领推动变革的重任。掌握了用户数据的智能互联平台企业在生态圈中拥有最大的话语权，根据用户需求把握整个生态圈的发展方向，也承担了引领推动生态圈变革的重任。一方面，智能互联平台要坚守其商业道德基础，引领生态圈进一步适应“互联网 +”的要求、提升服务效率、减少资源浪费。另一方面，智能互联平台要在规范用户行为、保护用户隐私、维护用户权益方面切实承担社会责任。

（二）横向：行业竞争格局由无序竞争、过度竞争走向寡头垄断、赢家通吃，最终成为生态圈之间的竞争

发展初期，智能硬件成本低、推广快，呈现出以平台企业为主力的江湖混战格局。在发展初期的“共享经济”阶段，新进入者只需投放一定量的低成本的智能终端即可入局，为客户提供初步的服务，进入壁垒较低，各类投资机构只需为数不多的投资即可扶持一家企业。此阶段，智能互联企业呈现出“百花齐放、江湖混战”的格局。

随着运营的深化，用户数据的重要性逐步显现，生态圈之间开展寡头竞争。

第一，头部企业拥有了一定的客户黏性，新进入者面临壁垒。随着行业从初创走向高速发展阶段，新进入者将面临已有企业的阻击：已有企业占领了一部分的市场，拥有了一定的客户黏性，新进入者如果继续提供同质化的服务，将难以对客户产生吸引力。

第二，资本市场的分化客观上推动了智能互联企业的寡头化。为了快速扩张，智能互联企业需要依赖大量的资本投入来吸引客户、提高客户黏性，典型案例如网约车行业的补贴大战、共享单车行业的大规模地推等，在这一过程中，资本实力较弱的企业将面临困境，从而逐步退出市场竞争。鉴于资本行业的竞争形势越来越呈现出寡头垄断的格局，寡头资本对于智能互联企业的支持也势必呈现出“分拨站队”的寡头局面——寡头资本将更多聚集到行业先入者以及具有独特技术优势的少数智能互联龙头企业中。

第三，随着对用户数据的挖掘进一步深化，生态圈之间开展直接竞争，拥有更强的数据获取和处理能力的企业成为寡头。最核心的是，随着智能互联企业对于数据的依赖越发凸显，拥有大量用户数据的头部企业将依托其数据优势进一步获取更多的客户、提供更好的服务、构建更符合用户需求的生态圈，马太效应进一步削弱了跟进者的竞争优势。当头部公司所构建起的生态圈之间开始竞争时，新进入者基本不再有招架之力。至此，龙头企业形成寡头垄断的格局将逐渐显现，多数后进者将通过自行退出或被寡头并购而离开全范围的行业竞争，少数后进者可能通过提供差异化服务寻找细分市场。于是，整个行业的竞争将走向寡头垄断、赢者通吃的格局。

网约车行业的发展就呈现出上述特点，在产生之初，相关的互联网平台如易道、快的、滴滴、UBER、摇摇等多点开花，并在随后出现了滴滴和快的之间的“烧钱大战”，最终随着滴滴与快的合并、UBER退出中国市场，以及首汽约车等细分市场的形成，寡头垄断格局正式形成。共享单车行业的发展更为迅速，从行业产生之初大街上各色单车争奇斗艳，到目前形成摩拜与ofo的双峰并峙，以及后续产生的共享电动车等细分市场，寡头垄断格局也已基本形成。

三、组织形式：以变应变、快速响应、高效适应

（一）扁平化管理与“模块化+网络化”结构

智能互联企业天然具备的互联网基因造就了新型的组织形式，并服务于企业的价值创造模式，而价值创造模式又反向推动组织形式的调整，以快速响应、迅速适应价值创造的要求。可以说，在智能互联平台企业中，“变化”既是应对外部竞争的要求，又是企业内部发展的需要。

第一，管理和决策对于个人经验、以往原则的依赖程度降低，科层制度难以适应迅速变化的环境。传统科层制的一个基本假设是专业分工与个体差异，于是就出现了上下级关系，下级要向上级汇报，更资深的员工依靠自己的经验积累和专业判断作出决策。但在智能互联企业，随着用户情景化数据的积累，以及数据处理、价值挖掘和呈现技术的完善，管理和决策将更加依赖数据分析的结果。同时，激烈的竞争环境也要求组织提高决策效率、迅速更新迭代。这种变化要求组织打破科层制的上传下达体系，提升决策效率，在组织内部建立微型团队、开展创新创业。加上互联网技术的支持，智能互联企业的组织将呈现出扁平化与柔性化的特征。

第二，柔性组织结构迎合了新生代创新型人才的心理。新生代员工特别是互联网从业者，不喜规则、彰显自我、崇拜专家而非领导、做自己喜欢的事，有极强的自我意识及创业心态。柔性化组织为新生代员工提供了“内部创业”的机会，针对特定的项目，由不同部门（如果还存在部门的话）的人员组成项目组，在这个虚拟的组织中（运作是现实的）共同完成内部创业项目。这样的结构，达到了去层级的目的，大家更多是以达成项目目标为核心任务。

第三，生态圈的扩张与变化推动组织结构走向模块化与网络化。作为生态圈核心的平台企业，既要持续不断地为用户提供更优质的服务以获取用户数据，又要维持、扩张现有生态圈的内容。模块化为这种要求提供了充分的支撑，在平台企业内部，各种跨职能团队、众包组织、阿米巴组织等独立单元分别负责不同的任务与服务模块，模块之间通过网络联系在一起，共同为企业的发展目标服务。围绕在平台企业周围，生态圈内的服务商联结成网络，相互传递信息流、物质流和现金流，从而实现了整个生态圈的运转与扩张。在扩张过程中，各个模块内部以及模块之间的网络会随时发生变化，最终形成了“大平台、小模块、富网络、多变化”的组织体系。

（二）组织网络化实现了强集团管控、分地域外包

传统企业在开展区域化经营过程中，必须在各地乃至海外设立分支机构，并给予分支机构充分的授权，以实现对商机的敏锐把握，任正非称之为“让听得见炮声的人来决策”。但同时，这种管控模式削弱了总部对于各分支机构的集中管控能力，容易出现各自为战、重复建设、层级过多、效率低下等问题，也不利于防控风险。

智能互联企业中，区域运营不再是合理的运营方式。智能互联企业对智能硬件和用户实现了全球联网和实时监控，直接由总部对所有区域进行集中化的管控。硬件的运行状态可以实时反馈到智能互联平台的数据库中，平台企业可以根据硬件状态发送指令、委派外包人员进行维护等，还可以对每一位用户的行为进行追溯。因此，智能互联企业无须派驻大量人员在当地开展工作，在各地成立分支机构除了增加成本外，实际用处不大。

（三）资本助推企业迅速完善公司治理

智能互联企业的变革能力与增长潜力直接吸引了大量资本的进入，以共享单车行业为例，摩拜单车从 2015 年 3 月到 2017 年 6 月，共完成从天使轮到 E 轮共计 6 轮融资，合计融资金额逾 12 亿美元。另一家主要的共享单车企业 ofo 自 2015 年 10 月至 2017 年 7 月，共完成 9 轮融资，合计融资金额逾 10 亿美元。

资本的进入不仅带来了雄厚的财力支持，也带来了重要的战略合作机遇，以及严苛的股东条款。不同轮次投资者对于各自利益的诉求，

促使企业对于股东、创始人和管理者之间的权利义务进行明确的规范，从而推动仅仅成立数年的企业建立起规范的公司治理体系。这种治理体系的迅速构建，也有利于公司在未来发展过程中抛开“历史遗留问题”的包袱，避免重走一些前辈企业的弯路。

四、未来：由“分时租赁”真正走向“智能共享”，实现“人人分享、人人受益、人人创造”

最理想的智能互联企业，应该具有以下几个核心特点：一是以“共享经济”为出发点，充分运用互联网渠道打破信息不对称，鼓励资源所有者共享使用权，实现“人人共享”和“人人受益”。二是以“纯平台”的角色介入市场，在尽可能体积小、成本低的载体上安装带有数据采集和传输功能的智能硬件。具体到共享单车企业来讲，最理想的应该是仅提供智能锁具而非安装有智能锁具的单车。三是通过智能硬件设备匹配供需、同时获取用户数据，进而对数据进行挖掘，更好地为客户提供场景化的服务，即“人人创造”。

因此严格来讲，当前的共享单车企业还尚未达到理想化的智能互联企业的要求：智能互联企业应更多专注于存量资产的共享，从而盘活闲置资源。共享单车企业却在市场上大量投放增量资产，培养用户新的使用习惯，而存量资产只能通过时间来自然淘汰。因此从短期来看，共享单车企业的业务反而加重了资源浪费和无效率。

所以，从社会效益最大化角度考虑，共享单车企业的发展方向是：在服务模式方面，针对目前闲置的存量资产，为每一辆单车的所有者提供 APP 平台入口和带有 GPS 定位、数据采集和传输装置的智能锁具，鼓励每一位拥有单车的个体将自己闲置的单车共享出来。在盈利模式方面，在短期主要是对使用者的骑行收取费用，并与单车共享者分成，以“共享经济”的业态实现盈利；未来主要依托通过对用户大数据的挖掘与应用，为用户提供场景化的生态圈服务实现盈利。这一变革，最好由目前的单车寡头企业来推动，其益处在于以下四点。

第一，寡头企业已经初步培养起了用户的使用习惯，用户可以通过同一个客户端入口，解锁平台自营或其他用户共享的单车，无需转变现有的使用习惯。

第二，寡头企业可以通过鼓励每一位有闲置自行车的用户将自己的单车共享出来，变成其供应商，并通过对闲置单车的共享获取一定的收益，从而加深这部分用户对于其服务的忠诚度。

第三，单车平台企业只需提供智能锁具而非全车，成本大大降低，仅需不多的几次骑行即可收回成本，资产周转率大大提高，具有较高的经济效益，帮助共享单车企业从重资产走向轻资产运营模式。

第四，转型为平台真正实现了“共享经济”，缓解了资源闲置问题，具有极高的社会效益，可以为企业带来较高的社会声望。

综上，智能互联时代的企业，通过智能平台匹配用户的供需信息，并在服务过程中获取用户数据，通过对数据的挖掘扩大服务范围、改进服务质量、提升用户体验。智能互联企业对于行业竞争格局、产业体系以及自身组织结构方面都会带来巨大的变革。未来，希望智能互联企业能够充分利用互联网作为“平台”的优势，进一步实现轻资产运营，并真正通过共享经济盘活闲置资源，提高社会效率。

执笔人：项安波

第十五章

海尔工业互联网平台 COSMOPlat 的探索与政策建议

互联网时代，用户的需求越来越个性化、多样化，倒逼企业从以自身为中心转变为以用户为中心、从大规模制造转变为大规模定制。早在 2005 年，海尔首席执行官张瑞敏就提出企业要向互联网转型，要把传统制造变成大规模定制。作为中国首批智能制造试点示范企业，海尔集团从 2012 年开始建设互联工厂，从大规模制造转型大规模定制，变产销分离为产销合一，探索转型智能制造模式的实践路径。

海尔通过自主创新，打造出具有自主知识产权的工业互联网平台——COSMOPlat。作为首家引入用户全流程参与体验的工业互联网平台，也是物联网范式下以用户为中心的共创共赢的多边平台，COSMOPlat 平台具备独创性、时代性、普适性三大特征，它以用户体验为中心，为企业提供了面向智能制造转型升级的大规模定制整体解决方案，从产品传感器变为用户传感器，实现由大规模制造向大规模定制转型，最终构建起涵括企业、用户、资源等要素共创共赢的新型生态体系。

一、海尔 COSMOPlat 工业互联网平台探索的驱动因素

（一）互联网时代用户的消费需求个性化、多样化，驱动大规模生产向大规模定制转型

互联网给世界带来最大的影响就是“零距离”，规模经济和范围经济变成了平台经济，信息不对称变成信息对称，原来信息的主动权掌握在企业手里，现在到了用户手里，双向交互变得很重要。用户也越来越重视产品带来的自我认同感，尤其对于新生代年轻用户来说，自我认同和个性需求变得格外重要。与此同时，用户开始逐步追求高品质的高端产品、个性化的产品，更多的用户表示他们愿意购买高端产品因为其更可靠的质量和高品质。

以海尔天铂空调为例，实际上是用户参与交互设计出来的。首先，网上有一位叫 DK 先生的用户提出了一个创意，想要一台类似首都鸟巢体育馆外形的空调，他把这个创意发布在网上海尔设计平台上。其次，海尔通过虚拟设计的手段，做成数字化的样机放在平台上，由更多的用户去交互，同时也吸引了许多一流资源一起来设计方案，最终形成了天铂一代。最后，在网上预售以后吸引了很多用户网上下单，下单后全过程也可以实现透明可视，安装到用户家里面，通过采集的运行大数据又可以实现持续的迭代创新。

（二）顺应全球行业发展趋势、应对激烈市场竞争的需要

当前我国制造业正在承受产业“双向转移”的压力，一方面，劳动密集型的以出口或代工为主的中小制造企业正在向越南、缅甸、印度和印尼等劳动力和资源等更低廉的新兴发展中国家转移。另一方

面，部分高端制造业在美国、欧洲等发达国家“再工业化”战略的引导下回流。中低端产品的竞争力也将被削弱，我国制造业“产业空心化”的风险将不断增加，全面重振“中国制造”已刻不容缓。

实施智能制造可以迅速提升我国现有制造业水平。以企业内部的生产过程为例，智能制造技术的实施将推动我国生产自动化水平和工业机器人的发展应用进程，缩短我国与日本、欧美等发达国家在制造装备业的距离；通过建设智能企业，改善工作流程，实现精益生产，将大大提高企业总体效率、降低制造成本。同时，通过支持社会力量参与产品的设计、柔性加工、高端服务等交互式创新活动，将有力地推动自主创新能力的提升和向服务型制造转型，对中小型和小微企业走出低端制造的困境，支持“双创”战略，具有重要现实意义。

（三）海尔互联工厂是实践探索工业互联网平台的基础和条件

《国务院关于积极推进“互联网＋”行动的指导意见》提出发展“互联网＋”协同制造，以推动互联网与制造业深度融合，提升制造业数字化、网络化、智能化水平，发展基于互联网的协同制造新模式。作为国内最早开展互联网转型实践的传统企业，海尔集团在产业链业务节点都设立了基于互联网的平台，形成与客户全流程参与、全流程互动，与资源商合作共赢，共同参与产品的设计、研发、模块化供应链和售后服务支持各项活动，在“互联网＋”与传统制造业融合方面积累了丰富经验。海尔 COSMOPlat 是开放的平台，以一个企业为示范带动上下游企业及攸关方实现利益共享。而 COSMOPlat 平台上汇聚上万家模块商和资源商，已形成对全行业、全流程的辐射效应，带动各个环节都进行了变革。

虽然海尔集团在互联网时代的转型探索中取得了一定的突破，但还在不断地试错，战略转型风险比较大；同时企业规模大，内部环节多，困难和阻碍也非常多；如果转型转不好，原先成功的模式，也可能成为劣势，所以，需要通过持续的管理创新、模式创新、技术创新不断实践实现突破引领。

二、海尔 COSMOPlat 平台的探索与成效

（一）COSMOPlat 平台目标

一是实现全球引领：成为与美国和德国相媲美的第三极平台；二是助力制造强国和网络强国战略，为中小企业提供大规模定制解决方案，帮助中小企业转型升级。

（二）COSMOPlat 平台差异化

目前，全球工业互联网平台中成体系可推广的有三个：一是代表美国先进制造的 GE 公司的 Predix，二是代表德国工业 4.0 的西门子公司的 Mindsphere，三是代表“中国制造 2025”的海尔 COSMOPlat。海尔 COSMOPlat 与前两者最大的不同在于，不是简单的机器换人、设备连接、交易撮合，而是以用户体验为中心，创造用户终身价值，实现企业、用户、资源的共创共赢共享。主要体现在两个方面：第一是高精度指引下的高效率。精准抓住用户需求，由为库存生产到每台产品都直发用户，构建全流程、全周期、全生态的新工业体系，深化供给侧结构性改革；第二是大数据基础上的小数据。关注工业大数据和数据安全，更关注用户个性化需求的小数据，实现从大规模制造到大规模定制。

1. 高精度指引下的高效率

COSMOPlat 不同于德国 4.0 和美国的工业互联网，它的核心是以

用户体验为中心的大规模定制模式。大规模定制模式有以下三大特征。

第一，全周期。产品由电器变成了网器，从提供工业产品到提供美好生活的服务方案，实现了从产品周期到用户全生命周期延伸。企业与消费者的关系由传统一次性购买交易的客户到持续交互的终身用户，拓展了企业与用户的接触点和收入来源。

以馨厨冰箱为例，冰箱与烤箱、烟机、灶具等都成功融入物联网，为用户提供整套智慧厨房生活体验，并实现了厨房场景的转型升级。在海尔智慧厨房场景中，馨厨互联网冰箱就是整个场景互联互通的中心，还能提供主动响应用户使用需求的智慧生活体验。冰箱为用户指定食谱后，会主动将运行程序发送至烤箱、灶具、洗碗机等终端上，无须再单独操控，将传统单一枯燥的厨房场景转变为人性化、多样化、娱乐化的新场景生态。从目前海尔智慧厨房生态平台的数据中可以看到，基于物联网用户小数据的个性化服务体验，已经初步引爆平台生态。据平台大数据统计，在智慧厨房生态平台的用户消费服务中，购买红酒、生鲜套餐等品类物品占据了主流。而截至 2017 年 12 月，用户复购率超 25%，平台意向估值也突破了 3 亿元。

第二，全流程。将低效的串联流程转变为以用户为中心的并联流程，以互联工厂为载体解决了大规模和个性化定制的矛盾，实现了大规模制造到大规模定制转型。互联工厂，不是简单的机器换人，其本质是与用户连接，满足用户最佳体验，体现高精度下的高效率。

从高精度来看，不入库率达到了 69%，也就是说用户直接下单到工厂，工厂直发产品到用户，这些产品不需要入库。其中，客户定制比例为 51%，而普通消费者定制也达到了 18%。以自清洁空调为例，首先有 15 万用户在母婴社群上交互提出创意，海尔的设计资源、供应商资源随之参与进来，为这些用户提供创意设计，进行 5 次产品迭代，产品首次上市预售就达到了1万多台。安装到用户家里以后，根据用户使用体验进行了持续迭代。有15万用户参与交互出20140个创意，根据这些创意，海尔又进行了产品迭代设计，并在网上预售，一次性达到了18万台。

再如云熙洗衣机的案例，2017年6月底云熙新品实现了15万台预订量，这是较以往3倍之多的预订单量；4个多月后，云熙二代上线，预订量超过21万台，现在云熙三代正在迭代中。这款产品从交互创意到产品上线，社群用户进行了全流程、全周期参与，用户由一次性交易客户，变成了终身用户，实现了产品100%的不入库。

从高效率角度来讲，订单交付周期缩短了50%，现在海尔9个互联工厂，基本上可实现无灯生产。在现金流上，家电行业经营现金资金占用平均在30~40天，海尔目前做到了-10天。2018年，海尔计划再新建12家互联工厂，累计会达到21家，成为家电业工业互联网转型的全球引领者。

第三，全生态。COSMOPlat平台不是一个封闭的体系，而是一个开放的平台，平台上的每个企业、资源方和用户都可以在平台上共创共赢共享，并推进整个平台非线性矩阵发展。目前整个平台研发和技术支持人员大概是4600人，并有超过100多家一流资源，参与平台共建开发平台，共创共赢。

以COSMOPlat采购子平台海达源为例，它是全球第一个供应商和用户零距离的平台。传统采购企业和供应商是买卖关系，海尔建立了一个共创共赢的生态圈，供应商进入到海达源平台一起满足用户体验、创造用户资源；海达源平台分享价值不是拿出来利润给供应商，而是创造的价值越大，订单机会就越多。比如压缩机供应商N公司满足了用户需求，从快速制冷到速冷节能到环保静音的快速迭代，根据用户需求设计出来满足用户最佳体验的线性无油智驱压缩机，创造了超值的价值，获得本系列全部 600 万台大订单。

2. 大数据基础上的小数据

COSMOPlat 通过大数据智能平台将用户端需求小数据与营销、设计、制造、物流等全流程大数据互联互通，以用户个性化的小数据来驱动内部全流程。其背后是由 COSMOPlat 纵向端云结合的技术加横向数据架构来支持实现。COSMOPlat 架构总结起来有四个核心能力。

①灵活部署的能力。让很多企业非常方便地使用，可以跨行业、跨领域去应用。

②生态聚合能力。不管是制造商、设计资源、模块商、设备商、物流商、服务商都可以在平台上创造培育新模式，产生新的业态。

③数据分析能力。物联网时代下，数据的结构化、复杂度比互联网要大得多，要有海量数据的处理能力。

④泛在物联的能力。接入工业的全要素，实现全流程资源的调度。

3. 海尔 COSMOPlat 技术架构和核心功能

（1）技术架构。COSMOPlat 架构从纵向看是一个端云结合的分布式结构，有安全防护体系和标准标识体系。将业务战略、目标、需求等通过四个架构（业务、应用功能、信息数据和技术）转化成应用软件程序和系统。SaaS 应用服务层（开放平台），七个环节对应的是多场景，根据不同业务场景，可以快速地编排和重构，来满足不同场景应用需求。PaaS 平台服务层（云计算），整合了平台的服务和应用，形成了一个大的平台，支持数据的软件化、标准化及第三方在上面的迭代开发。IaaS 基础设施层，不仅仅是一个计算机，还有智能设备、人员、产品，是泛工业要素的连接和数字建模能力。同时，还搭建起安全防护体系和标准标识体系。

（2）平台功能模块。平台全流程七大模块颠覆创新的“互联网+”协同创新模式，软化为可以复制的软件应用。为实现用户全流程参与产品创新服务，支撑高效率的智慧生产服务，现有平台在用户交互、研发、采购、制造、物流、服务等各节点进行了广泛的探索，举例如下。

一是用户交互定制平台（众创汇）。该平台是一个用户社群交互定制体验平台，用户基于平台可以将各种对家电的需求、有趣的创意、精彩的评论等在线交互，这里是产品创意的源泉。

二是精准营销平台。该平台基于CRM管理以及用户社群资源，通过大数据研究，将已有用户数据和第三方归集的用户数据进行梳理研究，同时，应用聚类分析，形成用户画像和标签管理的“千人千面”的精准营销。

三是开放设计平台。该平台包含三个核心套件即开放创新平台（HOPE）、HID迭代研发平台和协同开发平台。面向研发技术需求交互、产品设计实现和为模块商协同开发交互的不同阶段需求而搭建。平台累计在线资源超过300万，涉及500多个方向1000多个领域的30万家以上的核心资源。

四是模块化采购平台。该平台基于模块商协同采购平台开发，是针对模块商资源与用户零距离交互需求而搭建的模块商资源服务和聚合平台，实现模块商按需设计、模块化供货。采购系统采用分布式架构，用户需求面向全球模块商资源公开发布，系统自动精准匹配推送。

五是智能生产平台。该平台是产品的智慧制造平台，其部署了智能生产的智能软件，包括OES、APS、MES、MMS、EMS、TPM、SCADA、EAM、SPC、WMS等12个核心软件，实现智能排产、实时监测、精准配送、计划与能源优化等，通过智能套件的部署，可以实现百万级产品的个性化定制需求，实现了工厂与用户、与资源的零距离对接，支持工厂大规模定制。

六是智慧物流平台。该平台由核心的智慧运营和可视化两大类软件套件构成，包含平台预约管理、智慧物流 TMS、配送协同平台、物流轨迹可视及智能管车平台等，主要包含 VOM 系统、预约平台、智慧配车系统（TMS）、HLES3.0、WMS、HUB 分拨以及移动 APP 系统等八大软件产品，可提供全国仓配一体的放心、省心和安心的一站式最佳服务体验。

七是智慧服务平台。该平台创建了新的家电服务业态，解决用户对家电及时维修的需求，通过社会化外包、信息化等实现订单信息化、仓储智能化，对用户提供维修服务解决方案。用户购买产品后通过该平台一键录入家电信息，建立专属家电档案并上传，完全替代传统纸质保修卡，信息永不丢失。

COSMOPlat 平台的建设基于以上七大子平台，利用互联聚合的各类资源持续将基础软件迭代升级，结合运营各方面数据集成起来，形成知识化、云化并具体提供智能制造解决方案、知识智慧化、共享集约以及大数据等四大业务能力。

（三）海尔 COSMOPlat 建设经验

当前，海尔集团正在根据国务院“中国制造 2025”及《关于积极推进“互联网 +”行动的指导意见》等战略要求，积极探索互联网时代下企业由大规模制造向大规模定制的转型，COSMOPlat 大规模定制解决方案平台的建设，其核心应用大规模定制解决方案帮助企业实现全流程互联互通，满足用户全流程参与的大规模定制体验，为制造业从大规模制造向大规模定制转型提供借鉴和示范作用。在平台建设和推广过程中，海尔高度重视打造以下三个能力。

1. 行业解决方案能力是打造工业互联网平台的基础

海尔在交互、定制、研发、采购、制造、物流、服务全流程节点的业务模式变革，已经输出7类可对社会复制推广的系统应用，并开始社会化服务，为制造业转型升级提供解决方案和增值服务，使企业自身具备持续提升大规模定制的能力，满足用户的最佳体验，目前推广到12个行业：如电子、纺织、装备、建筑、运输、化工等，将在每个行业打造类似海尔互联工厂的样板。同时在青岛、上海、天津等11个区域建立示范区域。

2. 产业生态构建能力是打造工业互联网平台的核心

COSMOPlat初步形成了聚合用户和资源的生态系统，构建了开放共享的工业生态体系。在这个体系中，所有的内、外部资源都是同时参与，为用户提供全流程、全周期的服务。通过COSMOPlat，海尔已经连接3.2亿用户，平台注册企业390万家，平台成交额达3133亿元，构建起全球领先的八大互联工厂，实现了大规模定制的转型。

3. 平台应用推广能力是打造工业互联网平台的关键

COSMOPlat是海尔基于全球八大互联工厂的落地实践进行自主创新的成果，是八大互联工厂实践经验的总结和提炼，对中国制造业转型升级具备普适性和指导性。目前COSMOPlat已经开始了通过对接区域和行业两个维度进行社会化服务，主要为两类：一是提供软硬一体、虚实结合的智能制造解决方案，如新工厂建设、老工厂升级、平台Saas应用及企业管理等；二是通过平台上沉淀的数据，提供基于大数据的增值服务，如预测性维保、全产业链的协同优化、资源集约共享、信用和金融服务等。

（四）企业变革的成效

2017 年，COSMOPlat 平台成交额实现 3133 亿元，定制定单量达到4116 万台，为 3.5 万家企业、3.2 亿用户提供了增值服务。COSMOPlat 已成为全球最大的大规模定制解决方案平台。

海尔 COSMOPlat 既是国际标准的制定者，也是产业升级的赋能者。从国家层面来讲，COSMOPlat 在世界上创立了一个中国模式，提供中国解决方案。从海尔来讲，COSMOPlat 的落地让海尔在高速度增长的同时实现了高质量发展；从全社会来讲，COSMOPlat 可以带动众多中国企业实现新旧动能转换，提升国际竞争力。

1. 海尔 COSMOPlat 成为国际标准制定者，让中国模式走向世界

2017 年 4 月德国汉诺威工业博览会展览期间，德国政府工业 4.0 战略指导委员会、德国工业 4.0 平台等权威机构及企业代表参观海尔 COSMOPlat 展区后高度评价："海尔 COSMOPlat 连接用户实现个人定制的思路对工业 4.0 很有启示意义，代表了全球工业的未来。"

2017 年 12 月，国际四大标准组织之一的电气与电子工程师协会（IEEE）通过一项建议书，由海尔 COSMOPlat 牵头制订大规模定制模式的国际标准。这是与德国、美国、日本等企业解决方案竞争中胜出的，这是首个由中国企业主导制定的制造模式类国际标准，标志着中国方案从跟随到引领，走在了世界前列。

2018 年 1 月，在日本东京举行的第 47 届电子设计、研发与制造技术展览会（NEPCON JAPAN）上，海尔详细介绍了"COSMOPlat 大规模定制模式"。彭博社报道：日本制造业进入向"中国模式"学习的时代，具体就是海尔的 COSMOPlat 大规模定制模式。

2. COSMOPlat 是新旧动能转换的重要载体，是产业升级赋能者

一是 COSMOPlat 成果已在海尔得到验证。从高精度角度来讲，海尔生产线上生产的产品，51%是大客户定制的，18%是普通消费者直接下单定制的，定制定单加起来已达到69%，实现不入库率69%，这些产品不用入库，直接配送到客户端。从高效率角度来讲，订单交付周期缩短了50%，现在海尔全国有九大互联工厂，基本上可实现无灯生产。另一个成果体现在现金流（CCC）上，家电行业经营现金资金占用是30～40天，海尔目前做到了－10天。

二是COSMOPlat助力中小企业转型升级，深化国家供给侧结构性改革。海尔在工业互联网领域的探索和实践起步较早，建设较快，具有明显的示范和带动作用。2018年2月，基于工业互联网的智能制造集成应用获得国家发展改革委的制造业核心竞争力的专项支持，成为具有代表性的国家级工业互联网示范平台。目前，COSMOPlat已经复制到了建陶、家居、农业和服装等12个行业以及上海、广州、天津等11个区域。

在跨行业方面，如建陶行业，海尔与淄博市淄川区合作建立COSMOPlat建陶产业基地，淄川建陶产业园区进行升级转型，成本下降10%，产能提升20%，未来3年产值将提升100亿元以上；如农业领域，与金乡大蒜产业合作，打造从大蒜原产地到智慧家庭，实现健康产品一键定制，去除中间环节，大蒜价格提升30%，实现农民、企业与用户多方获益，同时用户健康产品需求驱动大蒜采购体系、种植设备智能化升级，助力农业生产的转型。

在跨区域方面，在上海松江已经为200多家企业提供智能制造诊断及培训，为25家企业提供产品在线设计，变传统产品为智能产品。在青岛即墨，COSMOPlat与即墨市政府战略合作打造健康产业园，以净水行业切入，通过搭建COSMOPlat子平台融入物联网技术、用户全流程参与模式，并整合海尔研发、服务网络、市场、金融等全流程资源，实现产业的转型升级，区域经济的新旧动能转换。

在模块复制方面，如采购，通过 COSMOPlat 实现从设计到供需一体的整体模块化解决方案，提供诚信支付保证，实现集约采购，成本整体下降 8%，质量提升 20%。

在跨文化方面，COSMOPlat 在美国 GEA 的运用，证明了其模式可以跨文化复制，在全球范围内具有普适性。2016 年海尔并购了 GE 家电，并将 COSMOPlat 运用于该企业，一年多的时间效果明显。兼并之前的 10 年，GE 家电销售收入平均降幅 11%，而 2017 年 GEA 的收入增幅是行业增幅的 1.5 倍。2018 年 1 ~ 8 月，美国家电市场增长 -1.1%，GE 家电销售却同比增长 11%，大大超过行业增幅。

三、遇到的问题、挑战与建议

目前，我国工业互联网平台发展处于蓬勃发展阶段，但平台培育和建设仍面临众多挑战。

（一）亟须拥有“中国模式”及核心竞争力的工业互联网平台

《国务院关于深化“互联网 + 先进制造业”发展工业互联网指导意见》明确指出：“工业互联网是以数字化、网络化、智能化为主要特征的新工业革命的关键基础设施，加快其发展有利于加速智能制造发展，更大范围、更高效率、更加精准地优化生产和服务资源配置，促进传统产业转型升级，催生新技术、新业态、新模式，为制造强国建设提供新动能。”

我们认为，其本质就是用户全流程参与创造价值并分享价值，为此需要颠覆传统模式，由大规模制造向大规模定制转型，而不是简单的机器换人。它包含网络、平台、安全等众多要素，用户全流程体验是工业互联网的核心。工业互联网平台构建的生态体系涵盖工业企业的用户交互、研发设计、采购、制造、物流和服务等各个过程，通过对传统制造业的研发、销售、制造等关键环节实现颠覆，赋能中小企业转型升级，更精准对接用户，更容易柔性制造，更能满足用户最佳体验。这样才有真正的生命力，平台才能可持续发展。因此要加快培育拥有引领全球的“中国模式”及核心竞争力的工业互联网平台。

（二）亟须集中优势资源、聚焦优势企业，共建共创共享工业互联网平台

一是对平台建设主导企业加以引导，集中优势资源、聚焦优势企业，打造工业互联网平台，创造用户最佳体验。国外的工业互联网平台发展是建立在制造业数字化、网络化演进过程中的，拥有良好的制造技术基础和信息化技术基础，因此均是大型的具有国际知名度、强大跨国部署能力的大型制造企业或龙头 IT 企业主导。我国的工业互联网平台发展起步较晚，大中小企业都在部署并积极主导平台建设。工业互联网平台布局正处于政策的窗口期、战略机遇期，稍纵即逝。当前亟须对平台建设主导企业加以引导，找准企业在建平台用平台过程中的定位，集中优势资源、聚焦优势企业，依托自身产业链生态体系打造工业互联网平台，同时加快构建工业互联网平台体系。

二是加强平台间合作，实现平台共建共创共享。制造业是实体经济的主战场，供给侧结构性改革的重要领域。我国的制造业企业智能化发展和区域协同发展不平衡的问题依然很突出，参差不齐。不同行业领域的企业限于固有思维模式，对工业互联网平台认识不足，造成跨界融通融合进展缓慢，使得工业互联网企业的融通以及平台对平台的合作还不够深入，应积极倡导跨行业、跨领域的平台间合作，让数据在平台间真正流动起来，避免形成新的平台孤岛，实现平台建设过程中的共建、共创、共享。

（三）相关政策建议

按照《国务院关于深化“互联网 + 先进制造业”发展工业互联网指导意见》要求，做好顶层设计，积极构建工业互联网平台生态体系，形成全周期、全流程和全生态的共创共赢的新型工业生态体系。

一是明确主导企业并加大支持力度，从“需求侧”角度出发，以大规模定制模式为核心，打造具有创新活力的工业互联网平台及共创共赢的生态体系。二是共建共创共享平台，推动各地支持政策落地，鼓励中小企业用平台，加快实现中小企业转型升级。

执笔人：陈录城 张维杰 王 强
崔向雨 甘 翔[①]

① 本章执笔人单位均为青岛海尔工业智能研究院。

第十六章

小米智能互联生态链变革与政策建议

一、消费升级与产业升级为智能互联带来的发展机遇

（一）对智能互联和制造业转型升级判断，明确生态链发展风口

当手机有电脑属性，移动互联网迎来爆发式发展，成就了小米、微信这样的公司和产品。同时，通过对手机行业的实践和观察，小米判断IoT时代正在来临。在这个阶段，所有设备都将是联网的、智能化的，联网设备的数量可能几何数级地增加。IoT的发展需要制造能力的支撑，小米用了3年半的时间，将小米手机做到中国第一、世界第三，其中有赖于中国制造业的体系化能力，制造业升级转型成为智能化、互联网化的产品爆发性增长的依托。制造能力的竞争也将成为未来制造业发展的关键，实际上与国家的制造业转型升级相一致。

（二）通过产品探索，锁定大众市场高品质、高颜值、高性价比的产品战略

近年来，中产阶级为代表的消费人群热衷于海淘和海外代购，可见消费能力与产品供应之间出现了错配问题。一方面，我国具有强大

的消费品生产能力和消费市场潜力；另一方面，消费品生产技术含量较低，创新不够，附加价值不高，对适应城乡居民需求变化的新产品开发不力，使高端产品需求不能得到满足。小米通过产品实践发现，消费升级的关键是高品质、高颜值和高性价比类型产品的有效供应，即大众产品品质化、品质产品大众化，这也成为小米生态链的产品战略。

（三）互联网 + 制造的手机探索经验，具有推广和复制空间

小米经过 4 年的发展，探索出了互联网与制造业深度融合的发展路径，并且积累了比较优势的资源和能力。包括：（1）锻炼了一支强有力的创业队伍；（2）拥有粉丝、极具话题性和热度的品牌；（3）包括粉丝在内的数亿用户群；（4）“前店后厂”模式的高效电商渠道，保证产品货真价实；（5）作为创业企业必备的融资能力；（6）具有高精尖特点的手机产品所积累的供应链资源和商业信誉；（7）基于“互联网 + 制造”（手机为代表）的产品方法论，包含成功的经验和失败的教训。这是小米 4 年快速发展中积累的宝贵财富，是小米生态链孕育和成长的基础。从商业模式角度，小米构建了“硬件 + 新零售 + 互联网”的铁人三项商业模式，生产高品质、高颜值、高性价比的硬件产品，并通过自有渠道高效供给消费者，消费者不仅使用硬件产品功能，同时体验互联网产品和服务，从而实现了企业可持续发展。

二、以爆品为起点，自然生长起的智能互联生态

（一）小米生态链的策略思想

将互联网与制造业（手机）融合发展的经验，复制到小米生态链

的业务发展中，通过“生态链计划”的投资+孵化方式迅速扶持大量优质初创企业，实现小米的爆品产品方法论、品牌渠道、供应链体系等资源和能力赋能于生态链企业，形成以小米手机为中心逐层向外拓展到手机电脑周边、智能产品、生活方式类产品和耗材，不断迭代产品的物联网生态，在生态生长的过程中，组织管理、产品理念、商业逻辑成为重要的发力点，分散和降低风险，促进创新创业成功。此模式避免了传统模式投入大量资金、精力、人力一体化布局，重构产业链条带来的风险。其中的关键点包括以下三点。

组织管理：小米生态链与生态链企业之间是投资关系，但小米不控股，不做大股东，有助于激发生态链企业的积极性，并有利于维持双方的平等协作关系。

产品理念：坚持做满足80%用户群体的80%的需求的产品，坚持做具有高品质、高颜值、高性价比特征的产品。

商业逻辑：以小米手机为中心，利用“烤白薯”的效应，产品扩展从手机和电脑周边开始，然后扩展到智能产品，最后做生活方式产品，发挥小米产品和品牌影响力逐渐传递的效果。

（二）如何打造大众市场高品质、高颜值、高性价比的爆款产品

中国产品市场有这样一些现象，要么贵，要么差，不存在中间状态。优质的产品价格过高：个别几家产品质量好一些，因为占的市场比例太小，为了盈利只能让产品保持高毛利；大量产品是廉价差品：这类产品门槛低，容易上手，普通的小型工厂都可以做，为了竞争持续比拼价格牺牲质量，并形成恶性循环。

破解这样的市场现状，把握消费机遇，小生态链认为速度和规模非常重要。很多市场的特点是小而分散，企业难以在技术上积累优势，

有了创新也容易被模仿。只有用速度拉开距离，用规模降低成本、稳定供应链，用海量的爆品和口碑获得品牌认可，才能获得领先优势，将品质产品大众化，大众产品品质化。小米生态链认为产品是该制造模式最重要的一环。

精准产品定义：消费升级已经成为全民现象，小米选择标准化程度高、通用功能性强的产品。因此我们有一个简单的原则：80%—80%，第一个80%是指中国普通群众用户，第二个80%是相对集中普遍的需求，即刚性需求。聚焦核心少款产品、产品的核心功能，单款产品获得最大的成本投入，以保证产品的领先性，提高产品品质。

寻求工业设计最优解：小米认为设计的合理性要与技术、可靠性和美学相匹配，也要与使用场景相匹配。小米选择自然简单的极致风格，白色作为主色调，一方面白色简单、低调，符合小米极简的设计风格，同时能够使产品在使用中与用户的空间环境形成百搭。小米工业设计的最后一个原则是干掉说明书，干掉说明书的本质是通过技术解放人性，让人以最自然的方式使用科技产品。

诚实定价：追求性价比是人的本性，而高效率是诚实定价的前提。小米选择超出用户预期的高性价比策略，首先竭尽全力将产品做好，并将运营中每一个环节效率潜能“扣”出来，通过与超一流供应商的合作同时实现了品质提升与成本降低。第一，大量、稳定的订单帮助超一流厂商提高效率，降低其人员设备的分摊费用。第二，长期、全方位的合作来降低供应商对一款产品的毛利率要求。

举例小米净水器：独创4层5向11条立体集成水路，取代传统净水器产品40余个管接件组装方式，杜绝漏水风险。采用400G大通量R0反渗水滤芯，保证实时出水量，降低废水比。取消储水罐，避免二次污染。用户通过米家APP可以获得机器运行、水质净化、滤芯寿命等实时信息。该产品获得2016IF、红点设计奖，以及百余项发明专利，零部件创新比例超过90%。售价最高1999元，远低于其他同品质产品。

（三）聚焦爆品进行生态链产品的有序合理布局

产品扩展遵循以手机为核心的相关性由近及远原则，基于手机已经取得的市场占有率和庞大的活跃用户群，手机周边是我们具有先天市场优势的圈层；然后向外拓展到智能硬件，智能硬件普遍具有与手机和APP进行互动的能力；最后基于对生态链系列产品的品质认可，扩展到普通生活耗材类产品。

第一，手机周边的智能设备，例如智能手环、移动电源、蓝牙耳机、音箱等非联网设备。充分发挥手机销售红利，拓展手机周边产品。例如在耳机足够好的情况下，假如一年要销售6000万部手机，就至少还能销售1000万部耳机。

第二，智能白电，包括净化器、电饭煲等小家电产品。传统白电在中国已经发展了30年，产品已经达到了超级精细化的水准，竞争也非常充分，小米希望在白电智能化的过程中实现差异化发展。

第三，个人短途交通产品。短途的交通问题、公共交通系统之后的“最后一公里”问题是刚需，希望从中挖掘巨大的市场机会。

第四，极客酷玩产品。当今的先锋产品，能够吸引年轻人眼球的，比如无人机、机器人、3D、AR、VR等产品，在未来也会拥有巨大的商业机会。

第五，关系到人们生活方式类的产品，也可以说是家庭及个人的消费耗材，或者说是消费升级产品，比如毛巾和床垫。

第六，投资优质的制造资源。在过去的三五年里，越来越多的制造业管理精英被培养了起来，形成了制造领域的人才库。而同时，很多制造业的优质工厂的价值被严重低估，甚至估值还达不到它的净资产，制造产能有较强的升级和协作空间。小米选择与国内最好的制造工厂、供应商合作。这种模式下，小米的设计型制造、制造型零售的创新理念与传统制造形成了共赢的关系。小米与市场对接得更紧密，将用户需求、市场需求传递给传统制造，通过改进技术将高质量的、更符合消费需求的产品交付给小米输送给最终消费者。

（四）建立高效健康的协同机制，鼓励生态链企业积极、独立发展

小米智能生态制定了投资 + 孵化的“生态链计划”，即小米组建专业的服务与管理团队，向合作伙伴（称为生态链公司）输出资本、资源，以及产业要素能力，共同打造优质产品和优良体验。不同于一般制造业企业扩张和品类拓展，生态链计划具有典型的合作共赢、协同创新的特征。

小米生态链追求与合作企业共同打造“兄弟连”，在与企业构建智能生态过程中，小米逐渐形成了协同共赢的价值观，这对于实现生态链公司保持创新力、竞争力起到独特的作用。

价值观：不赚快钱，不追求暴利，做感动人心的产品。小米在选择生态链企业时，看重与企业有一致的价值观，该企业相信未来、相信小米的商业模式、相信性价比，同样要做国民企业，而不是抱着赚快钱的思路去经营。他们也坚信互联网的三大逻辑：第一，免费原则。这可以使企业的经济规模迅速膨胀，当然不是指绝对的免费，它也包含了性价比高的情况。第二，长尾理论。产品要能迭代，或者有耗材，会形成一个相对丰富的经济模型。第三，共享经济，即充分的合作。

在这个逻辑基础上，才能与企业形成良好的合作。

合作原则：投资不控股、帮忙不添乱。小米公司向生态链公司投资，但股份比例较低，不拥有公司决策权，鼓励生态链公司独立发展(见图1)。而不控股意味着把最大利益留给团队，只做生态链公司的投资人。更深的逻辑是“利他即利己”，虽然深度参与，但都是让其自由成长。小米鼓励生态链企业和小米一起打造爆品，小米也非常鼓励这些企业拥有自有品牌、自有渠道，保持公司的独立性、想象空间。在投资的时候，有共同价值观是选择中最重要因素。

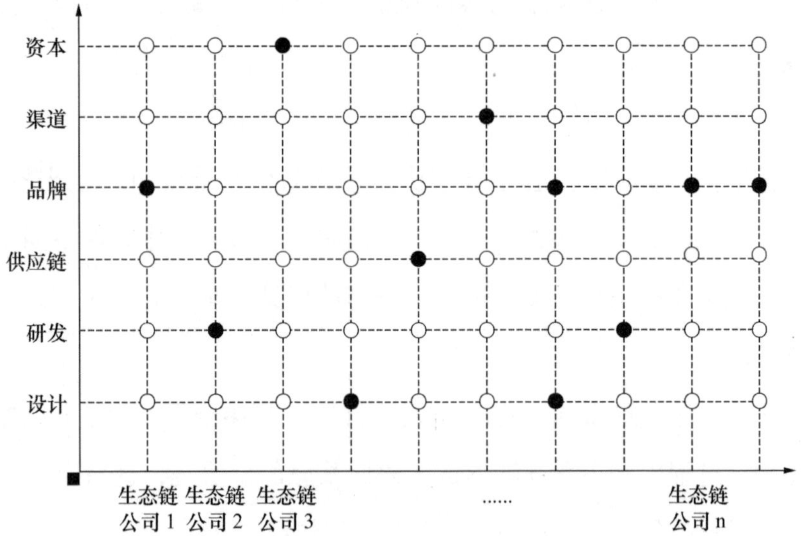

图1　小米生态链“孵化矩阵”

管理决策：集体智慧、中层决策。将互联网思维运用到实体制造领域，广泛吸收用户和米粉的建议和反馈，协同创新，帮助产品优化迭代；同时鼓励中层管理人员参与产品最高决策。

（五）在协同创新原则下形成竹林效应

小米的资源如同竹林的根系，小米生态链的产品如同一颗颗的竹笋。爆品不断生成，同时完成新陈代谢。用户的需求会发生变化，硬件产品的形态也要不断更迭，只要生态的能量一直存在，爆品就会如春笋一样滋生出来。传统的企业如同百年松树，不断成长为更高、更粗的形象，但是外部环境变化将可能因缺乏灵活的反应而没有回旋余地。随着技术的进步，企业的寿命也越来越短。竹林模式适于根据外部变化做出相应的调整，同时止损能力更强。

小米生态链是土壤，也是放大器，借助于小米的品牌（“软硬件 + 互联网”服务）、海量的用户群、自有渠道、供应链支持、投融资的支持和社会影响力，放大了好的团队和项目。小米在快速成长中，遵循的是竹子的成长逻辑，通过不断的新业务迭代，形成与竹林生长相匹配的抵御风险的能力。生态链的协同模式，同样像“竹笋”，增加了小米自身的弹性。

（六）智能的“芯”构建家居物联网

小米基于手机电视产品，以及海量生态链智能硬件，构建了覆盖全场景的智能家居产品矩阵。然后将智能硬件产品与 MIOT 技术服务平台连接，实现人、设备、服务相连接，实现人与设备互联、设备与设备互动的统一管理和服务。MIOT 技术服务平台主要由两个部分组成：设备接入部分和客户端管理部分（米家 APP）。设备接入平台提供了丰富的软硬件接入方案，包括模组接入、软件 SDK 接入、协议接入以及服务器对接方案等，通过通用智能化模块的研发，以及海量设备应用的优势，大大降低了芯片的成本。合作企业可以根据自身需求选择合适的接入方案，更加灵活，成本更低。

米家 APP 是 MIOT 平台中面向用户，适配多智能产品，并实现统一管理和控制的客户端软件，解决了行业普遍存在的智能设备联网率不高、服务单一、系统封闭的痛点，创新地实现了单一平台对多品类设备的集成管理。在手机锁屏界面集成设备控制中心，简化操作流程，统一了设备连接入口，实现了多设备间的互联互通。

小米智能生态是围绕用户生活场景、泛终端设备智能物联、面向智能制造产业链的生态系统（见图 2）。通过智能硬件平台、MIOT 平台、生态云的协同创新，实现了人、智能硬件、智能服务的连接。对用户个人及家庭生活来说，小米智能生态能够满足智能硬件产品功能体验、智能服务和管理等需求，是智能家庭和穿戴设备的一体化解决方案。对创新创业企业而言，小米智能生态可提供创新创业孵化、智能硬件接入，及包括云计算、大数据和人工智能在内的增值服务，降低创业成本，提供成功率。

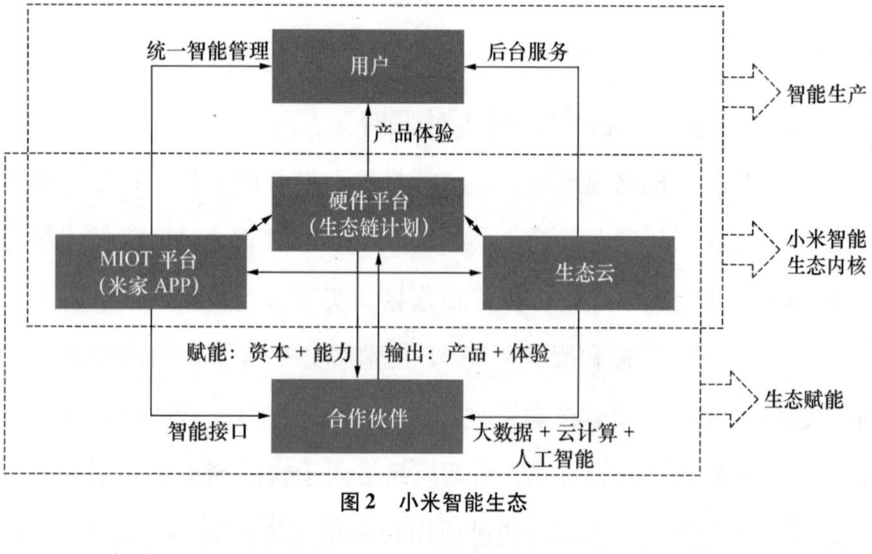

图 2　小米智能生态

小米智能生态是布局最广的商用智能硬件系统（截至 2017 年底）。（1）全球最大的智能硬件产品孵化平台：投资孵化的硬件产品公司 99 家，推出产品超过百款；全球最大的智能硬件物联网平台：MIOT 平台连接设备数量超过 8500 万；用户遍及 70 余国家和地区。

(2) 生态云承载超过 2 亿用户的数据，是全球智能硬件用户数据最多、维度最丰富、活跃度最高的一站式云服务平台。

三、小米生态链培育和发展的经验

（一）以用户为中心，发动群众、依靠群众、服务群众

小米“坚持做感动人心、价格厚道的好产品”“真诚与热爱”“让每个人享受科技的乐趣”等企业文化和价值观，皆以用户为中心，服务用户需求和痛点。作为小米一部分的小米生态链，以及生态链公司同样以此为商业信念，坚持企业、产品、用户始终在一起。

真诚是踏踏实实用真材实料做品质过硬、价格厚道的产品，和粉丝做朋友，用心倾听用户需求；热爱是聚拢一批追求极致产品的兄弟姐妹，大家做自己喜欢的事情，咬定青山不放松、千难万险不回头，享受创业乐趣。如果不真诚，做事不厚道，再高明的忽悠也长久不了，用户总会看穿离你而去；如果不热爱，则肯定没法坚持创业长跑中孤独寂寞和玩命死磕中的痛苦，肯定做不出真正让人感动的产品。真诚和热爱，才是小米胜出的重要原因。如果缺乏真诚，很难想象小米能够和用户之间形成一种情感纽带，让用户对小米产生产品价值认同品牌理念认同，以及情感认同。

小米的资深用户被称为“米粉”，不同于普通用户，他们有意愿积极参与到小米从产品研发到品牌塑造等各个环节中，对小米的发展和成就起着重要的作用。MIUI 最早的 100 个梦想赞助商是小米超级发烧友，MIUI 发布后的数万发烧友是小米硬件产品的种子用户。小米员工和米粉之间互动频繁，员工是米粉，米粉是不在编的员工，员工和米粉之间是可以相互转换的，员工和米粉之间的界线非常模糊。小米

公司内部提倡员工全员皆客服，从公司创始人到每一位员工，都在做客户服务，“米粉服务米粉”是小米的一个特色。小米善于与用户互动，从产品的设计研发到生产制造，从营销到客服，小米是一家进行全方位社会化的企业（见图3）。

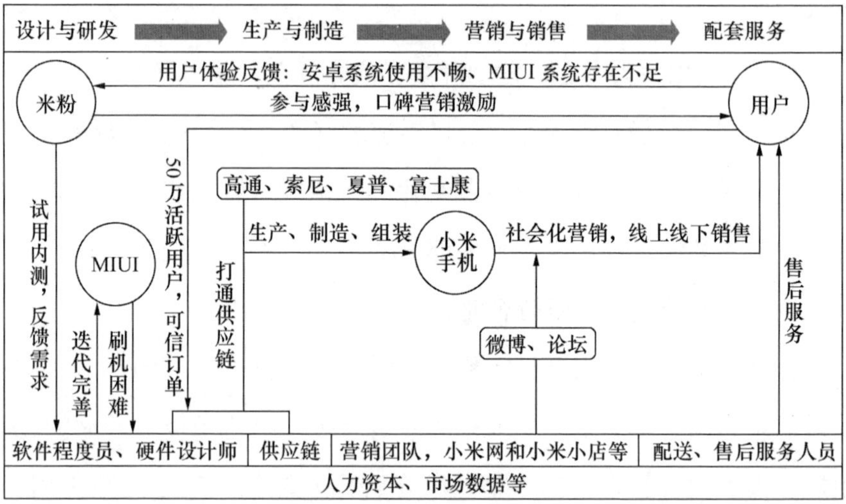

图3　小米生态链构成图

（二）创新高效的资源配置和供需链接

小米生态链是需求的感知者、资源的组织者。小米生态链通过对产业发展趋势和行业痛点的诊断和洞察，聚焦到大众用户，锁定产品的核心功能。同时，小米生态链要求产品向爆品方向发展，一个品类每年只推出一款或少有的几款产品，避免了市场上普遍存在的海量机型的竞争策略，进一步集中力量和资源提升产品核心卖点的领先性，从而使资源利用和配置最大化。

同时，小米生态链发挥互联网的高效和体验优势，构建了从生产者到消费者的最短沟通和反馈的路径。通过互联网社区等渠道吸纳用户建议，使得未来的用户能够参与到产品的打磨过程，进一步提升产品功能和体验。前店后厂的模式还大大缩短了产品的流通时间和成本，建立了更直接的供需对接方式，以及众筹、少库存等创新举措提高资源和产品的周转效率，实现供给与需求的高效匹配，使高品质、高颜值的产品进一步提高性价比，达成产能效率和产品价值的平衡统一。

（三）网络化协同制造模式助力产业转型升级

小米生态链搭建一个开放、共享、协作的网络化协同制造平台，一方面，输出方法论与产品标准，包括如何定义产品、控制质量等系统化方法，以及符合小米标准、消费升级要求的品质、设计。另一方面，输出能力资源，包括搭建专业的投资团队、项目管理团队、供应链采购管理团队、市场分析团队、品牌管理团队，负责协助生态链中的合作企业解决产品打造过程中的核心痛点和短板，平台同时为合作伙伴提供云服务、大数据、人工智能、物联网等多维度技术与服务支持，提高产品市场竞争力和增值空间。

在双创政策的鼓励下，互联网 + 制造业迎来创新创业机遇，以智能化和消费升级为特点的产品创新受到市场的欢迎，创新型企业在供应链、品牌、渠道，以及投融资方案存在明显外部需求，网络化协同制造平台可以扶上马、送一程，扶持创新创业发展。此外，小米生态链构建起多品类的海量产品，给制造产能带了稳定的发展机遇，尤其是消化了处于过剩的存量产能。比如小米空气净化器在中国市场占有率位居第一，对生产能力要求较高，生产代工环节与传统家电品牌长虹公司合作，激活了闲置的产能，为传统品牌带来增量发展空间。可见平台型企业和中小企业之间的融合发展，能够帮助更多领域产业转型升级。

四、相关政策建议

放眼全球，信息化、智能化为代表的制造业竞争态势加剧，各国“再工业化”“制造业复兴”政策不断加码，发展先进制造业成为共识。一方面，发达国家的电商、软件和互联网巨头利用既有的资本、渠道和技术等优势，重新向高端制造业渗透。另一方面，新兴国家大力效仿我国，通过政策激励和贸易壁垒支持制造业发展，我国面临前堵后追的外部竞争环境。微观角度来看，我国中小制造企业强于数量弱于质量，资本、技术和人才储备弱，品牌、设计、核心技术、关键原材料和设备等方面存在明显短板。基于新一代信息技术与制造业融合发展的探索实践，有如下几点建议。

（一）推动建立中小企业与大企业协作互赢的产业生态

当前，以多领域技术群体突破、交叉集成为特征的涌现性创新，正在取代单一技术突破的离散式创新；以多元主体参与互动协作为基础的网络化协同创新，逐渐取代单个企业完成的独立的链式创新。在日本、德国等国，中小企业往往被视为大企业创新体系的重要支撑，承担细分领域的创新。相比之下，我国尚未形成协作创新的产业局面。

建议采取相应的政策措施鼓励大企业与中小企业协作，共建产业生态。例如产业基金等创新模式，形成大企业与上下游产业链中小企业的良好互动，以资本链接强化中小企业在新型产业生态体系中发挥重要作用，为彼此都带来新的发展动能。同时着力引导中小企业与网络化协同制造平台共建产业生态，通过平台的共性技术研发能力和通用服务能力，为中小企业转型升级和创新发展提供动力引擎，协同创新培育更多的"专精特新"型"单项冠军"。

（二）优化企业创新的评定管理，最大化激发创新活力

不同规模企业具有差异化的创新优势，对我国大量中小制造企业而言，由于资金、人才等资源和抗风险能力的限制，其直接研发投入比例和研发能力往往有异于大型企业，因此更适合通过对外部知识的吸收、对互补性资源的整合、对产品性能与工艺流程的改进，进行非研发创新。同时中小企业的灵活属性使之更易于在管理创新和商业模式创新。

建议调整关于鼓励与支持创新的顶层政策设计，对创新的评定进行精细管理，充分覆盖科技创新、管理创新、商业模式创新和业态创新等。如在国家和地方的科技创新项目指南中，增设促进中小制造企业开展非直接研发类科技创新的考核；在创新型企业评选和中小企业扶持项目中，完善不同创新方向的衡量标准，鼓励企业通过创造性地使用内部和外部现有技术和知识，进行产品设计、生产流程、组织管理等各类创新；设置国家级别的创新进步奖项，奖励各层面、多维度的创新成果等。最终形成创新活力竞相迸发、创新源泉不断涌流的局面。

（三）大力发展中国设计产业、全面提升中国设计水平

设计驱动创新是全球经济发展至今的必然选择，背后则是知识经济崛起的趋势。我们要全面提升中国制造的品质，就要努力打造具有世界级声誉的中国品牌，而知识、创意密度极高的设计力则是全球领先品牌的共性。"十三五"规划纲要中也提及，要以产业升级和提升效率为导向，发展工业设计产业。目前中国设计业整体水平距离世界

设计业先进国家还有较大差距。与制造业升级迫切的需求相比，设计产业的基础相对薄弱，相关设计从业者人数不足，尤其在顶尖人才方面还很稀缺。

建议在国家层面进行专项规划，设置国家级设计促进机构，打造中国的世界级设计奖，将对中国创意设计产业发展和扶持的长远规划列入五年规划纲要。针对中国经济现状，优先扶持发展工业设计，特别是在落后产能集中的地区和行业，给予涵盖专项资金的综合支持。在制造业发达城市，成立专业设计园区，对入驻企业给予税收等综合配套优惠政策。创意设计行业是密度非常高的知识经济产业，而且多为中小企业，园区可以根据当地特色，在人才引进等方面出台针对性举措。同时，大力加强设计人才引进与培养，加大引进世界一流设计人才力度。成立专项基金，为国际设计领军人物和顶尖人才在高校设立工作坊，促进相关专业师生去海外交换学习，直接带动高校相关专业人才培养，促进产学研一体化发展。

执笔人：崔立成（小米新经济研究中心）

第十七章

从中国电信划小改革看“互联网+”推动国有大型企业管理变革

随着我国经济规模进入世界前列，我国大企业数量也同步快速增加，在2017年度《财富》世界500强排行榜中，中国大陆企业109家企业入榜，其中国有企业超过70%。我国国有大企业的基本特点是机构多、层级多、人员多，从市场信号收集到决策执行、再到效果反馈的链条长、半径大、周期长、失真多，加上传统旧体制的影响，容易患上“大企业病”。如何根据自身条件和行业规律，探索激发企业活力的新机制是许多大企业面临的共性问题。近期，我们对重庆电信、安徽电信开展了调研，发现中国电信集团过去6年来在各地下属企业推行的划小经营改革是富有成效的改革试验，公司利用互联网技术和思维改革组织、流程、制度，调动一线员工积极性，倒逼内部机构改革，推动企业向“市场驱动发展”转变。中国电信的改革实践表明，“互联网+”不仅带来产业转型和商业模式创新，也为企业深化内部管理改革创造了条件。

一、中国电信划小改革的背景

电信企业是典型的大型国有企业，在新一代网络信息技术的冲击下，正面临着产业转型和体制改革两大挑战。

（一）技术与业务的变化对企业管理带来的挑战

在互联网普及之前的100多年里，电信技术虽然不断更新换代但基本属性未变，电信业的商业模式和管理制度也没有本质性改变。从网络看，主要是铺设长途线缆、市话网络以及通达用户住宅的“最后一公里”铜缆接入线路或移动通信接入网络，设施层面的自然垄断性比较强。从业务看，主要以语音业务为主，业务类型相对单一。作为经营主体，国有电信企业则仿照国家行政体制，设置起“集团－省公司－地市公司－县公司－支局或营业区”的多层及公司架构，经营上采取自上而下、分级下达经营绩效考核指标（KPI）的管理机制。由于县以下线路和客户占到全网一半以上，因此大量的人力投入到一线的线路维护和营销任务上，形成了决策和资源分配权在上层、执行和市场经营在底层的“金字塔”科层式管理体系。

最近20多年来，随着网络技术尤其是互联网技术的大范围应用，电信企业开始从提供基于电路交换技术的话音业务向提供基于IP技术的信息服务业转型。互联网技术孕育出一大批跨界竞争者，它们对国有电信企业的商业模式和管理制度都带来了冲击。从网络看，宽带网络与上层业务应用已经分离，基础电信企业和互联网企业都可以利用宽带网络向消费者提供信息服务。从业务上看，基础电信企业也通过建设业务基地或民间资本合作，开始提供云计算、视频、游戏、音乐等新型信息服务，但互联网企业以其快捷、灵活的特点，向用户提供海量个性化、贴近用户需求的信息服务，不断分食信息服务市场。从管理上看，基础电信企业仍以分解年度计划、分级下达指标的管理模式为主，基层一线所背负的经营绩效指标越来越重；互联网企业借助宽带网络“一点接入全网访问”的特性，采取扁平化组织和运营，利用线上渠道直接壮大用户规模，在市场竞争中逐步占据上风。

产业转型暴露出电信企业传统管理方式的不适应性。一是企业层级多，自上而下达五级以上，导致上层决策贯彻易走样，下层问题反馈不上去，无法及时响应日新月异的市场变化。二是基层规模偏大和职能繁杂，在网络集中化管理和软件定义网络（SDN）的时代，庞大的一线队伍亟须重新定位；同时以承担经营任务的基层支局“五脏俱全”，超过70%时间用于表格填写等非经营性事务，市场经营难以全心投入。三是内部支撑协作不足，上级领导都愿意待在机关、办公室、城市等，习惯于固守权力和发号施令遥控一线，对基层的需求响应流程长、支撑效率低。与新竞争对手互联网企业相比，大型电信企业显得“大脑麻木、四肢僵化”，占有资源优势而处于竞争劣势。

（二）国有企业管理体制对企业管理带来的约束

除了互联网全面冲击外，国有电信企业在经营预算、薪酬、支出等方面还受到一系列制度层面的刚性约束。如在预算方面，费用预算编制难度大、缺少必要的预算调整程序，难以根据业务需求自主灵活配置等。在薪酬方面，员工工资总额由国资管理部门从严管控，实行工资总额和工资水平的“双限”政策，企业无法像竞争对手那样激励人才和吸引人才；对于合同制员工，因个人收入与经营绩效不挂钩，“吃大锅饭”，致使一部分员工被动应付工作甚至怠工。在创新方面，国有企业不仅难以像互联网企业那样采用股权激励机制，甚至创新者还要承担创新失败的责任风险。

产业转型和市场竞争让体制制约显得更加突出，如互联网社交应用软件可同时集成提供话音、视频、即时消息、金融、政务等各类综合服务，面对外部替代和市场竞争，基础电信企业唯有向创新要活力，但增加在创新型领域的投资或者内部孵化初创企业，必须打破现有薪酬制度，否则无法吸引高层次人才，还必须建立投资风险免责制度，否则无人敢做出投资决策。目前的现实情况却是，与互联网企业员工能进能出、能上能下、能多能少相比，国有基础电信企业按照行政级别设置岗位，对部分不适岗职工难以调整，大批内部冗员又无法消化安排；高水平人才又缺乏配套的激励机制，出现加速流向互联网企业的趋势，电信企业甚至成为人才培训基地。长此以往，国有电信企业竞争力将陷入恶性循环，难以走上创新发展增长之路。

二、中国电信划小改革的做法及效果

自 2012 年起，中国电信集团开始探索内部划小承包改革，在改革中深刻认识到划小改革需要更大范围的变革来支持，于是着手整合管理部门的资源，推进管理的扁平化和服务的专业化，形成“一线围绕客户转，部门围绕一线转”的制度框架。

（一）推进一线服务部门划小承包或与民资合作运营

针对一线人员吃“大锅饭”，收入低、积极性不高等突出问题，中国电信实施“划小承包”改革。其要点包括：一是划好“责任田”，将经营核算单元从市、县公司进一步划小到城市支局、农村支局、营业厅等一线单元，如安徽电信在全省划分出1461个各类承包单元；同时明确承包单元要以收入为主要承包指标，并承接发展、维系、装维、服务、安全生产等指标，实行独立核算、自负盈亏。二是选好“责任人”，打破岗级、资历、身份等限制，通过竞争选拔素质高的小承包经理（CEO)。企业员工可自主选择与企业解除或中止劳动合同，自己注册企业或自建经营门店，与中国电信签署代理经营合同。为鼓励员工大胆创业创新，公司允许员工3年内还可以回归原岗位，免除其离岗创业的后顾之忧。三是建好“责任制”，充分放权给小CEO，赋予其自主招聘权、资源使用权、考核分配权等权利，实行多劳多得、市场化激励。对于一部分网络尚未覆盖到的地方，如农村地区、厂矿地区等，鼓励小CEO自己筹资建设网络，带着网络资源参与合作。划小改革将承包人利益、企业利益和用户利益紧紧捆绑起来，利用身份变换回避了现行制度对员工薪酬的制约，实现了“风险共担、价值共享”，推动了一线员工从“要我干”向“我要干”的机制转变。

（二）整合资源为一线提供专业化服务

划小改革并非“一包就灵”，小CEO也并非“样样精通”，需要上层管理部门给予资源、给予服务，否则小CEO的努力难以转化为业务收入，积极性也备受挫伤。为解决这一问题，一方面，引入“倒三角”支撑体系，如安徽电信撤销市一级公司的区域销售服务中心，构建起综合服务支撑中心大平台，让各级管理部门入驻支撑中心，角色也从过去的经营目标下达者转变为规则制定者、资源提供者、支撑服务者，集中受理和解决小CEO在业务拓展方面遇到的各种问题，大大压缩管理层级，提高集约支撑能力。另一方面，构建专业化服务体系。针对一线的热点难点问题，如新开门店如何更好运营、装维服务质量如何提升、包区酬金结算准确与否等问题，派遣有经验的运营总监给予定向指导。针对小 CEO 担心或需要提升经营能力的问题，例如缺乏当老板的经验、对不熟悉的领域没底气、不知道从哪里切入等，通过绩效辅导、经验共享等答疑解惑。这些改革让划小承包由“不好干、不会干”向“好干、会干”加快转变：资源整合和扁平支撑提高了资源利用效率，削减了一线部门的非业务职能，使小 CEO 干事的效率更高，集中力量拼市场。

（三）构建市场导向的内部流程和激励机制

划小承包改革让小 CEO 把工作重心集中到业务发展和收入增长指标上，而把更多事务性工作甩给后台支撑中心，这直接倒逼后台管理部门加快转型。一方面，中国电信构建起“逆向派单”机制，小 CEO 遇到自身解决不了的问题时，可直接把问题甩给支撑中心，由支撑中心统一安排专业人员在最短时间内（如 5 分钟）解答处理，一旦本级解决不了，则继续上甩给更高层级支撑中心乃至集团公司，直至圆满解决。另一方面，还建立起“逆向考评”机制，学习滴滴打车等互联网企业的做法，由小 CEO 对支撑中心的问题解决情况进行评价（双向匿名），鼓励小 CEO 踊跃评价；评价结果考核到人，并直接关联部门绩效考核。以安徽电信为例，2017 年逆向派单和在线提问 100 万张，是 2016 年的 3 倍，所有工单和提问 100% 逆向评价、平均好评率 98%。流程变革重塑了业务流程，从过去自上而下的指令式管理，变成自下而上的“派单”和“评价”，倒逼职能部门改革，落实了“市场导向”。

（四）利用互联网为管理变革提供技术基础

互联网技术为划小改革、倒三角支撑、逆向派单和考评等管理变革提供了技术条件，其作用体现在各个环节：第一，为市场开发提供支持。在移动互联网支撑下，小 CEO 可以随时通过智能移动终端向用户推介业务、直接下单订购等。第二，为一线部门提供支撑。通过在线支撑平台，小 CEO 可直接寻求专业人员解决技术和管理方面的问题，如在重庆电信的易问平台上可实现 5 分钟响应和简单问题的 2 小时解决，以及对支撑效果实施在线匿名考评。安徽电信的市场一线人员随时可以通过网络将碰到的问题甩给后台，后台通过网络快速响应。第三，对经营状况实行实时监督管理。小 CEO 通过手机应用程序如安徽电信的包区能手 APP，可实时了解每日收入完成情况和个人薪酬情况，监督维护工单进展、掌握欠费客户和坏账情况等动态信息，实现了精细化管理。第四，为优化业务提供支持。企业借助后台支撑体系积累的海量问题和数据，还可以为公司改进业务设计、优化网络运维、调整竞争策略等提供定量数据支持。

中国电信在若干省分公司开启的划小改革实际上已经远远超出了划小的范围，逐步扩展为一场全面的管理改革。虽然改革还在探索中，但已经显示出调动员工积极性的重大作用，先行试点的省级公司的市场绩效和用户满意度也显著提升。

三、主动迎接“互联网+”时代的企业管理改革

我国大型国有企业多数来自计划经济时期的国营企业，在不同程度上保留了行政机关的管理体制，随着市场化、国际化、信息化的深入推进，企业越来越难以适应快速变化的市场竞争。中国电信集团划小改革的实践表明，在全面推进国有企业改革过程中，借助互联网技术和思维实施企业管理改革也是激发企业活力的重要内容。

（一）大型国有企业需要加快管理改革

大型国有企业在管理体制上无法适应市场竞争，体现在多个方面。一是管理层级过多。据国资委统计，中央企业的管理层级通常达到5～9级。企业管理岗位也是参照行政机关的级别设定。经过层层信息过滤、层层讨论决策，必然导致信息失真和决策缓慢。二是决策机制不科学。大型国企通常权力高度集中、集体决策事项多，导致事无巨细都需要层层上报，决策周期长，且脱离市场实际。三是容易出现官僚主义。在“自上而下”的管理体制下，一些部门很容易出现“揽权推责”现象，各级管理部门不断增加考核指标，基层业务部门压力大、积极性低。以上这些问题，都会导致大型国有企业对市场变化反应迟缓，甚至在市场竞争中落败。

大型国有企业的传统管理体制已经越来越难以适应我国经济发展的新形势。民营企业的规模越来越大，腾讯、阿里巴巴等企业的市值全面超越了中石化、中石油、中移动、工商银行等大型国企，在业务边界上也逐步交融，对传统国企形成竞争。我国市场开放的步伐越来越大，正在推广实行准入前国民待遇+负面清单的管理模式，建设符合国际规范的营商环境，大型国有企业还将面临激烈的国际竞争。此外，技术革命风起云涌，万物互联、云计算、大数据、人工智能等技术加快了产品迭代和模式创新的步伐，产业重构、企业再造已经势不可挡。新形势下，大型国有企业必须重塑管理体制，调动内部积极性，加快创新步伐，提高市场响应能力，否则就会被市场淘汰。

（二）主动迎接“互联网+”时代的管理改革

互联网特别是移动互联网实现了人与人之间的广泛、实时互联，下一步将进一步扩展到万物互联，这将改变企业管理的基础，如互联网扩大了各类主体之间联系的时空范围，加快了信息传递和决策速度，加速了知识和经验的积累，由此，基于互联网的管理革命也应运而生。

从近期实践看，互联网带来的企业变革主要体现在以下几个方面。一是企业组织从传统的金字塔式科层结构向扁平的网状结构转变。企业利用互联网、云计算、大数据整合企业资源，提升管理者的能力，减少企业层级，加强部门间协同。二是员工从企业付薪向用户付薪转变。互联网帮助企业统计产品和服务销售产生的价值，并在价值链的各个环节进行分配，激励企业各部门发现和抓住市场机遇，减少不产生价值的资源浪费。三是重组管理流程，传导市场压力。借助互联网平台，建立内部市场化和内部核算机制，或者对各职能部门进行逆向评价，将市场压力传导到企业各级部门。四是打破企业边界，充分利用外部资源。利用互联网实现开放式创新，利用全球的人才和技术开展创新。五是积累知识和经验。企业研发、生产、营销和管理中产生的大数据，通过挖掘或深度学习可以转化为显性知识，提升经营管理水平。

许多大型国有企业利用互联网探索管理新模式，其目标就是要提高组织效率，但不同企业会根据行业特征和企业自身条件选择适合自身的改革路线。中国电信是全程全网、覆盖全国的网络型企业，同时用户需求越来越个性化，因此企业利用互联网打造强大的集中服务平台，建设倒三角支撑体系，支持众多一线单元提供个性化服务，形成“大平台+众多一线单元”的新型运作模式。

（三）推进管理改革还需要对国有企业继续松绑

互联网只是改进组织和流程的工具，管理改革的对象最终还是企业制度。从近期的一些大型国企特别是中国电信的改革实践看，企业内部管理改革受到国资管理体制的束缚，企业需要进一步松绑。

建议进一步依法还权于企业。国资监管部门对国有企业的行政性干预比较多，涉及人事、薪酬、业务、费用等经营性事务，有的甚至穿透到二级、三级公司。依照《公司法》，还权于企业，让企业成为独立市场主体，才能释放企业活力，才能为管理制度改革松绑。

建议不断完善激励与约束相结合的治理机制。根据国内外先进企业的经验，建立风险共担、收益共享的机制，是激发企业活力和实现股东、员工、顾客、社会等多方共赢的有效途径。建议加快员工持股、分红权、绩效奖励等方面改革，给企业管理改革提供更大的激励。

执笔人：马　骏　马　源　马淑萍

第十八章

工业互联网推动产业变革的政策建议

工业互联网作为新一轮产业革命的基础能力平台，已成为美、德等主要工业国家争夺未来工业发展主导权的制高点。当前，全球工业互联网技术处于早期起步阶段，我国面临一个难得的历史机遇时期，可以实现“变道超车”。树根互联作为国内最早开始工业互联网探索的企业之一，立志于抢抓战略机遇期，打造世界级的“根云”工业互联网平台，建设自主产业生态，服务“中国制造2025”战略。

一、树根互联概况及其带来的产业变革

（一）树根互联根云平台及应用情况

树根互联技术有限公司（简称树根互联）是三一集团10年前成立、连接工业装备最多、服务行业最广泛的工业互联网赋能平台公司。树根互联除服务于自身装备在线联网外，还致力于给各工业细分行业进行赋能、创新和转型，为各行业企业提供基于物联网、大数据的云服务，面向机器的制造商、金融机构、业主、使用者、售后服务商、政府监管部门提供应用服务，同时对接各类行业软件、硬件、通讯商

开展深度合作、形成生态效应。目前，根云平台已接入能源设备、纺织设备、专用车辆、港口机械、农业机械及工程机械等各类高价值设备40万台以上，采集近万个参数，连接数千亿元资产，为客户开拓超百亿元收入的新业务。

以绣花机行业为例，过去绣花机设备的高端产品及核心技术主要集中在美、德、日、韩等发达国家龙头企业手中，国内绣花机企业整体竞争力不强，绣花机设备生产能力过剩，利润持续下降。绣花机用户在生产时常常出现绣品质量差，机器易损坏，柔性生产需求无法实现等困惑。通过分析研究，根云选择与最大的专业化工业缝纫机电脑控制器供应商——北京大豪科技进行深度合作，帮助绣花机设备发展以数据为核心的“缝制生态”模式，根云首先通过对绣花机设备的物联模块开发，打通绣花机等纺织设备与根云平台的连接；然后基于根云平台大数据平台，通过数据接入有效地推出数据分析、设备定位和业务管理等服务；在业务层联合开发绣花机智能平台，实现绣花机应用从厂内到互联网的升级，帮助绣花机厂商形成整机、零配件、售后服务成熟产业链，借助信息化、科技化手段改变制造模式。

（二）工业互联网平台引发的产业变革

工业互联网平台通过连接以工业机器设备为核心的供给侧资源、供需双方的快速对接、实时的大数据分析，下一步将实现对生产要素的高度灵活配置，打破传统的生产流程和管理方式，催生新的企业商业模式。

一是网络协同制造成为现实。以单个企业为主体的点对点需求－供给模式将被打破，以企业群为主体的网络式生产新模式将得以建立。从整体上看，这将大大提升生产要素的利用率，并且使得社会更大范围内的生产协作成为现实：供给侧的产能弹性极大增强，更好地适应需求变化。对企业而言，对生产资源的管理能力将变得极其重要，而作为网络协同制造的前提条件——具备对机器设备的实时数据采集能力的工业互联网平台将成为这一新的生产模式中的核心中枢。

二是大规模个性化定制快速发展。由于需求方和供给方通过工业互联网得以更直接的对接，信息传导的链条将大大缩短，伴随着工厂内部机器设备互联后的降本增效，个性化定制将成为生产的主要方式。这种新的个性化定制将摆脱传统的小众化、高成本定制模式，而转型为大规模、成本可承受的新定制模式，更好地满足人民日益增长的美好生活需要。基于工业互联网的支持，三一重工的很多产品已实现了大规模定制生产。

三是“卖产品”到“卖服务”的转变日益普遍。工业产品，特别是耐用机器设备的生命周期主体是出厂后的使用阶段，从价值链上看，“后市场”也是远超过产品销售的收入来源。工业互联网将帮助传统制造企业更为方便地进入“后市场”，并且可以更便捷地将其积累的专业知识转化为资产运营管理等服务项目。这一变革将催生新的商业模式：从提供产品到提供生产性服务。目前，树根互联已经帮助多个行业的制造企业开始了这一转型：从卖绣花机到卖绣花服务；从卖工业锅炉到卖工业用蒸汽服务等。

二、树根互联工业互联网平台发展路径

树根互联的核心技术研发不断突破，服务的工业企业快速增长，行业影响力持续增强，为我国的工业互联网平台建设探索出一条独具特色的发展路径。

一是融合工业数字技术。美、德等制造强国均采取了由GE、西门子等工业制造企业牵头，联合通信、IT等产业链企业，以Predix、Mindsphere等平台为核心构建工业互联网生态，推动本国工业体系整体升级的做法。树根互联基于三一集团深厚的制造业积淀，通过设立互联网创业公司的治理结构，大量招聘互联网人才，融合新技术，构建了涵盖连接层、平台层、应用层等各层级架构的完整工业互联网平台系统，使数字技术能更好地应用于真实的工业场景，也使工业企业的技术专长能借助数字技术创造出更大价值。

二是普适中国制造需求。我国制造业发展不均衡，有不少行业和大部分中小企业，信息化水平还比较低。这些行业和企业希望尽快实现转型升级，但又面临着工业互联网的技术、人才、资金门槛高的三重障碍。根云平台通过端到端集成、即插即用、按需付费的“云”SaaS服务模式，大幅降低企业的资金和技术门槛，能服务于广大的中小制造企业，迅速扩大工业互联规模。现已接入各类高价值机器设备40万台，并保持着持续较快增长的势头。

三是实现广泛行业赋能。制造业行业差异大，需要专业的垂直行业解决方案；工业互联网平台专业性强，每个行业和企业单独搭建投入难度大、成熟时间长，解决这个矛盾的有效路径，是综合性平台+垂直化行业解决方案，共享平台能帮助行业企业共享工业互联网的技术红利，快速构建深度的行业解决方案。工业互联网综合性平台的跨行业服务能力是判断其发展水平的重要标准。我们定位于公共赋能平台，已依托根云平台开发出覆盖40个行业的解决方案，并通过了用户企业的实践验证。

四是输出全球服务能力。我国的工业产品出口和企业“走出去”已占据重要地位，能够提供全球服务的工业互联网平台，对于提升企业全球产品和服务能力具有重要意义。根云依托已有的海外服务能力，打造“工业互联网 + 中国制造”的组团出海新模式，帮助中国企业“走出去”。根云已在45个国家和地区形成服务能力，并实现对欧洲等地区外国企业的接入，不断提升中国工业互联网平台的国际影响力和话语权。

五是引领工业模式创新。工业互联网打通了工业物理世界和互联网数字世界的桥梁，不仅能实现制造业的降本增效，也推动着工业领域经营模式的大变革。赋能企业实现从“卖产品”到“卖服务”的跨越；通过物联监控和客户实时互动，实现供给侧与需求侧的动态弹性匹配；开创工业共享经济模式，提升资源利用效率；基于实时工业数据的产业链金融创新，帮助中小企业解决融资难问题。依托根云平台，创新的商业模式正在变为现实，为传统工业注入了新的活力。

三、培育我国工业互联网平台的必要性和现实基础

工业互联网作为新一代信息技术与制造业深度融合的产物，日益成为新工业革命的关键支撑和深化“互联网 + 先进制造业”的重要基石，对未来工业发展产生全方位、深层次、革命性影响。当前，各国参与工业互联网发展的国际竞争日趋激烈，与发达国家相比，我国几乎同时起步，但总体发展水平及现实基础仍然不高，产业支撑能力不足，与继续构筑自主工业互联网平台。

（一）自主发展工业互联网平台的必要性与紧迫性

工业互联网平台是传统制造业向现代“智造”转型的关键。美、德等主要工业国家均将其作为其先进制造战略的重要抓手，而在具体

路径选择上，也不约而同地采取了由 GE、西门子等工业制造企业牵头，联合通信、IT 等行业的本国企业，以打造 Predix、Mindsphere 等平台为核心，构建各自的工业互联网/工业 4.0 “操作系统”，推动本国工业体系整体升级的做法。在这一已然开始的国际竞争当中，工业互联网平台发挥着类似于电脑中的 Windows 和手机中的 IOS 等“操作系统”的重要作用，成为抢占未来工业制高点的关键所在。掌握具有国际影响力的自主平台，才能牢牢把握住发展的主动权。在各自政府的大力支持下，美国 Predix 平台和德国 Mindsphere 平台发展迅猛，不但在本国市场快速推进，也在积极寻求全球范围内的推广，力图成为国际通行的工业互联网基础设施。据预测，2020 年全球就将有 500 亿台机器设备接入工业互联网，面对激烈的国际竞争，我国争取“弯道超车”的时间窗口已十分有限，只有持续加大在工业互联网平台等关键领域的投入和研发力度，才能在新一轮工业革命中占据一席之地。

工业互联网领域面临着数据安全、产业安全的巨大挑战，坚持自主建设工业互联网平台，打造安全可控的关键信息基础设施，是确保国家产业安全的必然要求。从国际上看，2010 年国外有组织利用“震网”病毒定向攻击伊朗核电站中使用的西门子工业电脑，造成了巨大的破坏。在我国，据报道此前在空中交通管制、智能制造等工业互联网应用领域均已出现过一些安全问题。不难想象，如果在这一轮的工业转型升级浪潮中，我国成千上万的重要机器设备均连接在国外的工业互联网平台上，产生的大量运行数据都为国外机构所接触和掌握，将造成怎样的战略风险。坚定走核心技术自主建设之路，将工业互联网培育在丰富的本土产业生态基础上，建立起一套安全机制，切实维护产业安全，对于掌握未来产业发展主导权具有战略意义。

（二）我国具备发展工业互联网平台的必要条件和现实基础

发展工业互联网平台取决于两个方面的基础条件：一是产业链中涉及的智能传感器、物联通信、数据存储、大数据分析、云计算、机器学习、人工智能、增强现实（AR）、系统集成开发等各细分领域的技术水平；二是丰富的工业大数据积累。在上述各技术领域，目前不少国内企业均可以提供有竞争力的技术和产品，如华为、腾讯在云存储和云计算领域居于领先地位；中国移动、中国联通在NB-IOT物联通信领域已抢先布局；在物联设备方面，三一自主研制出嵌入式运动控制器等核心芯片，成功突破了国外企业的技术垄断。而在工业大数据积累方面，我国作为工业体量最大、工业门类最齐全的制造业大国，更是具有独特优势。

事实上，随着“中国制造2025”的深入推进，国内企业积极投身于工业互联网产业，服务于制造企业的转型升级，取得了积极的成效。如航天云网聚焦众包众创，推动产品研发、生产制造、经营管理等能力和资源在不同企业间的共享和协同制造；海尔在智能家居互联、家电智能制造等优势领域积极探索；树根互联自主开发的根云平台已接入多个种类的近40万台机器设备，实时采集数千种参数，在助推制造企业升级、提升设备全生命周期效率、引导传统企业拓展新业务模式等方面成效显著。这些领军企业分工合作，以点带面，已经初步形成了上下游紧密衔接的产业生态，为我国广大的实体经济企业带来了实实在在的效益。更值得一提的是，部分民族企业已经开始了在工业互联网领域的“走出去”，主动投身国际竞争。如树根互联与德国、奥地利等国企业的合作已进入实施阶段，其自主开发的根云平台即将落地德国和更多的“一带一路”国家。事实证明，基于企业自身深厚的工业底蕴，依托国内初步成型的产业集群，国内企业完全有能力打造独立自主的工业互联网系统。

四、促进我国工业互联网平台发展的政策建议

发展工业互联网平台能够帮助工业企业尤其是占中国制造业90%以上的中小型企业能够快速便捷廉价地使用平台上的各种应用服务和数据资源，大幅提升广大工业制造企业数字化能力。同时，利用工业互联网采集到的工业设备数据，通过对机器数据的分析处理以及依托工业互联网平台进行远程控制，能够孕育物联网金融、工业共享经济、服务型制造、个性化定制等新型业务模式，使传统工业企业真正实现转型升级和供给侧结构性改革。抓住产业变革机遇，建议如下。

（一）坚持自主开发，确保国家数据和产业安全

一是明确工业互联网平台的关键信息基础设施属性，按照《网络安全法》依法落实有关规定要求；二是抓紧制定国家层面工业互联网相关产品和服务的安全标准；三是加强对工业互联网平台运行的监管：建立智能机器设备的入网管理制度，强化机器设备向海外跨境传输运行数据管理，对国外工业互联网平台加强安全评估和审查等，切实维护数据安全和产业安全。

（二）着力推广应用，促进工业企业转型升级

一是对工业互联网平台和关键共性技术的自主研发予以倾斜性支持，鼓励企业加大投入，不断提升自主工业互联网平台的技术水平。二是鼓励机器设备的制造和运营企业借助自主工业互联网实现转型升级，政府对企业符合条件的此类项目给予资金支持，加快自主工业互

联网平台和行业应用的落地推广。三是为促进中小企业通过线上平台购买工业互联网相关服务，建议仿照电商平台初期发展模式，对中小企业，通过工业互联网平台购买或是开通服务，减免部分交易税费，打通中小企业线上交易支付环节，方便中小企业上云用云，提高积极性，主动获取价值，促进制造业转型升级。

（三）鼓励组团出海，争夺新一轮工业革命制高点

一是将工业互联网产业集群作为中国供给侧能力的重要组成部分纳入“一带一路”等国家战略，统筹规划，促进其发展；二是结合我国优势制造行业的“走出去”，对自主工业互联网平台进行嵌入式推广；三是帮助国内标杆企业参与国际标准制定，支持自主工业互联网平台争夺国际话语权。

执笔人：贺东东　黄路川　叶　菲
何铭川　李明达[①]

① 本章执笔人单位均为树根互联技术有限公司。

第十九章

智能互联趋势下服装制造企业变革与政策建议

服装制造在过去一直属于传统的制造行业；但是近几年来，随着“互联网+”、大数据分析、人工智能、工业4.0这些新兴技术手段的推广应用，越来越多的服装制造企业开始利用这些高科技实现转型和升级。本项目组在2017年深入调研了山东、浙江、广东等省份的一些服装企业，发现智能互联相关技术正为这个传统的制造行业带来深刻的变革。本报告从顾客需求、产品设计、加工生产、组织架构、渠道整合等五个维度予以分析。

一、利用多途径零距离识别顾客需求

在大规模生产年代，服装企业无法有效地识别和满足每一位顾客的独特需求；在技术和成本的限制下，服装企业只能将顾客划分为不同的目标群体；同一目标群体的需求一般被视为同质的、无差异的。但是在智能互联时代，“顾客就是上帝”不再是一句简单的口号，而是真真切切地得以贯彻实施。服装企业利用智能互联技术能够缩短与顾客的物理距离，激发、识别、把握每一位顾客对服饰的心理需求，并在此基础上为每一位顾客提供个性化定制的服装产品。通过调研发现，服装企业至少可以通过以下四种途径来实现与顾客的零距离互动（如图1所示）。

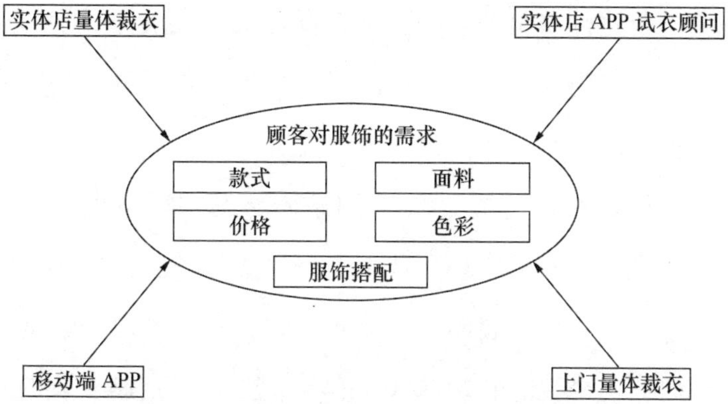

图1　基于智能互联技术的顾客需求识别途径

一是在实体店针对每一位顾客量体裁衣，获得顾客的个人数据资料后录入企业信息管理系统，建立相应的个人数据档案，同时数字化信息会传输到企业的设计和生产平台，实现前后端的无缝对接。山东红领集团设有男士西服的实体店；顾客到实体店后由专门的工作人员进行测量，采集到人体19个部位的22个尺寸，数据采集后录入到计算机系统。每个顾客可以自行挑选自己所喜好的面料、款式、色调等；公司针对每一位顾客进行私人定制，一般情况下2～3周即可将成品寄给客户。

二是在实体店利用各种APP或试衣魔镜来帮助顾客进行需求识别和购买决策。深圳赢家服饰研发了专门的试衣顾问APP，以缓解店面人员素质参差不齐的难题。顾客到实体店之后，店面工作人员会拿出基于平板电脑的APP，在询问完顾客的一些基本信息后，APP利用大数据分析能够帮助顾客准确判断自己的穿衣风格，并提出相应的服饰搭配建议。再比如，2017 年拉夏贝尔、马克华菲、GXG、ONLY、GAP、优衣库等品牌的线下门店都安装了具有智能穿衣导购功能的“魔镜”，这种魔镜加载了天猫新零售智能搭配技术，并打通了品牌天猫旗舰店。消费者只需选中心仪的衣服来到魔镜前一照，大屏上就能自动显示出与这件衣服关联的更多搭配方式，大大提升了门店关联推荐的效率，弥补门店货品款式的不足。如果消费者看中关联商品，还可以通过扫描二维码在天猫旗舰店一键下单。

三是利用各种移动端 APP 或网站来帮助顾客实现私人定制。譬如，山东红领集团开发了 COTTE 酷特 APP，以“让定制不再奢侈”为宗旨，帮助男士实现男装的个性化定制，让每个人都能够享受定制带来的专属时尚与个性。衣麻麻 APP 是专门为孩子定制童装的软件；中国旗袍定制网 APP 是专门定制旗袍的软件；易裁缝 APP 专门针对男士的私人订制……总的来看，这类移动端 APP 的服装定制软件层出不穷。目前各类服装定制 APP 下载量排名靠前的是：来定、关关定制、魔幻工厂、易裁缝、服装定制、衣邦人、易改衣、得体定制。

四是直接提供专业的上门量体定制，为顾客提供贴心服务。譬如，杭州的衣邦人公司是率先将互联网 + 上门量体服务 + 工业 4.0 引入服装定制行业的服装定制平台，该公司由杭州贝嘟科技和杭州骄娇服饰有限公司共同营运。其服务对象主要是国内精英人士，免费预约上门量体，采集身材数据，并提供专业着装建议。衣邦人平台将客户身材数据汇总，并由衣邦人合作的拥有多年高级定制经验的现代化工厂定制合身合适的衣服，一件起订，个人设计，单人单版，10 天左右制成成衣并全国配送，并提供比传统服装定制行业更高标准的 365 天无忧售后服务。

二、基于大数据分析的服装设计兴起，智能服装开始出现

传统的服装企业通过上述各种工具（APP/私人量体裁衣/电商购物平台/企业自身的线上网站等）可以实现与终端消费者的零距离接触，收集到大量的顾客个性化数据，从而能够更好地了解消费者的服饰偏好、需求数量、价格承受区间、购买时间节点等信息。通过数据的积累，服装企业可以在大数据分析的基础上设计更符合顾客需求的产品。

譬如，山东红领集团长期为男士提供西服定制，每一位顾客都会提供人体 19 个部位的 22 个尺寸；到目前为止，该集团已经积累了超过 200 万名男士的个性化定制数据，包括面料、款式、工艺、设计等。通过大数据分析，公司可以知道大多数男士的个性化偏好，譬如颜色、款式、定制的内容等。目前，红领的数据建模系统已经能够实现一个数据变化同时引起 9666 个数据的同步变化。基于这个百万万亿级别的数据规模，红领可以非常快捷地为男士们定制设计西服。

浙江森马服饰股份有限公司的电商数据部每天都会认真研究网络平台上各种各样的用户购物消费信息，在数据充分收集的基础上，进行数据的统计建模，更加精准地把握目前服装流行的款式、颜色、面料、风格等，然后提供给设计研发部门和生产部门，从而更加精准地决定新品的设计和产量。譬如，他们可以通过前期的店铺预售测试，发现某个爆款的儿童羽绒服，或者某个颜色的男士棒球衫是其他颜色的 5 倍销量等信息，从而准确地把握用户喜好，确定每款产品的基本需求数量，有力地减少了库存积压的风险。

还有一些服装企业为自己的服装配上 RFID 码，当顾客拿着衣服到试衣间时，RFID 会被自动识别，这样企业就可以收集到很多顾客购衣决策过程中的数据信息，譬如某一个顾客比较喜欢哪类款式的衣服、一共试穿了几件衣服、在试衣间一共停留了多长时间、最终购买的是哪些衣服等，这些信息都可以通过 RFID 的识别进行收集。企业利用这些数据可以进行大数据的存储和分析，进而来更好地对产品进行设计。

基于大数据的服装设计的益处是显而易见的：一方面服装企业可以真真切切地把握顾客的真实需求，提供顾客所需的服装产品；另一方面企业可以实现去库存化、去中间化，降低成本，提高收益。

服装设计的另一趋势是智能服装的方兴未艾。通过在服装上安装传感器、使用新型织物等，传统的服装可以实现更多的智慧功能，譬如监测运动心率特征、肌肉运动强度、睡眠状况等。

例如，柒牌集团将智能服装定义为“五好”，即好看、好穿、好功能、好智能、好科技。基于这一理念，该集团推出了智能男士夹克，能够实现步数记录、音乐控制、遥控拍照、丢失提醒等一系列功能，以满足商旅人士多场景的着装需求。

深圳智裳科技有限公司是国内领先的智能服装高科技企业，旗下莱仕特第一代智能夹克一经发布便获得数万用户广泛认可，并荣获中央网信办授予的创客先锋奖。产品目前已经遥遥领先于行业，并先后研发出了心率＋心电图的智能健康衣、旋磁理疗预防乳腺疾病的智能内衣、自发光变色的智能面料、智能恒温＋GPS 多功能智能模块、智能服装辅料等五大智能服装方案，可广泛应用于诸多产品。

三、智能制造帮助服装企业高效快捷地完成订单生产任务

传统的服装行业都是批量规模生产，通常前期的面辅料采购、设计、裁剪需要耗费大量的时间；而从裁片到成品的各个工序之间因衔接不到位会产生大量的误工和混乱，最终导致设备利用率低，效率迟迟难以提升。而且工序与工序之间由于排单不合理，经常出现排队待岗的现象。

针对上述问题，一些服装企业开始引入智能制造系统来打破这些瓶颈，提升设备的利用效率和员工的生产效率。一方面，从硬件来看，越来越多的服装自动化设备开始引入到生产线，譬如自动裁剪机、自动铺布机、自动平缝机、自动包缝机、自动整烫机、自动吊挂系统等。另一方面，从软件来看，服装企业开始系统打造智能生产的流水线，从面辅料的供应、智能排产、自动裁剪到智能吊挂，全面提升自己的柔性制造能力。通过软硬件的有机整合，服装智能制造可以实现五大基本功能：智能排版制版；智能裁剪；智能工艺分析；智能缝制；智能物流。这样，服装企业借助智能互联技术，以智能化、数字化、网络化、柔性化为方向，通过组织架构和流程再造，能够实现高效、敏捷的生产效果。

譬如深圳赢家服饰引入了 PLM 研发系统、MTM 定制系统、智能排产 APS 系统、生产现场管理 MES 系统、原材料 WMS 系统等先进的生产技术，这样一来，顾客定制下单之后，研发平台会自动生成产品设计图纸、物料清单、工艺路线，从而最大程度地减少人工干预，实现智能排产和生产效率的最大化（如图 2 所示）。

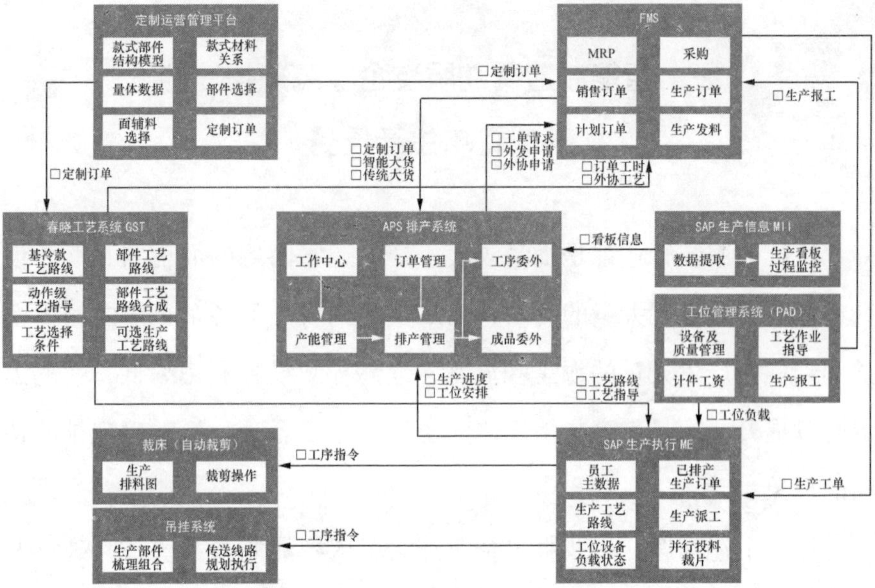

图 2 服装制造企业的智能生产示意图

很多服装企业实施应用了智能制造系统之后，业绩上升，成本下降，成效非常显著。譬如，江苏东渡集团打造了“服装智能制造车间系统”和“服装产品设计制造一体化”系统后，服装制造周期比 10 年前缩短了 30%，生产成本降低了 10%，服装生产效率提高了 15%，消耗的能源下降了 30%，而职工的工资增加了 70%。类似地，山东红领集团推出了客户数据驱动的智能制造体系后，效率提升了 20%，返修率降低了 80%。

四、基于智能互联的“大平台＋自组织”的管理模式开始流行，管理效率快速提升

传统的服装企业一般都是采取科层制组织结构，分为研发、采购、生产、销售、售后服务等部门；每个职能部门各司其职，接近流水作业。这种职能部门的划分容易导致本位主义，各自都以所在部门的利

益为重，忽略企业整体的利益。而且，部门相互之间经常沟通不畅，存在信息不对称的问题。随着智能互联技术的推广应用，服装企业开始重新调整自己的组织架构，以便更好地管理企业工人，提高运营效率。

譬如，韩都衣舍创立于2006年，当时是一家小的淘宝服装卖家，2008年的交易额只有300万元；但是到2016年其交易额已经达到14亿元，成为中国互联网快时尚第一品牌。其快速成长的秘密之一就是借鉴了稻盛和夫的京瓷阿米巴模式，实行以产品小组制为核心的“单品全程运营体系”。首先，每个小组包括三类人员：产品设计开发人员、页面制作人员和库存采购管理人员；换句话说，每个小组都是一个阿米巴，能够独立运营。公司会为每个小组确定其交易目标、自主运营权限和奖励机制。这样一来，在充分授权的情况下，小组员工的主观能动性被充分调动，责权利非常清晰，体现在业绩上就是动销比高、库存周转快。其次，每3～5个小组汇合成一个大组，每3～5个大组变成一个产品部。产品部之间会相互竞争，但是部门内部是相互协作的。再次，公司的主要任务是搭建基础平台，为所有的小组提供共性的IT平台支持、物流仓储服务、样品摄影服务、客服和供应链服务。这样就形成了一个“大平台+自组织”的管理模式。目前，韩都衣舍共有约300个产品小组，旗下品牌达到了28个，线上店铺保持每周上新的速度，全年的上新可以达到30000款。

再如，山东红领集团推出了C2M经营模式，打造了一套智能生产系统为男士定制西服。在推广智能生产的过程中，红领集团开发了一套新颖的“平台+自组织”的管理模式。该企业将西服生产流程分成了309道工序，每个工序都被称为一个细胞核。每个细胞核不依靠外部的管理人员的指令，而是按照既定的系统规则和操作指令，各尽其责，从而协调、有序地自动运行。这种组织结构调整的结果是：过去的128位中层管理人员全部转岗，被生产系统取代，极大地提高了运营效率。

因此，调研发现，越来越多的服装企业开始利用智能互联技术调整组织架构，打破传统的科层制、部门话，实现“平台+自组织”的管理模式，企业众多中层管理人员的职能完全由系统取代，系统直接给每一个一线工人下达操作指令，从而实现了效率最优、扁平化生产的组织架构（如图3所示）。

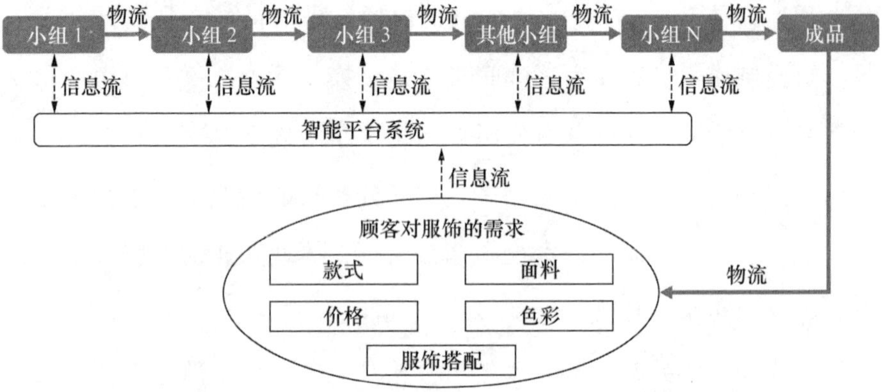

图3　智能互联下的“平台+自组织”的组织架构

五、采取“新零售”模式，实现线上线下的无缝对接

马云提出新零售是未来的发展趋势，即实现“线上平台+线下体验+现代物流”的线上线下无缝对接。一些有先见之明的服装企业正努力地同时打通线上和线下两个渠道，这样既可以拓宽服装的销售渠道，尽可能贴近每一个潜在的顾客，又可以最大程度地优化消费者的购物体验。线上渠道包括淘宝、京东、天猫等第三方电商平台、企业自己打造的购物商城、企业自己的APP等（如图4所示）。太平鸟董

事长张江平表示，自己的企业一方面会在线下跟着王健林的万达去开体验店，另一方面会在线上跟着马云发展网红经济。

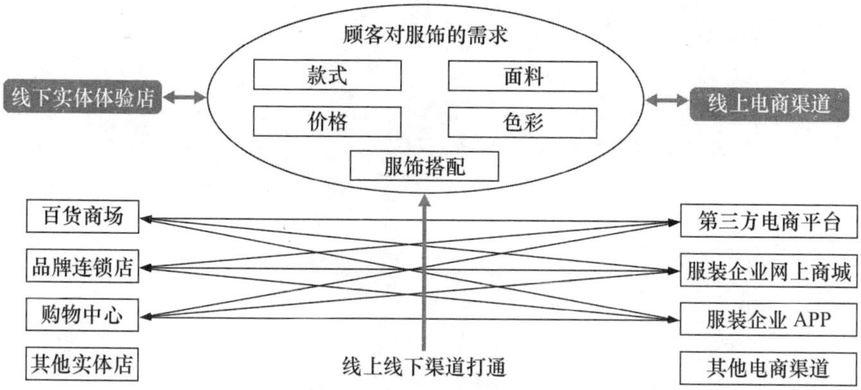

图 4　服装企业的新零售模式

除了渠道之外，服装企业也试图打通自己的物流和配送环节，并加强与电商平台之间的对接与合作。譬如，李宁集团原有的物流系统是相对割裂的：（1）线下部分由生产工厂将成衣运送到产地仓，产地仓再分拨到各个销地仓，然后再由销地仓依据门店订单小批量、多批次地运输到各个门店；（2）线上部分则由生产工厂将成品运输到各个电商的仓库。为了提高物流配送效率，降低库存，这两年李宁开始加强与京东的物流合作，借助京东的预测性分析能力、预分拣子系统和用户画像技术来提升自己。在京东物流的帮助下，李宁集团整合了产地仓和销地仓，同时将李宁在华北的三个仓集成为一个仓；将自己的订单系统与京东的沧海物流系统对接；利用京东的大数据进行李宁的店铺优化。

执笔人：马晓白　吴剑峰（对外经济贸易大学）